〈生のアーティスト〉

クリシュナムルティの言葉

J. Krishnamurti's Words

まったく新しい人間になるために

稲瀬吉雄［編］

コスモス・ライブラリー

〈生のアーティスト〉

クリシュナムルティの言葉

まったく新しい
人間になるために

◇目次

第四章　クリシュナムルティ・一九五〇年代の言葉
――クリシュナムルティについて【4】

第五章　クリシュナムルティ・一九六〇年代の言葉
――クリシュナムルティについて【5】　190

第六章　クリシュナムルティ・一九七〇年代の言葉
――クリシュナムルティについて【6】　250

第七章　クリシュナムルティ・一九八〇年代の言葉
――クリシュナムルティについて【7】 336

【凡例】

○本文は、全体として常体（「だ・である調」）を基調としている。ただし、対話、討論、手紙（一部は常体）、会食中での話は、敬体（「です・ます調」）としている。したがって、抽出文の元を成す邦訳本の文体が敬体であっても、常体に文体を変更している場合もある。また、訳語については、統一した方が望ましいものについては、原則一つの訳語（「探究」など）に統一している。さらに都合により、訳文を必要最小限で変更しているところもある。

○一九二〇年代から一九八〇年代まで十年を一区切りに、全部で七つの時期に区分し、クリシュナムルティの言葉が発信された時毎に配列している。ただし、一つの時期の中では、必ずしも時間順に厳密に配列されているわけではない。

○収録したクリシュナムルティの言葉が邦訳本からの場合は、その書名（英語原書名を併記。）を、編著作本（例えば、『クリシュナムルティの世界』など）の場合は、書名のみ、本文中に表記している。また、同じ本から、複数回（例えば、一九七〇年代の言葉と一九八〇年代の言葉）収録する場合は、二回目以降の記載の際、引用文献名は日本語書名のみ表記している。因みに、巻末の「文献一覧」の箇所には、それぞれの文献の訳者名、出版社名、刊行年などを表記している。

○クリシュナムルティの言葉は、一つのまとまりをもったものを、❈の記号でもって一区切りとする。ただし、各邦訳本などから最初に収録した言葉の前には、※を置いていない。
○［ ］、〔 〕、（ ）内の言葉及び傍点、単語を括った「 」、〈 〉は、各邦訳本の訳者が付しているものである。また、編者が適宜、（＝○○）や【 】の形で補足説明している。さらに、討論等での発言者及び発言内容については、「発言者（イニシャル）：○○」の形で記している。
○対話集会等でのクリシュナムルティへの質問については、原則（Q：○○）の形で記している。
○文中の……は、原典（邦訳本）からの抽出の際に、前略、中略及び後略していることを示している。

編者まえがき

本書は、インド出身の〈生のアーティスト〉クリシュナムルティ（1895～1986）の言葉を収録したものである。

クリシュナムルティの人物像をめぐっては、これまで仏陀、キリスト、ソクラテスに比せられ、詩人、神秘家、賢者、哲学者、哲人、覚者、世界教師など、様々な呼称でその多面的存在が捉えられてきた。おそらく本書を読んでもらえれば、それぞれ合点がゆくことと思うが、彼を形容する言葉として、本書では特に〈生のアーティスト〉という名を付けることとした。これは生涯を賭して、古い意識に別れを告げ、新しい意識を創造してゆくために、〈生〉そのものの見方、ひいては生き方自体に革命を起こすためのヒントを世界中で、具体的に飽くことなく語りつつ、さらに美的に芸術的に生きてゆくことの尊さをクリシュナムルティ自身が自らの〈生〉でもって人々に示し続けたことに思いを馳せてのことである。

彼の伝記、『クリシュナムルティの生と死』を書いたメアリー・ルティエンスは、その中で、彼の対話人生の目的を次のように素描している。

一九二九年、三十四歳の時、クリシュナムルティは、彼の人生をすっかり変えた霊的体験（＝一九二二年カリフォルニア・オーハイにて）の後、神智学協会と袂を分かち、来るべきメシアの役割を放棄し、いかなる正統的宗教または宗派にも属さない、彼自身の宗教哲学を持った一人の教師として、世界中を旅してまわることになった。彼の教えの唯一の目的は、民族、宗教、［排他的な］国民的感情、階級、伝統など、人と人とを分かつすべての獄舎から人間を自由にし、それによって人間のサイキ［意識的・無意識的精神生活の全体］の変容を引き起こすことである。

本書は、一九二二年八月の霊的・神秘的体験時の言葉から一九八六年二月、カリフォルニアの地でこの世を去る間際に語った言葉までであり、全編を通してクリシュナムルティが唯一の目的とした、人間を自由なる存在としてゆくために、言葉の力でもって奮闘していった軌跡を辿っている。無論、六十有余年にわたり、クリシュナムルティが世界中をめぐり、メッセージを発信していったその量たるや膨大であり、本書に収録したクリシュナムルティの言葉は、いわば大河の一滴のごときものである。しかしながら、我々が古い意識から脱皮し、新しい意識へと変容を遂げ、自己中心性から自由になるという意味で自己解放を遂げることに真正面から取り組まなければ人類の未来に光明は見えてこない、という基本認識の上に立った、時代を超えてのクリシュナムルティのメッセージの核心に着目して、慎重に抽出・収録したものである。

本書の特色は、クリシュナムルティのメッセージの発信を、時間軸を据えて、十年を一区切りに全部で七つの時期に分けて、それぞれの時期の、クリシュナムルティの言葉を、出来るだけ幅広く渉猟し、既刊の邦訳本を中心に、延べ約六十冊から適宜抽出して、配列したところにある。メッセージの取り上げの分野は、近著『はじめてのクリシュナムルティ――入門者のためのアンソロジー』（二〇一九年刊、コスモス・ライブラリー）と基本的に重なる。すなわち、講話（トーク）、質疑応答、著書、日記、手紙、対話、議論などである。ただ、主に初めてクリシュナムルティの言葉に触れる人々を対象としている右書では、クリシュナムルティの教えの中核をなす個々の抽出文が、より深い理解に供するように比較的長文となっている。それに対して、本書は、様々なジャンルに分類されるクリシュナムルティの、魂のこもった一つひとつの言葉が、どのような時期に発せられていったのか、そしてクリシュナムルティの多様性に富むメッセージが長き年月の経過の中で、どのように展開されていったのかを時系列的に辿ってゆくことができる構成となっている。

収録文については、極力その言葉が発せられた時点でのクリシュナムルティの思いのエッセンスの抽出を目指すと共に、森羅万象に透徹したまなざしを向ける彼の言葉を可能な限り幅広く収録するために、一つひとつのまとまった内容の抽出文は、あまり長くならないように留意した。このような事情からして、今回初めてクリシュナムルティの本を手にする方も、既にクリシュナムルティの世界に馴染んでいる方も、クリシュナムルティの人生の歩みと共に発せられていった言葉に順次触れてゆくことで、現代の危機を見据え、どう生きてゆけばよいか、という切実な問いに、深く、熱く応答してゆくクリシュナムルティの言葉はより身近なものとなると思われる。

次に、クリシュナムルティの言葉の収録にあたっての全般的選択基準を示したい。メッセージを発してゆく際、聞き手の理解を助ける一助として、頻繁に比喩的表現を使用していることに着目し、分かりやすくメッセージを伝えようとする彼の発言の現場感がよく発揮されているものに留意しつつ選択した。

また、クリシュナムルティが時代を超えて探究していった主要なテーマ——真理、自由、思考、英知、瞑想、気づき、生と死など——については、幾度となく登場してくるが、時代の変遷の中で、表現の在り方が変化していったところも注視しつつ抽出・収録に努めた。

抽出したクリシュナムルティの言葉が収録されている原本である邦訳本については、初出の時に、その本の構成の概略を、（　）の形で示した。さらに、世界中を舞台にして発言していったクリシュナムルティの軌跡を辿れるように、適宜、発言の場所、年月日なども、それぞれの言葉の傍に添えた。

以下、本書を読み進んでゆくための一つの羅針盤として、本書に収録したクリシュナムルティの言葉の内容について、付言しておきたい。

まず、全編を通し、一貫して取り上げられた主要テーマの中でも最も重要なテーマの一つである、教育に関する言葉について。

教育の問題は、新しい人間をつくるというクリシュナムルティの並々ならぬ情熱を湛えて、多年にわたって揺るぐことのない姿勢で、語られてゆく。「あるがままの現実を逃げずに直視してゆく姿勢」がそれであった。そのことは、無論、クリシュナムルティ自身の人生の歩みの中で直面しなければならなかった様々な事象に対しても実践していったものである。本書では、クリシュナムルティ自身が直面する人生のターニングポイントの場面を注視しつつ、人生を切り拓いてゆく彼の姿を時々に紹介しつつ、広く世界中の人々へ、教育の重要性について発信していった言葉の数々を、以下の著作群から、各時期の言葉として収録した。

『クリシュナムルティの教育原論――心の砂漠化を防ぐために』(一九二〇年代、一九三〇年代、一九五〇年代、一九八〇年代)、『クリシュナムルティの教育・人生論――心理的アウトサイダーとしての新しい人間の可能性』(一九四〇年代)、『未来の生』(一九六〇年代)、『アートとしての教育――クリシュナムルティ書簡集』(一九六〇年代、一九七〇年代、一九八〇年代)、『生の全変容』(一九七〇年代)、『学びと英知の始まり』(一九七〇年代)、『英知の教育』(一九七〇年代)。

次に、教育関係以外の発言について収録した各時期の、クリシュナムルティの言葉の特徴について、その元となる主要著作を列挙しつつ紹介してゆきたい。

第一章　クリシュナムルティ・一九二〇年代の言葉

クリシュナムルティの〈生〉の軌跡を語る上で欠かせない、一九二二年カリフォルニア・オーハイでの神秘体験、そしてその機を大きなターニングポイントとして、徐々に〈星の教団〉の長たる自らの立場と相いれない、生の革命家たる相貌を見せ始め、その思いが高まった一九二八年のトーク。ついには、翌一九二九年オランダ・オーメンキャンプでの歴史的〈星の教団〉解散宣言の言葉へ結実していったところを、『白い炎――クリシュナムルティ初期トーク集』、『自由と反逆――クリシュナムルティ・トーク集』、『クリシュナムルティの生と死』から。

また、一九二八年当時三十三歳であったクリシュナムルティが、四十六歳であった世界的指揮者のストコフスキーと行った、創造をめぐる緊張感あふれる対談の一部を、『私は何も信じない――クリシュナムルティ対談集』から。

第二章　クリシュナムルティ・一九三〇年代の言葉

〈星の教団〉解散当時のクリシュナムルティの心境を知ることのできる言葉を、『クリシュナムルティの生と死』から。一九三〇年、インド・アディヤールでの神智学協会での講話・質疑応答の場面――一般大衆を相手に語りかけてゆくスタンスを鮮明にした言葉を発している――を、『白い炎――クリシュナムルティ初期トーク集』から。ナショナリズムと戦争の関係、そして戦争の唯一の予防策としての英知の覚醒について言及している箇所を、『クリシュナムルティの世界』から。また、同書の中から、クリシュナムルティの詩的才能が開花している初期の頃の詩を収録。

さらに、クリシュナムルティが一自由人として一般的には無名の存在として生きながら、精力的にアメリカ、南米チリで世界の現状の中の人間の姿を描写し、個人の根源的変容の必要性を説く彼の思想の原型を感じ取ることのできる言葉を収録している、『片隅からの自由――クリシュナムルティに学ぶ』から。

第三章　クリシュナムルティ・一九四〇年代の言葉

第二次世界大戦時代に生きるクリシュナムルティの戦争観に着目して収録。戦争が迫りくる一九四〇年当時住んでいたカリフォルニアでの講話、そして戦争真っ只中での同所での講話から。外面的戦争と人間内部の内面的戦争にまなざしを向けるクリシュナムルティの戦争への視座が明瞭に示されてゆく。続いて、ガンディーが殺害された一九四八年、同年にインドで行われた「ガンディーの死の真因について」の一連の講話から収録。「ガンディーの死の真因は、皆さんにある」と、聴衆へ語りかけるクリシュナムルティの言葉の中に、彼の思想の根本が見えてくる。以上、『片隅からの自由——クリシュナムルティに学ぶ』から。

終戦後間もない、一九四七年、インド・マドラスでの講話から収録。日常生活への指針について語る彼の言葉の中に、戦後から本格的に始まる、世界をめぐる対話人生の核となる思想が披歴されている、『自由と反逆——クリシュナムルティ・トーク集』から。

第四章　クリシュナムルティ・一九五〇年代の言葉

クリシュナムルティ五〇代半ばから六〇代半ばに至って、彼自身、成熟の域に達し、エネルギッシュに世界中の人々の中へ分け入り、対話・交流に精力を傾けていったことが分かる言葉を全般的に収録。最初は、彼の主著の一つである、世界各地での講話・質疑応答集からなる『自我の終焉——絶対自由への道』から。理解するということ、心理上の「私」の粉砕、真の変革の在りかなどについての言葉を収録。次に、一九五五年にカリフォルニア・オーハイにて行われた連続講話の中から。彼の教えのエッセンスがほぼ網羅されている講話が収録されている『静かな精神の祝福——クリシュナムルティの連続講話』から。さらに、清冽な自然認識、人間への深いまなざし、白熱した対話とが渾然一体となった〈生〉の現場を伝える大著、『生と覚醒《めざめ》のコメンタリー――クリシュナムルティの手帖より1』、『生と覚醒のコメンタリー――クリシュナムルティの手帖より2』から。

第五章　クリシュナムルティ・一九六〇年代の言葉

五〇年代に引き続いて、人生問題の裾野を広げ、探究の姿勢をどこまでも貫いてゆく情熱が伝わってくる対話篇の後半をなす二冊、『生と覚醒のコメンタリー――クリシュナムルティの手帖より3』、『生と覚醒のコメンタリー――クリシュナムルティの手帖より4』から。続いて、六〇年代始めに、約七か月にわたって記した彼の知覚と意識の状態についての、類まれな手記である『クリシュナムルティの神秘体験』から。本書には、彼の教えの源泉ともいうべきものが露呈している。さらに、クリシュナムルティ六十八、九歳のときの講話から彼の伝記作家メアリー・ルティエンスが編集し、彼の教えのエッセンスを抽出・配列した『既知からの自由』から。

第六章　クリシュナムルティ・一九七〇年代の言葉

『生と覚醒のコメンタリー――クリシュナムルティの手帖より1～4』とほぼ同じ構成の、よりコンパクトにまとめられた彼の主著の一つ、『クリシュナムルティの瞑想録――自由への飛翔』から。次に、この時期のクリシュナムルティの仕事として重要な対談を扱った代表作、『伝統と革命――J・クリシュナムルティとの対話』を始め、『人類の未来――クリシュナムルティ vs デヴィッド・ボーム対話集』、『生の全体性』から。インドの知識人たち、彼の盟友ともいえる物理学者ボーム博士などとの緊迫した対話によって真理を共に探究してゆく息遣いを感じ取れる。そして、脈々と人類史を通して続いてきた、古い意識の強固な条件づけの表われとしての「利己性」の流れへ透徹した観察を施す彼の真骨頂が出ている場面を、『真理の種子――クリシュナムルティ対話集』から。また、一九七九年に、メアリー・ルティエンスによるインタビュー形式で行われた、「クリシュナムルティとは何者であったのか」をめぐる対談の載った『クリシュナムルティの生と死』から。莫大なエネルギーをしたためて、何者にも冒されない空白の精神を持ち続けたこと、そしてその精神はクリシュナムルティ特有のものとしてではなく、心ある人々すべてにあまねく行き渡る可能性があることが本人の口から告げられてゆく。さらに、彼の人間としての多面性を印象付ける絶妙のユーモア感覚がその場に居合わせた人々を笑いの渦に巻き込む場面を描いた［新装・新訳版］『キッチン日記：J・クリシュナムルティとの1001回のランチ』から。

第七章　クリシュナムルティ・一九八〇年代の言葉

七〇年代に引き続いての対話篇から。数あるクリシュナムルティ対話篇の中で、金字塔と言える『時間の終焉――J・クリシュナムルティ&デヴィッド・ボーム対話集』から。著名な物理学者と稀有の覚者との間で繰り広げられた、人類の存亡に関わる白熱した探究の試みに読者を誘ってゆく。そして、クリシュナムルティが亡くなる前年の一九八五年に国連の結成四〇周年記念に招かれ、世界平和に関する講話を行なった際の、彼の講話・質疑応答の載った『クリシュナムルティの会・会報16号』から。さらに、クリシュナムルティの晩年に自ら綴った、教えの真髄にかかる言葉を収めた『境界を超える英知：人間であることの核心――クリシュナムルティ・トーク・セレクション①』から。最後は、クリシュナムルティの六十有余年に及んだ対話人生を締めくくる、誕生の地インドでの最後の公開講話、そして亡くなる間際に語った言葉――『クリシュナムルティの生と死』から。

因みに、本書の中に収録しているクリシュナムルティの言葉で、この「編者まえがき」で取り上げていない邦訳本も相当数ある。その全容は「目次」を参照のこと。

❖

Stray Sheep（迷える羊）――一九〇九年（明治四十二年）に春陽堂から刊行された夏目漱石（1867～1916）の『三四郎』の中には、この言葉が通奏低音のように繰り返し出てくる。小説家というよりは〝心の名医〟とも言うべき彼の目には、この小説の登場人物だけでなく、広く日本人全般、ひいては人類全体がまさに〝迷える羊〟と映っていたのではなかろうか。

本書で取り上げた『時間の終焉』は、「人類は進路を間違えたのではないか」というクリシュナムルティの冒頭の指摘から始まっている。これに対してボームは、「そうなのでしょう。以前ある本を読んでいた時に、はっとしたのですが、それによると、人間は五、六千年ほど前、他人から略奪したり、彼らを奴隷にしたりできるようになり始め、その後はもっぱら搾取と略奪に明け暮れてきたというのです」と応えている。

アフリカで我々の祖先が誕生した時、彼らは周囲に茫漠とした道なき原野が広がっているのを見た。そこで彼らは先ず「歩くことで道を作った」(a path made by walking)。やがて彼らは四方八方へと前進し始めたのだが、その過程で進むべき方向を誤り、他の誰かを奴隷化し始め、それに味を占めるようになっていった。こうして我々の祖先は主人（狼）と奴隷（羊）へと二極分化していき、この勢いは全体としてとどまることを知らないまま今日に至った。

そして今、改めて周囲を見渡してみるに、我々は、〝貪欲資本主義〟の元で巧妙に操作され、消費至上主義に踊らされているうちに、生活の基盤である地球それ自体が泥舟・火宅化し、存続それ自体も危うくなってきつつあることを否応なしに認めざるをえなくなっている。それに警鐘を鳴らすべく、昨年、トゥンベル嬢を代表とする心ある若者たちが登場し、環境破壊に拍車をかけている老狼たちを激しく叱咤した。巨万の富を独占しているが、肝心の〝心の目〟が曇りに曇っている彼らの言いなりになっていたら、若者たちに明るい未来は拓けてこないという切実な思いからであったと思われる。若者たちの多くの目はまだ曇っていない。

もちろん、世界で最も貧しい大統領と言われたホセ・ムヒカ氏（1935～）など、人々を正しい方向へと誘うために激しい気迫をみなぎらせた、慧眼の心ある老人士たちも、数は少ないが健在である。その彼に関するドキュメンタリー「世界でいちばん貧しい大統領　愛と闘争の男、ホセ・ムヒカ」を制作したエミール・クストリッツァ監督（1954～）はムヒカ氏を「世界でただ一人腐敗していない政治家だ」と直感し、病的な貪欲に振り回されている強欲資本家、および彼らと結託している政治家たちを激しく糾弾しているこの老賢人を讃えている。

そして、近年、イスラエルの歴史学者ユヴァル・ノア・ハラリ（1976〜）が『サピエンス全史』を提げて登場した。注目すべきは、彼がヴィパッサナー瞑想で心身を鍛錬し、物事をありのままに、偏見に左右されずに見ることができる〝観察眼〟を駆使して、それを人類史の透徹した探究に発揮しているということである。

また、我が国では、現代の危機の中核にある、原子力、資本主義の問題等に鋭いまなざしを向け、新しい時代創出のための光りを見出さんと、國分功一郎氏（1974〜）、斎藤幸平氏（1987〜）を始め、時代と対峙する哲学者からの応答がなされてきている。國分氏は、『原子力時代における哲学』（晶文社）により、技術と自然をめぐるハイデッガーの根源的考察を辿りつつ、一人ひとりから世界へとつながってゆく原発問題への真の対処法を真っ向から提示している。一方、斎藤氏は、『人新世の「資本論」』（集英社新書）により、暴力を伴わない、現代にふさわしい最新の世直し論を打ち出している。

総体として、〝知恵〟ないし〝英知〟に目覚め、それを実際に活かすことの重要性が存亡の危機の瀬戸際になって再認識されつつあるのが感じられる。

本書には、奥に慈悲心を湛えたその知恵、英知の重要性を指摘し、それに即して生きることが急務であることを訴えた先駆者の一人であるクリシュナムルティの言葉が収録されているが、右に略述したような最近の流れを視野に入れながら参考にしていただければいいのではないだろうか。

このささやかな「編者まえがき」の締めくくりに、第五章冒頭に掲げた以下の言葉を改めて再録させていただく。

真に精神／霊的《スピリチュアル》な開拓者としての試練に耐えた者は、ごくわずかだが存在している。その試練とは、普遍的で、解放的で、非差別的で、憎悪から自由なメッセージ——我々の精神と人生をいかなる私心もなしに豊かにし、また万人の理解に訴えることができるメッセージ——を伝える能力を備えていることである。そして、これらのどの尺度からしても、K（＝クリシュナムルティ）は真に現代の師表《マスター》である。

第一章　クリシュナムルティ・一九二〇年代の言葉

クリシュナムルティについて【1】

▼神智学協会会長・ベサント夫人とKとの間には、深い愛情に満ちた絆が形成され、彼女は彼の法的保護者になった。この間、神智学徒たちはずっと「世界教師」の出現を待ち続けていた。そしてその到来に備えるために彼らは「東方の星の教団」として知られる集団を結成した。Kはほどなくその長に据えられ、そして一九一二年、Kは正式に自らが「世界教師」であることを宣言したが、しかし紆余曲折を経て、一九二九年に、彼の精神世界上根源的な演説 Truth Is a Pathless Land（真理は道なき土地である。）をもってその教団を解散し、同時に、莫大な土地、資金、権力を自ら放棄すると共に、権威へのあらゆる要求や教祖の地位を辞退した。

▼解散宣言を発して以後、彼は世界を股にかけ旅し、ヨーロッパ、インド、アメリカ合衆国、南アメリカ、オーストラリア、ニージーランド等で話を聴くことに関心をもつすべての人々に対して講話を行っていった。

（『トータル・フリーダム』）

K＝クリシュナムルティ

1 『クリシュナムルティの生と死（Krishnamurti: His Life and Death）』

（本書は、クリシュナムルティの生涯に関する3巻の詳細な伝記『目覚めの時代』『実践の時代』『開いた扉』を書き終えた後、メアリー・ルティエンがさらに総集編として書いたものである。稀有の覚者クリシュナムルティの生涯に関するルティエンスの研究成果の集大成である。）

（一九二二年、八月にクリシュナムルティはカリフォルニア・オーハイ峡谷山荘の前に立つ胡椒《こしょう》の木の下で、人生を根底から揺さぶる超常的な出来事である「神秘体験」を得たとされる。この体験はクリシュナムルティ自身報告者として記し、後にベサント夫人とリードビーター〔神智学協会の中心人物〕に書き送った。以下はその報告書の内容である。）

最初の日、私がそうした状態〔ほとんど無意識だったが、まわりで起こっていることはよくわかり、そして毎日正午頃には正気に返った――そういう状態〕で、今までより自分のまわりのものがはっきり意識に入っている時に、私は最初のきわめて超常的 extraordinary な体験をしました。道を補修している人がいました。その人は私自身でした。彼がつかんでいるつるはしも私自身でした。彼が砕いていた石そのものも私自身の一部でした。青い草の葉も私の存在そのものでした。私はまたその道路補修工のように感じそして考えることができ、そして木〔の枝や葉の間〕を通り抜けていく風、さらには草の葉にとまっている小さな蟻をも感じとることができました。鳥たち、ほこり、そして騒音までもが私の一部でした。ちょうどその時、少し離れた所を通過中の車がありました。私はドライバーであり、エンジンであり、タイヤでした。その車が私から遠ざかっていくにつれて、私は自分自身から離れ去っていきました。私はあらゆるものの中にいました、というよりはむしろ、あらゆるもの――無生物も生物も、山も虫も、生きとし生けるすべてのもの――が私の中にあったのです。一日中、私はこの幸福な状態にありました。

❖

〈神秘体験の報告書の締めくくりの言葉〉

私はこのうえもなく幸福でした。なぜなら、私は見たからです。何一つ今までと同じではありえないでしょう。私は生の源泉の澄み切った清水を飲み、私の渇きは癒されたのです。二度と再び私が渇きをおぼえることはありえないでしょう。二度と再び私が暗闇に陥ることはありえないでしょう。私は〈光〉を見たのです。すべての悲しみと苦しみを癒す慈悲心に触れたのです。それは私自身のためのものではなく、世界のためのものです。私は山頂に立って、力強い〈方々〉を見つめました。私は輝かしい、癒すような〈光〉を見たのです。〈真理〉の泉が私に開示され、闇は晴らされたのです。栄光に輝く愛が私の心を酔わせました。私の心が閉じることは決してありえないでしょう。私は〈歓喜〉の泉、永遠の〈美〉の泉の水を飲んだのです。私は神に酩酊しています。

《参考》この体験については、クリシュナムルティのそばにいた一人、ウォリントン氏〔当時、アメリカ神智学協会事務総長〕もその真実性を保証した。

（最愛の弟ニティヤを、一九二五年十一月に病で亡くした際に、クリシュナムルティは一編の文章を残した。以下は、その時の一節であり、〈星の教団〉の機関紙『ヘラルド』一九二六年一月号のクリシュナムルティの論説の中で公表されたものである。）

❖

われわれ二人の兄弟のこの世での楽しい夢は終わった。……二人にとって沈黙は特別な喜びであった。その時二人はお互いの考えや気持ちを容易に理解できたからである。……気質は違っていたが、人生を愛する点では同じだった。われわれはなぜか難なくお互いに理解し合うことができた。……幸福な生活だった。が、私はこれから死ぬまでこの世で弟に会うことはないのだ。

古い夢は過ぎ去り、新しい夢が芽生えつつある。固い大地を突き抜けて一本の草花が顔を出すように、新たな視界が開け、新たな意識が生まれつつある。……苦悩から生まれた新たな力が血管を脈打ち、過去の苦しみから新たな共感と理解が生まれつつある。他の人々の苦しみを軽くし、たとえ苦しむとしても彼らがそれに気高く耐え、あまりにも多くの傷跡を残さずにそれを抜け出してほしいと、より一層願うようになった。……肉体的には引き裂かれはしたが、しかしわれわれはけっして別々ではない。われわれは一つになったのである。クリシュナムルティとして、私はこれまで以上の熱情と、信念、そしてこれまで以上の共感と愛を具有するに至った。なぜなら、私の中には今やニティヤの身体、存在も溶け込んだからである。……今や私は、これまで以上の確信をもって、外部のいかなる出来事によってても壊されえない真実なる生の美、真の幸福、束の間の出来事によってはけっして弱められることのない偉大なる力、そして永遠にして不壊であり、何ものにも屈することなき大いなる愛があることをはっきりと感ずる。

（一九二九年八月三日のオランダ・オーメン・キャンプの最初の集会で、ベサント夫人および三千人以上の〈星の教団〉員の面前で、また、何千人ものオランダ人がラジオで聞いている中で、クリシュナムルティは、彼自身の歴史中の一時代に終止符を打つ、歴史的解散宣言を発した。以下一連の内容を、①から⑤の表記を付して、表わす。因みに、以後、クリシュナムルティは一自由人として、自由と愛と真理の使徒として六十有余年世界をめぐることとなる。）

（〈星の教団〉解散宣言から①）

私は主張する。〈真理〉は道なき土地であり、あなた方はいかなる道によっても、いかなる宗教、いかなる宗派によってもそれに近づくことはできない、と。それが私の見解であり、それに私は固執する。……もしもあなた方が先ず最初にそのことを理解すれば、一つの信念を組織化することがいかに不可能なことかがおわかりになるだろう。……〈真理〉を引きずり降ろすことはできないのであって、むしろ個人がそれに向かって昇るべく努めなければならない。あなた方は山頂を谷底に運び降ろすことはできないのだ。……以上が、私の見解からする、〈星の教団〉が解散されなければならない先ず最初の理由である。これにもかかわらず、あなた方は多分他の教団を結成し、〈真理〉を探し求める他の組織に属し続けるだろう。私は、霊的な類《たぐい》のいかなる組織にも属したくはない。……もしもこの目的のために組織が創り上げられれば、それは松葉杖、弱点、束縛の元になり、かくして個人を不具にし、彼が成長し、あの絶対的で無条件の〈真理〉を彼自身が発見することの中に存する彼の独自性《ユニークネス》を確立するのを妨げるに違いない。だからそれが、たまたま私がその長であるがゆえにこの教団を解散することに決めたもう一つの理由である。

❖

（〈星の教団〉解散宣言から②）

……私はこの世界である一つのことをしたいと願っており、確固たる集中力でそれを成し遂げるつもりでいる。私の関心はぜひとも必要な唯一のこと、人間を自由にすることにあるのだ。私の願いは人間をすべての獄舎、すべての恐怖から自由にすることであって、宗教や新たな宗派を創設することでも、新しい理論や哲学を確立することでもない。……私を惹きつけているのは金銭の誘惑でも、安泰な人生を生きたいという願いでもない。……

私にインタビューしたある新聞記者は、何千人もの団員のいる組織を解散するなどとんでもないことだと見なした。彼にとっては、それは大それた行為だった。なぜなら、彼はこう言ったから。「今後あなたはどうされるのですか？　どうやって生きていくのですか？　あなたに従う人はいなくなり、人々はもはやあなたに耳を傾けなくなるでしょう」。耳を傾けようとする人、生きようとする人、自分の顔を永遠なるものに向けている人がたったの五人でもいれば、それで十分だろう。理解しようとしない人、どっぷりと偏見に浸かっている人、新しいものを欲せず、むしろ新しいものを彼ら自身の不毛で淀んだ自己に合うように解釈しようとする人を何千人も持ったところで何の役に立つというのだろう？……

（〈星の教団〉解散宣言から③）

十八年間にわたってあなた方はこの出来事、〈世界教師の到来〉のために準備してこられた。十八年間にわたってあなた方は組織を整え、あなた方の精神と心に新たな喜びを与え、あなた方の人生をそっくり変え、あなた方に新たな理解を与えてくれるであろう誰かを探し求めてこられた。――そして今何が起こっているか、ご覧になるとよい！　熟考し、あなた方自ら論理的に考え、そしてどのような点でその信念があなた方に相違をもたらしたか――発見してごらんになるとよい。どのような仕方でそのような信念が生の非本質的なすべてのものを一掃しただろうか？　それが唯一の判断の仕方なのだ。いかなる点であなた方はより自由で、より偉大か、虚偽と非本質的なものに基づいたあらゆる社会に対してどの程度まで危険な存在になっているだろうか？

どんなふうにこの〈星の教団〉という組織のメンバーは他とは違っただろうか？……

あなた方は自分の霊性のことで、自分の幸福のことで、自分の啓発のことで他の誰かに頼っておられる。……私があなた方に、あなた方の自己啓発のため、栄光のため、浄化のため、自己の不朽性のためにはあなた方自身の内側を見つめてみる必要があると言う時、あなた方の誰一人としてそうしようとはしない。少しはおられるかもしれないが、しかしごくごくわずかだ。だとしたらなぜ組織を持つ必要があるのだろうか？……

（〈星の教団〉解散宣言から④）

あなた方は文字を打つためにタイプライターをお使いになるが、それを祭壇に置いて崇めたりはしない。が、組織があなた方の主たる関心事になる時には、まさにそれこそがあなた方がしていることなのだ。「そこにはどれくらいの数の団員がいますか？」それが、どの新聞記者からも私が尋ねられる最初の質問だ。何人いるのか私は知らない。私はそれには関心がない。……あなた方は、どの程度まであなた方が進歩したか、あなた方の霊的段位はどの程度かを告げられることに慣れてこられた。なんと幼稚なことか！あなた方が不朽かどうかを、あなた方自身以外の誰があなた方に告げることができるというのだろう？

……が、真に理解することを願い、初めも終りもないあの永遠のものを見出そうとしている人々は、より大いなる熱情をもって共に歩み、非本質的なあらゆるもの、真実ではないもの、影のようなものに対して危険な存在になるだろう。……そのような一団をこそ私たちは創り出さなければならないのであり、そしてそれが私の目的なのだ。その真の友情——それをあなた方はご存知ないようだが——のゆえに、各人の側の真の協力が起こるのだろう。そしてこれは、権威のゆえ、救済のゆえではなく、あなた方が本当に理解し、それゆえ永遠なるものの中で生きることができるようになるがゆえに可能になるのだ。この方が、あらゆる快楽、あらゆる犠牲よりもはるかに偉大なことなのだ。

（〈星の教団〉解散宣言から⑤）

❖

以上が、二年間にわたる慎重な熟慮の後に私がこの決定を下すに至った理由のいくつかである。それは一時の衝動から出たものではない。私は誰かによって説得されてそれに至ったのではない。……二年間にわたりこれについてゆっくりと、慎重に、忍耐強く考えた末に、今、私は教団を解散することに決めたのである。あなた方は他の組織を結成し、他の誰かをあてにすることはできるだろう。それには私は関心はないし、新しい獄舎を創り上げて、それらの獄舎を新たに飾り立てることにも関心はない。私の唯一の関心は人間を絶対的に、無条件に自由にすることなのだ。

2『クリシュナムルティの世界』

（本書は、クリシュナムルティの人と思想の全容を一冊に収録したものである。伝記篇と資料篇の二部構成。）

（一九二七年・オランダのアイルダー城で行われた、「真理の運び手」と題する公開講話から）

数年前、私が自分で考えはじめたとき、私は自分が反抗していることを見出した。私はいかなる教え、いかなる権威にも満足しなかった。〈世界教師〉が自分にとって何を意味するか、またどんな真理が〈世界教師〉の形の奥にあるのかを、私は自分自身で見出すことを欲した。私が自分自身で考えはじめる前に、自分自身で考える力を持つ前は、私は、私―クリシュナムルティ―が〈世界教師〉の器であることをもちろんのことと思っていた。なぜなら、多くの人がそうだと主張していたからである。が、私が考えはじめたとき、〈世界教師〉によって何が意味されているか、〈世界教師〉の器になるとはどういう意味か、またこの世界に〈彼〉が顕現するということによって何が意味されているかを見出すことを欲した。

❖

私は〈最愛の方 Beloved〉によって何を意味しているか尋ねられた。……私にとってそれはすべてである。――それはクリシュナ神であり、マスター・クートフーミであり、ロード・マイトレーヤであり、仏陀であるが、にもかかわらずそれはこれらすべての形姿を超越したものである。それに名前など付けたところで何になろう。……諸君が気にかけているのは、クリシュナムルティというある人物の身体に自らを顕現されたところの〈世界教師〉などというお方がいるかどうかということである。しかし世間では誰もこのような質問など気にかけてはいないのである。……〈最愛の方〉の何たるかを説明しなければならないということ自体残念なことである。私は極力説明をあいまいにしておきたいのだ。……私の〈最愛の方〉は大空であり、花々であり、そしてあらゆる人間のことである。……私はいまやはっきりと、自分が〈最愛の方〉と一つであると感じている。ただしそう申しあげるのは、諸君に対して私の権威を押し付けるためでも、自分の偉大さ、ましてや〈世界教師〉の偉大さのみならず、生の美しさを諸君に納得させようとするためでもない。私はただひたすら、真理発見への願望を諸君自身の心、諸君自身の精神の内部に呼び醒まそうと願っているにすぎない。〈最愛の方〉と自分とが一つであると申し上げるのは、私がそのことを感じ、知っているからにほかならない。私は自分の切望していたものを見出し、そのものと合一を遂げたがゆえに、今後はけっして別々になることはないであろう。なぜなら、私の個人我の思考も願望も熱望も、ことごとく滅せられたからである。

❖

十八年の間、諸君は語らない絵、諸君の思いのままに解釈してきた絵、諸君に霊感を与え、静謐をもたらす絵……を崇めてこられた。諸君がその絵にすがりつくことができたのは、それが語らず、生きていなかったからである。……が、いまや諸君が崇め、……諸君に霊感を与えてきた絵が生きて語りはじめたので、諸君は言うのだ。私が崇めてきたその絵は正しいのだろうか？　それは話すことができるのだろうか？　それは権威を持っているのだろうか？　それは〈世界教師〉を代表する力を持っているのだろうか？　それは〈彼〉の大きな知恵、十分に発達した〈彼〉の偉大な慈悲心を備えているのだろうか、そしてそれは一個人に顕現しうるだろうか？　これらはもちろん、諸君が自ら解決しなければならない質問である。

❖

諸君はこれまで、この教団の二人の保護者（リードビーターとベサント夫人）の権威に頼ってこられた。真理について誰か他の人に頼ってこられたのである。しかし真理は諸君一人ひとりの内にある。諸君自身の心、諸君自身の経験のなかにこそ、諸君は真理を発見されるであろう。価値があるのはそのような発見だけである。……権威について、あるいはクリシュナムルティという個人への神の顕現についてあれこれ議論を重ねることではなく、諸君の悲嘆、諸君のちっぽけな専制、諸君の制約を洗い流してしまうような清水を与えること、それが私の目的である。かくして諸君が自由になり、ついには〈最愛の方〉のいる無限の大洋へと参入するように誘うこと、それが私の願いである。……どの器から水を飲むかなどを諸君は気にかけるであろうか、もしもその水が諸君の渇きをいやすものであるならば？……私は〈最愛の方〉と合体した。私はこの方とともに、地上を彷徨し続けることであろう。説明などが何になろう。あらゆる動物、あらゆる草の葉、苦しみ悩むあらゆる人間のなかに〈彼〉を見ることができるようにならないかぎり、諸君は〈最愛の方〉の何たるかを理解できないであろう。

（一九二七年のオランダ・オーメン・トーク【『いかなる権威によって By What Authority』という一連の講話】から）

❖

諸君のほとんどは（〈世界教師〉の）絵を崇めており、そしてその絵が生きたものになるとき、そうならないことを願うのである。なぜなら、その絵は諸君に諸君自身の内側へと向かうように告げ、そして壊れやすいもの、破れやすい単なるキャンパスを崇めるなと告げるからである。その絵が諸君に向かって内側に向かい、そこに〈真実の王国〉、〈真理の王国〉、〈幸福と解放の王国〉を発見したまえと告げるとき、それは熟慮を必要とし、自己検証・自己批判を必要とすることがらなので、それは困難だと感じ、実際諸君のうちごくわずかしかそれを実行しようとしない。

……が、友よ、真理は諸君のなかにあるのだ。そして私はその真理を見出したがゆえに、その真理と一体になったがゆえに、またわが〈最愛の方〉と私はわが心のなかで一つであるがゆえに、私は諸君に諸君自身の心のなか、精神のなか……平和と静謐が見出されるであろう場所――に入る門をどのように開けたらいいか告げようとしているのだ。が、そのためには悲しみとは何か、苦しみとは何か、苦悩とは何か……を知らなければならない。知恵は経験から、そして理解は純粋な心から生まれ出る。

❖

人生の目的とは何か？　なぜ諸君は苦しむのか？　なぜ悩むのか？　なぜ泣かなければならないのか？……なぜ苦闘しなければならないのか？　そもそもの初めから、大地の始まりから、閃光が発せられ、それが前進しはじめるときから、進化の過程が始まる。それが山頂に向かって上っていくうちに、それは不必要なものごとを蓄積していき、そしてこの蓄積によってそれはカルマを作り出すのだが、やがて徐々にその上り道を進むにつれて、それは放棄しはじめ、ますます単純になっていき、ついにそれは炎に合し〈真理〉そのものになる。炎から諸君は出てきたのであり、炎へと諸君は戻り、かくして始まりと終りとを結合させるであろう。人生の目的は個的な閃光として出発した分離的自己を無くすることであり、そして諸君がそれを成し遂げると、〈真理〉が諸君自身の内に確立され、諸君は〈真理〉の一部になり、そして〈真理〉そのものになる。

❖

諸君は私を権威にしてはならない。もしも諸君にとって私が必要物となれば、私がいなくなったとき諸君はどうされるのか？……諸君のなかには、私が諸君に、諸君を自由にできる水か何かを与えられるとお考えの方もいるであろう。が、これは間違っている。私はドアのようなものであり、それを通り抜け、その向こうの解放を実現するかどうかは諸君自身の仕事である。……真理は夜盗のように向こうからやってくる、諸君がまったく思いもよらないときに。私は新たな言語を創り出したい。しかしそれができないので、私は諸君の古い用語と概念を打破したいと思う。何人《なんぴと》も諸君に解放をもたらすことはできない。各人の内部に、諸君はそれを見出さなければならないのだ。……

❖

（一九二九年八月の〈星の教団〉解散宣言後、同年ほどなくインドで一般人向けに呼びかけられたものから）

皆さんがこれまで集めてきた様々な上着、様々な蓄積物を取り除かなければならない……苦しみ、苦痛、観察から生まれたとてつもなく大きな、燃えるような願望を持たなければならない。

皆さん、どうかこの数日の間に自己改造を果たし、暗黒のなかに暮らしている人々を助け、かれらに光と理解を与えることができる力を備えた偉大な存在に生まれ変わってほしい。

3『白い炎──クリシュナムルティ初期トーク集』

(本書は、クリシュナムルティの初期トークの一部を初めて紹介したものである。)

(一九二七年から一九二九年にかけてイギリス、オランダ、インドなどで行われたトークから)

私によれば、クリシュナムルティそれ自体はもはや存在しない。ちょうど川が海に入り、その姿を消すように、クリシュナムルティは、ある人にはキリストとして、他の人には仏陀として、さらに他の人にはロード・マイトレーヤとして表象されるあの〈生〉に入ったのだ。かくして、充分に発達した個的存在としてのクリシュナムルティは、〈生の海〉に入り、〈教師〉になった。なぜなら、あなたがその〈生〉──すべての〈教師〉の達成であり、すべての〈教師〉の生であるところの──に入るやいなや、個人それ自体はいなくなるからである。

◈

肝要なことは、……私が言っていること〈教師〉の教えそれ自体〉に関心を持つべきだ、ということである。教えそれ自体以外のものに関心を持つことは混乱を招くであろう。画家が絵をかく時、彼は見る人がその絵に表れた彼のパーソナリティを考慮することなど望まない──彼はその絵の美しさをあなたに見てもらうことを望むのである。絵が美しいかぎり、誰がそれをかいたか気にかけたりする人はいないであろう。

私にとっては自分が「正覚者」と呼ばれようが「神の子」等々と呼ばれようが、それは少しも問題ではない。仏陀が「私は正覚者である」と言った時と同様、私にとっては「教師」と呼ばれることにはほとんど関心はない。刑務所の看守があなたの監獄のドアを開ける鍵を持っているかぎり、あなたが彼をどう呼ぼうが、問題はない。私は称号には関心はない。

❖

真実を限定することはできないということを悟ること——それが最初の困難だ。人々がこの限定を欲するのは、長い間真理を限定してきたからだ。……観念ないし考えが国から国に伝播するのを阻止することはできない。それらは空気のようなものだ。……あなたは空気なしには生きられない。然るに、観念に国籍はない。……まず最初にすべきことは、自分自身を変えること。まず実践すること。訓示することではなく。「実行は教訓にまさる」のだ。あなた自身を内面で変え、それから出かけていって話すこと。……ペテロやパウロといった使徒たちはどのようにしただろうか？　まず彼らは使命への熱情を持ち、それからその情熱の火と共に出かけていき、自分が教わったことを告げ知らせようと思ったのだ。……旧式の宣伝は絶望的だ。実行と明確な模範を伴う宣伝のほうがずっと大きな力を発揮する。あなた自身がそれを生きているからだ。あなたにそれをさせているのはあなた自身の内なる炎であって、誰かに言われたからではないのだ。

❖

彼ら（＝友人たち）は言う。「君の言うことが正しいか間違っているか、もっともらしいが本当なのかどうか、僕にはわからない。それが目的なのか、辿《たど》るべき道なのか、本当に真理を告げているのか、あるいは君が自己催眠・自己欺瞞に陥っているのか、僕にはわからない」。彼らは半信半疑なのだ。だから、私がしなければならないことは、彼らの半信半疑を一掃することである。それは、家を建てるための森を切り開き、ひいては森を火災から守るようなもの。いわば、森を切り開いて、疑いという木が生えていない空き地を作る必要があるのだ。……

❖

本質において凡庸であるこの限定の段階を踏み越えるための唯一の道は、真の自由をめざすことである。が、真の自由は、規律、抑制、制御の欠如を意味しているのではない。もしお許しいただけるなら、私自身の例を取り上げてみたいと思う。私は常に自由になろうと欲してきた。今や私は、自分のまわりに結集していたサークル、つまり、私を取り巻く環境から自由である。誰もが、人生において自分自身をある特定のパターンに適合させるよう強い、促す、特殊な環境に陥るものだ。天才とは、自分が陥った環境から自身を自由にし、それを乗り越えていく者のことである。自由になることを欲し、それゆえ私はいかなるサークルが私のまわりに結集しつつあるかをたえず見守らなければならなかった。

❖

適切に仕事をこなし、有益な助けを施すには、人生のための正しい基礎を据え、われわれのエネルギーのための正しい源を確保しなければならない。もしわれわれが同胞愛《ブラザーフード》というものを信じるなら、まず第一に「同胞」という言葉をわれわれがどのように理解しているかを検証しなければならない。同胞愛は、自己（中心性）の除去という考えを示唆しているように思われる。もしわれわれが同胞愛を正しく理解するなら、それは自己をあらゆるものと結合させることを意味する。そしてその結合と共に熱情——その中では分離的自己が存在しなくなる、あの「真理」の光の中に他の人々を導こうとする切望——があふれ出すのだ。

❖

真に助けるためには、われわれは自分の存在の源泉に触れなければならない。そしてその源泉から、われわれはすべてのものを新たにすべく出発することができるのだ。……凡人と天才の相違は、天才は真理という源泉に触れたという点にある。が、凡人は、たとえ助けることを願っても、真理を知覚していないがゆえに、真に世界の助けにはなれないのだ。だから、助けることを願う人々は、まず真理についての理解を深めなければならない。……それからあなた方は「美」を人生の主要な目的にしなければならない。美は表面的なものの蓄積にではなく、単純さ《シンプリシティ》にある。単純さは偉大だ。性格の単純さ、精神の単純さ、身体の単純さ——それが完成をもたらすのだ。霊性は、もし正しく理解されるなら、幸福のエッセンスなのだ。なぜなら、到達するに値する唯一の目標は、自分の身体、精神および感情を完全に意志と調和させた時に生じる完全な幸福だからだ。……霊性は書物の知識ではなく、人生についての理論でもない。それはあなた方自身の中にある。あなた方がそれを見つけた時、あなた方は不壊なる幸福、時間や年齢と共にしぼむことのない幸福を手にするだろう。

浄化された人間以外に神はなく、人間を支配する外部のいかなる力もなく、人間自身以外のいかなる導き手もいない。人間が自ら創り出すもの以外のいかなる天国も地獄もなく、いかなる善も悪もなく、ゆえに自分自身への責任はもっぱら自分にあり、他の誰にもない。

私はちょうど祖国（インド）から戻ったところである。そこで七千マイル（一万一千二百六十キロメートル）ほど旅し、多くの町を訪問し、多くの人々に話したが、最も難しいことの一つは、精神が偏見なく、明晰に理解し、知覚することであることがわかる。……世界中のほとんどの人は様々な信念や伝統的道徳によって自分の人生を拘束しており、ゆえに彼らの生活は狭く、限られており、不幸なのだ。それは、水を衣服の中に閉じ込めたり、風を握りこぶしの中に収めようとするようなものだ。まさにそれがあらゆる人がしていることであり、自分の人生を一組の信念、教義、信条によって縛っているのだ。

私は発見したのだ――これを私はいかなるうぬぼれもなく、いたって謙虚に申し上げている。私は、幸福を与える源泉を見つけたのだ。私は、無数の信念、伝統によって縛られていない精神、目の前に現れるあらゆるものを進んで明瞭に、興味をもって、明晰に吟味・検証しようとする精神を持っている。これが真理を理解し、生をその狭い制限、信念、教義、信条から解放させるためにまず必要な条件なのだ。

先日パリである友人と一緒だったのだが、彼は有名な現代画家で、自分の絵――シュールレアリスム（超現実主義）絵画――の一つを私に見せてくれた。……私の友人は言った。「判断してはいけない。君は、明確な均斉、明確な色、明確な観念、鮮明な輪郭等々のある、一定の形式の絵を見慣れているのだ。僕は、これまでごくわずかの人間しか試みたことのない絵をかこうとしているのだ。……どうか君の明晰で片寄らない理解を働かせてみたまえ。もし君がそのようにそれを吟味してみれば、僕が描いているものがわかるはずだ」。すると、しばしの後私は、以前にはなんの形も色も均斉も輪郭もなかった絵に、今や形があり、色があり、輪郭があることに気づいた。初めのうち、私の精神はある特定の形、色、均斉を見慣れていたので、理解することができなかったのだ。

生ひいては真理を理解するためには、片寄らない、偏見にとらわれていない精神と心を持つことが必要だ。それが第一の必要条件だと私は言った。……第二に、生ひいては真理を理解するためには、不満であること、すべての既成の信念、教義、信条に反抗することが必要だ。……静かな森の中の池の水面には緑《りょく》藻《そう》がはびこり、そこには喉の渇きを癒すために人も動物も近づかない。それは淀んでおり、満足している精神もそれと同様なのだ。……私が言わんとしている不満は英知に基づいたそれのことだ。英知とは蓄積されたすべての体験の精髄であり、あなた方が英知ゆえに不満である時、あなた方は創造し始めているのであり、そして破壊ではなく創造の中に人生の諸問題解決の糸口がある。それが、真理を理解するための必要な二番目の条件である。三番目の必要条件は、単純《シンプル》な精神と心を持つこと。……一枚の葉を手に取り、それを見つめてみるとよい。なんと単純なことか！　が、その奥には多くの冬、多くの春、多くの夏、多くの秋がある。それは、多くの経験、多くの悲しみ、多くの苦闘の産物であり、そこから単純さが生まれるのだ。それが真理の理解に必要なのだ。

否定的ではなく肯定的な幸福、すべての経験の極致でありながら、にもかかわらずすべての経験を超越した幸福、制約された思考と感情に縛られた精神と心に解放を与える幸福――そのような幸福こそはわれわれの各々が求め、切望している唯一必要なものであり、そしてあなた方がそれを自分の目標として掲げるやいなや、あなた方はもはや解釈者を必要としなくなる。それこそは人類にとっての絶対的、最終的な目標なのだ。

私たち一人ひとりの中には精神《マインド》と感情《エモーション》と身体《ボディー》という三つの別々の存在があり、完全な調和をもたらすには、そのそれぞれを完璧にしなければならない。……精神にとっての目標は自己を浄化すること――ただし自己を破壊することではなく、逆にその個的独自性を伸ばすこと――である。感情、心にとっての目標は無執着でありながら、にもかかわらず愛情深くあること。身体にとっての目標は美であり、抑制のきいた洗練された行動である。そのような行動と廉直さは相伴うのである。これら三つのことが実行される時、調和が生まれ、そして調和がある時、幸福があるのだ。

私はその調和を見出し、自らの内に解放の結果であるあの幸福を確立したがゆえに、幸福への道を歩むことを欲している人、真理に他ならない生を理解することを欲している人々のための道しるべの役を果たしたい。完成は各人それぞれの掌中にある。もしあなた方が一人の個人として自分の力で問題を解決する時、あなた方は世界の問題を解決することになるだろう。個人としてあなた方が自らの内部に調和を確立した時、人生についての統合的理解に基づいた幸福と自由が実現されるであろう。

❖

この春オーハイ（カリフォルニア）で、私は一羽のスズメが私のスリーピング・ポーチ［訳注：外気の下で眠れるベランダ（部屋）］のすぐ外に巣を作っているのを見守っていた。それは日よけの中に作られたため、きわめて危険な巣であった。……私はそれを来る日も来る日も見守り、そして巣ができあがるのを見届けた。母鳥の大きな努力。生まれくる愛しいわが子たちを育てる巣を作り上げるための大いなる奮闘。やがて母鳥は毎日続けて三つの卵を産み落とした。その危険な場所にその巣を作り上げ、人間たちの不注意や他の動物たちの残酷さにもかかわらずそこでひな鳥を育てるために、その小さな母スズメは全世界に対処していたのだ。それは、立ち向かい、奮闘し、自分の生きる権利を主張するのに必要な白い炎を持っていたのだ。

❖

鋼鉄を曲げて特定の形に仕上げたければ、加熱しなければならない。そのように、もしあなた方が自分自身の内なるねじ曲がったものを伸ばし、まっすぐにしたければ、白熱した真理の炎によって熱せられなければならない。あなた方は、何ものが立ち向かってもびくともしない、青い海――のようでなければならないのだ。……もしあなた方が、嵐が来るたびにそれに耐え、やがてそよ風に踊る木のようになりたければ、あなた方は真理の法悦に浸り、真理の光の中を歩まなければならないのだ。

❖

真に、本当に、永続的に助けるためには、あなた方は自分自身の内面に永遠の平和、確信、解放をもたらさなければならない。……あなた方が自分自身の中にあるあの明るい幸福の光を分け与えることができるのは、あなた方自身の苦闘、あなた方自身の力によってであって、他の誰かの力によってではないのだ。……あなた方が確信を持ち、積極的になり、自分自身の知恵を確かなものとする時、あなた方が与えるものは大きな助けになり、永続的な価値を持ち、幸福ではない人々を助けて、彼らに幸福を与えるであろう。

❖

〈星の教団〉は、真理を垣間見た人々が、全世界に向かって、自分が理解したことを話すために必要な橋の役を果たすべきなのだ。その観点から見られた時、この組織は有用だが、しかしもしそのメンバーたちが組織自体を目的にするのなら、その時にはそれは消えるべきだ。どのような組織も真理を保持してはいない。真理を見出すためには、いかなる組織に属する必要もない。私たちは〈星の教団〉を結晶化した組織にしてはならない。……組織とその運動は、真理への橋渡し役としてのみ存在すべきだ。……私は、いかなる軟膏よりも貴重な何か、いかなる宝石よりも美しい何かを持っており、そしてそれを理解するためには、人々の内面に探究し、古い伝統や習慣を捨てようとする願望を目覚めさせ、そして〈生〉が彼らの中を流れるよう助けなければならないのだ。……私はいかなる人にも、いかなる運動にも敵対してはいない。私は、各人の内なる〈生〉を自由にする、そういう観念に関心があるのだ。……自由になりたがっている鳥にとって、惨めな束縛の身にある〈生〉にとって、新しい籠にどんな価値があるというのだろうか？

私は、なんの理解も持たず、非本質的なもの、取るに足りないものに従うような人々を千人持つよりはむしろ、本当に理解し、ゆえに堅忍不抜な人を一人か二人持つほうがいいと思っていることを、はっきり申し上げておきたい。……もしあなた方が自由なら、その時にはあなた方は他の人々が自由になるのを助けるだろう。もしあなた方が真に理解すれば、あなた方は永遠のためになる偉大な創造を成し遂げるだろう。

私が到達したものは万人によって到達されねばならない。それは少数者の特権ではなく、全人類、全世界の人々が遂げるべき開花なのである。世界中のあらゆる人が時間と空間、苦しみ、悲しみ、苦痛、快楽の輪にからみついているので、私は彼らがその輪――つかの間のもの、非本質的なもの、真実でないもの、錯覚に基づくものの輪――から離脱し、そしてまさにその離脱によって、疑いの余地のない絶対的な確信を自らの力で確立してほしいのだ。

正しい価値、正しい基準を見出すためには、消去《エリミネーション》の過程を経なければならない。が、それは単に知的または感情的にそうすれば済む問題ではない。消去し、片づけたら、それは具体的な結果として現われなければならない。ここで注意すべきことは、真に理解する人にとっては、放棄とか自己犠牲はないということだ。いかにしてありうるだろう？　自分に押しつけられたすべてのもの、自分が身に付けてきたすべてのものを片づけ、何が自分の全存在の本質的核心なのかを見出すこと。そのように片づけることは放棄ではなく、浄化なのだ。

❖

すべての外面的なものから自由になり、自分の本質を発見するためには、恐怖から自由でなければならない。まず第一に、救いにまつわる恐怖から。なぜなら、あなた方自身以外の誰もあなた方を救うことができないからだ。……次にあなた方は古代および現代の神々から自由にならなければならない。……なぜなら、彼自身が潜在的に神的な存在だからである。彼は唯一の神であり、他のいかなる神もいないのだ。……次にあなた方は、伝統的な正邪の観念から自由にならなければならない。……さらにあなた方は、罰への恐れと報いの誘惑から自由でなければならない。……あなた方は自分自身の本質によって報われ、自分自身の思考によって罰せられるのであって、他の誰もあなた方を妨げたり、罰や報いをあなた方に与えたりはできない。……さらにあなた方は慣習、隣人たちが言うことへの恐れから自由でなければならない。……もしあなた方が慣習への恐れから自由なら、それは自分が正しい行為をするよう、より厳しい要求を自分自身にすることを意味しているのだ。……それからあなた方は喪失と獲得――金銭的、物質的、感情的、精神的喪失と獲得――への恐れから自由にならなければならない。あなた方は自分自身に対する責任がある。お金、力、愛といった無数のものには喪失と獲得両方の可能性がある。……再び、生と死への恐れから自由でなければならない。〈生〉には生も死もない。それは連続的過程であり、けっしてやむことはなく、常に変化していくのだ。……次に、孤独への恐れや仲間欲しさに駆られてはならない。……あなた方の全宗教はまさに賞罰に訴え、寄り添って、孤独をまぎらわしてもらいたがる心性につけ込むのだ。……さらにあなた方は、不確かさへの恐れから自由にならなければならない。……あなた方が自分自身で問題を解決し、一定のことが疑う余地もなく正しいと自ら確信すれば、まさにそのような確信があなた方を不確かさへの恐れから自由にするのだ。……再び、あなた方は権威から――私の権威だけでなく、他のあらゆる権威から――自由にならなければならない。……あなた方は、誰かに言い聞かされる子どもではないのだから。……権威への恐れから自由になりなさい。それは木のように切り倒し、完全に崩すことができるのだ。

それからあなた方は、身体的、感情的、精神的慰藉への願望から自由にならなければならない。慰藉は避難場への願望を生み出し、避難場は神の形をとって現われ、そしてその神は神殿、教会または寺院に祀られる。その神は恐怖から生まれるのだ。……私は〈生〉について話しているのであって、それは熱くも冷たくもなく、哲学でもなければ学説でもない。さらにあなた方は愛着や憎しみから自由でなければならない。すなわち、自分が好かれているかいないかへのこだわりから自由であり、また自分が憎まれているかいないかに無頓着でなければならない。……私がこうしているのは、あの不変不易の〈生〉、終りも誕生も死も持たず、いかなる恐怖の獄舎にも縛られていないあの〈生〉と和合しているからだ。……さらに、自分自身を表現しそこなうことへの恐れがある。が、もしありのままの自分のことを知らなかったら、いかにして自分自身を表現することができるだろうか？　ありのままの自分を見出すためには、以上述べたようなすべてのものから自由にならなければならないのだ。

❖

自分自身以外の誰も自分を救うことはできない——そこに人間の偉大さがある。人間の中には宇宙は潜在的に存在しており、そして彼の目的はそれを悟ることである。……私が言っていることは、すでに存在している無数の理論、哲学、思想体系に追加されるべき新しい理論ではない。それは、そういったすべてとは無関係である。それは、私がみなしているものとしての〈生〉——その全体——なのだ。そして、私はそれを生きているので、それはすべての生の精髄であり、すべての生の極致であり、すべての生の開花だと申し上げているのだ。……自分の「私」、自分の自己を永遠なるものと和合させること——それが人間に課せられた役割である。

❖

社会そして世界では、非凡（超正常）であることは極めて危険である。あなた方自身の個人的見解、あなた方自身の個人的なものの見方、あなた方自身の理解を持ち、中古品の人生を生きないことは危険である。「あなた方は伝統に従わなければならない」。それが集団の見解だ。……あなた方は、全宇宙を単に集団の観点からしか見なければ、生、あるいは生の目的を理解することはできない。私は利己主義を説いているのではない。……もしあなた方が個人としての自分の能力、感情、愛情、思考を最高度まで発達させていれば、あなた方はあらゆる隣人、あらゆる友人に配慮せざるをえなくなり、そしてあなた方の法律と道徳的態度は敬意と自由に基づいたものになるだろう。

❖

私の観点からは、生は陶工《ポッター》のようなものである。それは、人間を支持するためにあらゆる制度を粉砕するのだ。なぜなら、生をある特定の計画に従って、あるいはある特定の道に沿って導くことはできないから。それは一個の全体なのだ。……それは、純粋に、全面的かつ完全に個人にとっての問題なのだ。……人生の主たる目的はすべての伝統を超えること。伝統は個人を幸福にすることはできない。……生の目的は、私によれば、いかなる伝統にも、いかなる形の思考にも捕らわれず、完全に、全面的に、優雅に自由になること、依存せず、自足すること。

❖

個人の自由は最高度のスピリチュアリティであり、そしてスピリチュアリティは制度――古代のものであれ現代のものであれ――とは無関係である。個人に真の進歩を遂げさせるには、彼を自足的に、完全に自立的にさせ、いかなるものにもいかなる人にも依存しないようにさせるべきであり、そして彼を自らに対する厳格な法にさせ、他人の顔に影を投じない、自分自身への灯明にさせるべきだ。

❖

生を男女に区別することはできない。男女は、より成長した暁には一緒に暮らすようになるだろう。だから、彼らが子供の時になぜ一緒に育て、セックスとは何か――それは生を区別するものではなく、異なった形での生の表現なのだ――ということを彼らに理解させようとしないのだろうか?……私たちは、セックスを罪だと教えられ、それを恐れるように育てられてきたのだ。が、もしあなた方がセックスを正常で、健全で、合理的なものとして扱えば、それについての恐怖、罪の観念を消失させられるのだ。

4『自由と反逆――クリシュナムルティ・トーク集』

(本書は、「クリシュナムルティ・ベーシック」とでもいったものを意図したものである。第一部は、有名な〈星の教団〉解散宣言前夜の一九二八年キャンプファイヤー・トークの全文、第二部は一九四七年のマドラス講話から採られている。)

(一九二八年・オランダでのキャンプファイヤー・トークから)

影が目覚め始め、明け方の香りが微風に乗って運ばれてくるとき、私は一羽の鷲が山の頂きからおりてくるのを見た。それは羽ばたきもなく、流れるように谷間へと下降し、黒々とした山影の間に消えた。その日の終わり、私はそれが再び、世の闘争、敵対、せめぎ合いからはるかに隔たった山頂にある巣に戻るのを見た。

そのように真理のビジョンを見た人も――彼は世の闘争を経てそうなったのだが――自力でそのゴール

を確立したのである。……鷲がその巣へと向かって飛翔するように、彼はあらゆる悲しみを超えて、飛び去る快楽や通り過ぎる喜びを背後に、飛翔するだろう。

❖

陶工が自分のイマジネーションの喜びのために粘土をこねるように、人は自分の願望を通じて人生をかたちづくることができる。……私はあなたがあなたの求める、あなたが達成したいと願うゴールに至る手助けをしたいと思う。……もしもあなたがひとたびそのようなゴールを確立したなら——そのゴールが幸福でありひいては自由なのだが——人生はシンプルなものとなる。もはや混乱は、時間は存在せず、時間による錯綜は消滅する。……時間はたんなる生の接合剤にすぎず、あなたが自由になる瞬間、あなたは時間を超えているのである。

そのとき、あなたはいかなる権威にも依存せず自らを導けるようになる。そのとき、あなたはもはや恐怖をもたない。そのときあなたにとってはもはや善と悪の対立は存在しないだろう。あなたが生を自由にするとき、あなたは幸福を見出すが、それこそが唯一のゴールであり、唯一絶対の真理である。

❖

もしあなたが思慮深い人なら、どんな人にも三つの異なった存在——精神、感情、そして身体——があることを認識するだろう。そしてあなたが観察するなら、これら三種の存在の各々はそれ固有の分離した実体をもっており、他からは独立に創造し、活動しようとしているのが、かくて不調和が惹き起こされるのが、わかるだろう。絶対的な幸福はこれら三つの間に調和を確立するところから生まれる。

精神にとっての究極のゴールとは何か？　それは自己の浄化である。それは個々人の独自性［＝個性］の発達を意味する。

種子がその内部の生命によって重い土を突き破り、光の中に芽を出す力を与えられるように、もしもあなたが自由を見出したいという願望に促されているなら、あなたは自分を縛るあらゆる限定を突き破るだろう。自由を獲得するには、大欲が必要である。人々は欲望を恐れ、それは破壊されねばならない邪悪なものだと考える。しかしこれは誤った態度である。欲望はすべての行動の背後にある原動力である。もしあなたが自分を暖め、励ましてくれる大きな炎に点火したいなら、あなたはそれに燃料を補給し、たくさんの薪をくべなければならない。同様に、もしもあなたが生を充足したいなら、あなたは大きな欲望をもたなければならない。……欲望をさらに大きな欲望に火を点ける手段として、より大きな喜びと憧憬を目覚めさせるための踏石として用いなさい。

❖

知性はあなたの個性を発達させるのに、あなたの欲望を純化し、自己の何たるかを理解するのに必要である。その自己とはすべてを一つにつなぐ自己であり、分離の感覚を終わらせる万物の絶対的な統一である。

精神にとってはシンプルであることが必要である。……シンプルな精神は完全なものを理解するだろう。……すべての偉大な建築物、絵画、彫刻、すべての偉大な美の形態には、シンプルさがあり、抑制がある。精神のシンプルさは、最も偉大で獲得が至難なものである。しかしシンプルであるためには、あなたは偉大な経験をもたなければならない。真正のシンプルさは、霊性の最も高度な形態である。

❖

感情の究極のゴールとは何か？　それは愛情に満ちた無執着である。愛することができること、けれども誰にも何にも執着しないことは、感情の完成の最たるものである。
朝の大気に香りを放つ葉も花もつけない冬の裸の木のように、愛のない人間は香気をもたない。真理をかちえたいとねがう人は、庭師が庭の手入れをするように、この愛情の花を育てねばならない。その花とは喜びを与えること、失意と悲しみの中の慰めの源泉であることである。……愛を培うためには、あなたは観察することを学ばなければならない。経験を取り集めなければならない――人の身になって、あるいはあなた自身の悲しみに満ちた経験の径《こみち》を踏まえて。……経験を獲得するには色々な方法がある――一つは各人の人生を生き、通りがかりの人々の目を通じて見、そして想像上でその悲しみ、その一時の快楽を経験することによって、である。あなたが通りで酔っ払いを見るとき、それはあなたに泥酔の経験を与えるのに十分なはずである。……私たちはお互いに与えたり受け取ったりしている。私たちは全世界の経験から知識を集めることができ、それで進歩には、文化と洗練には十分なのである。

❖

身体にとっての究極のゴールとは何か？　世界中の誰もが美しさを探し求めている。しかし理解なしにはそれはできない。肉体にとって美しくあることは必須のことである。しかしそれは美しい思想と感情をもたないたんなる美しさの外皮であってはならない。節制は肉体には必要である――抑圧なしのコントロールが。

自由への欲求、あらゆるものから逃れたい、というよりむしろすべてを超越したいという願望は、完全性の達成には必要である。あなたは、あなたの精神と心が人生の目的を決定し、それに向けて絶えず格闘し、あなた自身とそのゴールの間に障害をつくり出そうとする諸々の事物に決して屈しないときにのみ、自分を解放することができるようになる。

精神と心の健康にとって、理解は寒い夜の暖炉のように不可欠なものである。

❖ ❖

理解なき自己満足は緑の浮き草で覆われた水たまりのようなものである。それは太陽の光を反射しない。たんなる無知ゆえの不満に陥るのはたやすいことである。しかし英知に根ざす不満と反逆は、聖なるギフトである。英知を伴う、理解を伴う反逆は、パワーで充満した大河である。

反逆は伝統の隘路から、信念の、理論の金縛りから抜け出すためには不可欠なものである。……あなたが私の言葉の真意を理解しようとするなら、生についてのあなたの観念すべてを投げ捨て、再び、そもそもの初めから始めなければならない。そのときあなたはわが目で生がどのように作用しているか、全経験の集積である生が、われわれが直観と呼ぶ声を通じてどのように語っているかを、それがあなたをガイドして、あなたが向上の道を進むのを助けてくれるのを見るだろう。

炎の中から大きな炎に点火できる火花が次々飛び散り、その大きな炎が天に向かって燃え上がるように、どの人も願望の火花を生み出す。だから私は、あなたの中にある、生の成就に必要な火花に点火できる願望を強めたいと思う。……崇拝、ことに個人崇拝は、私の考えすべての反対である。……私は追随者を欲しない。私は弟子も、賞賛も、いかなる崇拝も欲しない。私は誰からのいかなるものも必要としない。……私はあなた方と、どのようにして私が自分の愛するお方を見出したか、どのようにしてその最愛の方が私の中に樹ち立てられたか、いかにして最愛の方が愛の中の最大の愛であるのか、そしていかにしてその最愛の方と私が一つで、今もいついかなる時にも分離がないのか、お話ししたいと思う。

❖

私は長くあらゆるものに対して、他者の権威に対して、他者の指図に対して、他者の知識に対して、反逆の状態にあった。私は自分で真理を見出すまで、いかなるものも真理として受け入れなかった。私はひとの考えに対して反対はしなかったが、彼らの権威を、彼らの生についての理論を受け入れようとしなかった。私が反逆の状態になるまで、あらゆることに、あらゆる信条、あらゆるドグマや信念に不満になるまで、私は真理を見出すことができなかった。私がこれらのことを、その背後に横たわるものを理解するための絶えざる格闘によって破壊するまで、私は自分の探し求める真理に到達することはできなかった。

当然ながら、私はこうしたことを子供の頃は考えなかった。それらは私の中で無意識のうちに成長したのである。しかし今や、私は自分の人生のすべての出来事を正しい秩序の中に位置づけ、どのようなやり方でゴールに達すべく自分が成長してきたか、そして自らそのゴールとなったかを見ることができる。

❖

少年時代から私は、たいていの若者がそうであるように、あるいはそうあってしかるべきであるように、反抗の中にいた。……初めてヨーロッパに行ったとき、私は裕福で高い教育を受けた、権威ある社会的地位をもつ人々と一緒に暮らした。しかし、どんなに威厳があり、著名であっても、彼らは私を満足させることはできなかった。私はまた神智学者たちに、そのすべてのジャーゴン（＝ちんぷんかんぷんな専門用語）、理論、その会合、その意味づけ、そしてその生の説明もろとも反抗した。……私は自分で発見したいがために、あらゆることを疑問視した。……

私は政治的、社会的、宗教的権力をもっている人々を見た。けれども、彼らは自分たちの生活の中に一つの肝腎なもの——幸福——をもっていなかった。

私は労働者の会合、共産主義者の会合に出て、その指導者たちが言わんとしていることに耳を傾けた。彼らは何かに抗議しているのがつねだった。私は興味を覚えたが、彼らは私に満足を与えなかった。あるタイプから別のタイプへと観察しながら、私は代理体験を集めた。どの人の内部にも、不幸と不満の休火山があった。……私は貧しい人と卑しめられた人々が住む地区に行って奉仕したいと願っている人たちを見た。彼らは人助けをしたいと思っていたが、自らは無力だった。……

私は哲学や宗教についての本を、偉人の伝記を読んだ。けれどもそれらは私に自分が求めるものを与えてくれなかった。私は何によっても悩まされることのない生を求める態度において、確信をもち、積極的でありたいと願った。

❖

私はインドにやってきた。そしてそこの人々が同じく自らを裏切っているのを見た。彼らは同じ古い伝統を引き摺り、女性を残酷に扱っていた。……インド人は世界で最も神聖な書物をもっているかも知れない。最も偉大な哲学をもち、過去において素晴らしい寺院を建てたかも知れない。しかしそれらのどれも、私に求めるものを与えることはできなかった。ヨーロッパでもインドでも、私は幸福を見出すことができなかった。

私はなおも、存在するにちがいないと私が知っているこの幸福を探し求めてさまよい続けた。……あなたは蕾《つぼみ》にそれがどのようにして開くのか、どんなふうにして香りを放つのか、朝のいつ太陽に向かってそれを開くのか、たずねることはできない。しかしもしあなたが注意深く見るなら、鋭敏さをもって観察するなら、あなたは自分でその完全性の隠れた美を発見するだろう。

❖

生の喜びがそこからやってくる明確な目的をなおも欠いたまま、私はカリフォルニアに行った。弟が病気だったので、環境が私にそれを強いたのである。丘にひっそりと立つ一軒の小さな家があり、私たちはそこに住んで何もかも自分たちでやった。もしもあなたが真理を発見したいのなら、あなたは世間から一時ひきこもらなければならない。……そこで私は自然に自己内部への沈潜を余儀なくされ、人生に確たるゴールまたは目的をもたないかぎり、他の人間と同じように、嵐の海に翻弄される船と同じだということを学んだ。……私は永遠の幸福の中に入りたいと欲した。……私は生の源泉から飲みたいと思った。……

私はゴールを愛するお方として確定したが、愛するお方は生であり、生はあらゆるものの生である。私は人間とゴールとの間にある分離を破壊したいと思った。……私のゴールであり、全人類のゴールであるその光に向かって悪戦苦闘しながら歩いた。なぜならその光が人間性そのものだからである。……私は苦しんだが、しかし、自分を解放することに着手した。そしてとうとう最後に、私は愛するお方と一つに結ばれ、自由の海へと踏み入り、内部にその自由をしっかりと樹ち立てたのである。

❖

あなたが完全性のビジョンを、言葉では説明できない隠された美、知的な理論やたんなる感情的な興奮を超えたものであるそれを見たとき、それはあなたの永遠の導き手として作用し、その光をあなたの道に投げかけ、あなたがどんな経験をもっていようと、また、欠いていようと、あなたは事を成し遂げるだろう。成就は少数者にとってのものではなく、進化のどの段階にいようと、万人のものである。

❖

万人にとっての愛するお方であり、万物の源泉にして終極であるゴールと自分を一致させることができるようになるまで、私は自分が愛するお方を見出し、それと一つになったとは言いたくなかった。……永続的なゴールを見出したと確証できるまで、自分が教師だとは言いたくなかった。今や私は見出した、今や私は私自身の内部に愛するお方を樹ち立てた。今や愛するお方は私自身である。ゆえに私はあなた方にその真理を分かち与えよう——但し、それは権威と共に受け入れられるべきものではなく、理解をもって受け入れられねばならない。あなたがそれを受け入れるか、拒絶するかは問題ではない。花開き、香りを発するとき、それは通りがかりの人々がその芳香に喜ぶかどうかなど気に留めはしない。

❖

私はキャンパスに自分の絵を描いた。そして私はあなた方にそれを盲目的に受け入れるのではなく、批判的に吟味してもらいたいと願うのだ。私はその絵を見たあなたに、あなた自身の新しい絵を創造してもらいたい。私はあなたに、それをかいた画家とではなく、その絵と恋をしてもらいたい。そして真理をもたらした人間とではなく、その真理そのものに恋をしてもらいたいのだ。あなた自身と恋に落ちなさい。そうすればあなたは皆と恋することになるだろう。

❖

私はあるノルウェー人によって書かれた物語を思い出す——その物語のヒーローは自由と幸福を求め、次から次へ宗教を乗り換え、ある神から別の神へと崇拝の対象を変え、このセレモニーからあのセレモニーへと移って行ったが、なおも自分の求めるものを見出せない。とうとう、彼は仏教徒になり、肉体を捨て去ってニルヴァーナへと入っていった。彼は書物に書かれているニルヴァーナに入り、そこで彼はあらゆる宗教のあらゆる神々が座して互いに会話しているのを見た。彼らは彼に空いた席を提供してくれた。このヒーローは炎として現れたが、その炎はつかまえられることを好まず、すべての神々がとらえようと試みるが、消え去ってしまう。神々は彼の後を追うことができなかった。なぜなら神々自身ですら縛られていたからである。
私にも、誰にも縛られないようにしなさい。幸福はあなた自身の中にある。

❖

渇きを癒す水を求めるとき、もしあなたが賢明なら、急いではならない。急いでは何も見出せないだろう。辛抱づよい理解によって、自分が瑣末な、非本質的な事どもにとらわれないよう注意深く見張ることによって、あなたは自分が探し求めるものを見出すのだ。……疑いを招き入れなさい。疑いは貴重な軟膏のようなものだ。それは焼けるように熱いが、大きな治癒をもたらす。そして疑いを招き入れることによって、あなたがすでに理解したことを脇にどけることによって、あなたが得たもの、あなたが理解したものを超えることによって、あなたは理解を見出すだろう。

❖

噴水が封印され、泉水が塞《ふさ》ぎ止められているとき、それを開けて泉の水を解放するためには、あなたは深く掘らなければならない。それによって大地をかき乱さなければならない。同様に、あなたがもし真理を見出したいのなら、あなたの内部をかき乱さなければならない。水が乾いた土地の下に隠れているように、真理もあなたの心の中に隠れている。わたしはあなた方めいめいの中を掘って、あなたに栄養を与え、支える泉が出るようにしたい。しかし、深く掘るためには、あなたは根こぎにしなければならず、水の深みに達するためには、地中深く掘り進まねばならない。掘削のプロセスは不満と反抗を、そして無用なものの破壊を生み出す。真理をそれ自体の美しさゆえに愛しなさい。あなた自身がそう望むがゆえにそうし、真の理解の内なる知覚力を発達させなさい。

❖

世界中の誰もが、木全体に活力を与える樹液よりも、木の枝葉に関心を寄せている。私は木の枝でも、葉でも、花でも実でもなく、木の生命そのものに関心を抱く。なぜなら、木の生命が健康である限り、その表現も美しくなるはずだからである。同様に、もしもあなたの中の生命が強く、活力に満ち、純粋なら、あなたは限定のない、条件づけることのできない真理を成就するだろう。もしもあなたがそれに条件を付与しようとするなら、それは裏切られるのである。

❖

真理は定まったかたちをもたない炎のようなもので、それは瞬間から瞬間へと変わる。誰もそれを描写できないが、もしあなたがその理解の花をつねに携えていたいなら、真理の光によってのみ、あなたは歩かねばならない。……友よ、美を賞賛することをやめてはならない。あなたが風に舞う葉を見るとき心に湧き上がる笑いを、引っ込めてはならないのだ。

❖

このキャンプには何千人もの人が参加した。もしも彼ら全員が理解したとすれば、一体彼らにできないことが何かあるだろうか？　彼らは明日にも世界の表情を変えてしまえるだろう。その表現は違ったものになるだろう。なぜなら、新しい生がそこにもたらされたからである。

それが私がしたいと願っていることである。それが私の心の中に燃えるただ一つの願望である。

生は、ほとばしる急流のように、つねに前に向かって進み、片時も止まったり停滞したりすることがない。あらゆる信念と伝統より偉大な一なるものがあなたと共にある。このことをあなたがあなたの心と精神の全体で理解すること、そうしてあなたの導き手となる光を、他の誰のでもないあなた自身の光を創造することを、私は衷心から願う。あなたの生を映し出す真理の鏡を手に、とらわれのない愛を手に、そして真理の理解を携えて、ここを立ち去りなさい。

❖

5『私は何も信じない——クリシュナムルティ対談集』

（本書は、インドで出版された『クリシュナムルティの精神 The Mind of J. Krishnamurti』〈邦訳なし〉に収録されたクリシュナムルティと諸家との対話を中心に、他のいくつかの文献から選んだものを合わせてほぼ年代順にまとめたものである。）

（一九二八年に行われた、著名な指揮者・ストコフスキー〔S〕とクリシュナムルティ〔K〕との対談から）

S：あなたの使う意味での、「英知」と「直観」(intuition) との間には、どんな関係があるのですか？

K：最高の意味では、直観と英知を区別することはできません。いわゆる利口な人間は英知の持主ではありません。

あるいは、私ならむしろこう言うでしょう。利口な人間はかならずしも英知の持主である必要はない。

S：ええ、しかししばしば英知の持主と直観的人間との間には、大きなへだたりがあるように思われます。

K：確かに。なぜなら再び、それは非常に異なった尺度に立っているからです。こう言ったらどうでしょう？直観は、最高度の英知である。

S：ああ、まったく同感。

K：直観は最高度の英知であり、そして私にとって、その英知を活発にさせ続けることが霊感に他なりません。さて、直観を最高の表現とするその英知を活発にさせ続けるには、経験によること、たえず問い続ける子供のようであること以外に道はありません。直観は、英知の極致、頂点、精髄なのです。

❖

S：翌日目覚めてふと楽譜を見ると、私がこれを書いたのだろうかと自問する。それは、少しも私のもののようではない。

K：さて私は、それが霊感だと。それがあなたの霊感、突然働いている最高度のあなたの英知なのです。そしてそれが、私の言わんとすることの要点のすべてです。もしあなたが自分の精神、感情、身体を調和よく、純粋で、力強く保てば、そのときあの最高度の英知が現われ、そこから直観が働き出す。……

❖

S：人は、直観をもとに生きることができる。……

K：もちろん。それが唯一の導きの杖です。さて、詩人、劇作家、音楽家といったすべての芸術家を取り上げてみましょう。かれらは無名であるべき、自分のいっさいの創造物に対して無頓着であるべきです。思うに、これこそは最も偉大な真理なのです。与え、そして自分が与えるものに執着しないこと。言わんとすることがおわかりでしょうか？　結局、世界の最も偉大な芸術家たち、最も偉大な教師たちはこう言っているのです。「ここを見なさい。私はあるものを手に入れた。もしあなたがそれを真に理解すれば、あなたの直観の役を果たすところのあなたの英知が永久に開かれるであろう。しかし、どうか私を個人として崇拝しないでほしい――結局、私は無関係なのだから」。が、ほとんどの芸術家たちは、自分の作品の下に署名をしたがる。彼らは賞賛されたがり、称号や肩書きを望むのです。

❖

S：ここに古い古い質問があります。真理は相対的か、または絶対的か？　それはわれわれのすべてにとって同じなのか、それとも各人ごとに異なるのか？

K：そのどちらでもありません。

S：では、どうなるのでしょう？

K：それを述べることはできません。あなたが作曲するときあなたに霊感を与えるものについて述べることはできないのではないでしょうか？　……それは絶対的なものだ、あるいは相対的なものだと確言することはできないのです。それは物質、時間、空間をはるかに超越しているのです。たとえば、向こうの川の水を取り上げてみましょう。それは両岸によって限られている。そこであなたは川の水を見つめて、「水は常に限られている」と言うかもしれません。なぜならあなたは、狭い両岸がそれを囲っているのを見るからです。しかし、もしあなたが水以外何も見えない大洋のまん中にいれば、「水は無限だ」と言うことでしょう。

S：それは完璧な答えです。それ以上何も言う必要はありません――それで完全です。

❖

S：われわれは生に、芸術に、自分の身体に、機械に、そしてあらゆるものに設計を見、そして自動車の設計は常にその機能を考えておこなわれる。では、生の、いっさいの生の機能は何なのでしょう？

K：それ自身を表現すること。

S：自由についてのあなたの教えから、いかにして秩序が生まれるのですか？

K：なぜなら、自由が万人共通の目標だから――あなたはそれを認めていらっしゃるはずです。もし自由が共通目標であることを各人が悟れば、各人はそのときこの共通の目標へと自分自身を適合させ、順応させることによって、いやおうなしに秩序を生み出すのです。

S：あなたは、自由の理想、美の理想に従って行動することによって、われわれは全員、最後には同じ目標に至るにちがいない、とおっしゃりたいのですか？

K：もちろん。

❖

S：自由において組織された社会は、他人の命を奪った人間をどう処すべきでしょう？

K：現在、目標無しに働いている社会は、彼を投獄したり、死刑に処したりする。それは単なる復讐以外の何ものでもないでしょう。が、もしあなたと私が社会の法律を立てる当局なら、われわれはたえず、殺人者にとってもわれわれ自身にとっても目標は同じ、すなわち自由であることを心に留めておくでしょう。誰かが殺人を犯したからといって彼を殺すのは無駄です。われわれはむしろこう言うべきです。「自分が犯してしまったことをよく見てみなさい。君は、経験を通じて自由をめざして成長しようとしていた生命を殺してしまったのだ。君もまた経験を欲している。しかし他人を傷つけ、他人を妨害する経験は、君の終極的幸福と自由に帰着することはできないのだよ」。われわれは、復讐の観念にもとづいたものではなく、経験の極致である知恵にもとづいた法律を作るべきです。もしあなたに子供がいて、その子が何か悪いことをしたら、あなたは彼をただちに追いつめたりはしないでしょう。かわりに、あなたはなぜそのように行動すべきではないか、その理由をその子が納得するようにさせるでしょう。

❖

K：私は、その子を、他人や彼自身にとって有害なものから守るでしょう。結局、殺人者は子供にすぎないのです。……

S：そう、殺人者を引き取って、彼が他人および彼自身を傷つけないように保護し、そして彼を教育する。……

K：ええ、彼を教育する。……

S：何が教育の最高かつ究極の理想でしょう？

K：そもそもの初めから教育の目標は幸福と自由であること、またそれに到達するために精神、感情および身体のすべてを調和させることであることを児童に教えること。

S：子供がその理想にかなわず、自分自身または誰か他人を傷つけたり、あるいはある種の美をそこなったりするとき、あなたは彼に対して、彼が従った破壊的行動のし方のかわりに、何が理想的な行動のし方かを、どうやって説明するのですか？

K：その子が理想を見られるような状態に置いてあげる。つまり、教訓、模範。……もしあなたが音楽家で、私があなたの教え子なら、私はあなたの一挙手一投足を見守るでしょう。結局、あなたは音楽の大家であり、私は向上心に燃えている。要するに、模範が不足しているということ――私が言いたいのはそれに尽きます。

6『クリシュナムルティの教育原論――心の砂漠化を防ぐために（Education and the Significance of Life）』

（本書は、原題は文字通りには『教育と人生の意義』であるが、内容はまさにクリシュナムルティの人間・人生・家族・社会・世界観と渾然一体となった教育観を初めて一般向けにまとめたものである。）

（一九二九年八月の〈星の教団〉解散宣言の同年、インドで「自由の真の敵」と題する一般向けに行ったトークから）

内なる自由と外なる自由を分離することはできない。生はいかなる国よりも偉大である。一国が真に自由になれるのは、生のより深い法則を悟り、それに適合した時である。この観点から見れば、絶対に自由な国はいまのところどこにもない。ただし政治的自由がある場合には、生の創造的な流れを阻害する理不尽な制約からの一定の自由があることは確かである。自由の真の敵は何か？　それは死んだ伝統であり、使い古された過去の時代の公式によって現在の生活をがんじがらめにし、人々に中古品の人生を強いることである。そしてインドほど伝統が重くのしかかっている国は他にない。これがインドの本当の問題である。それを解決すれば、インドを沈滞させている他のあらゆるものは朝霧のように消散するであろう。

❖

欲するものを得るためにインドがこの教訓を学ぶことを余儀なくされ、試練をくぐり抜けた暁には、すっかり清められた姿を再び現わすであろう。これがインドにとっての真の希望である。インドの魂は、獄舎につながれた偉大な魂である。それを解放すれば、他に並びなき巨人が出現するであろう。再生したインドは、全世界の再生のために大きく寄与するであろう。インドにはすばらしい霊的遺産がある。が、それは色褪せ、生気をなくしている。なぜか？　他者への真の愛情と思いやりの精神という一事を欠いているからである。はるかなる過去からの伝統の果てに、いま何があるだろう？　とてつもない冷酷さと利己性、幼児婚、寡婦に対する非情な規制、女性一般への無慈悲な扱い、不可触賤民制度。これらはすべて、慣習の重みの下でインド人の内面から通常の親切心や寛大さ、人間生活を快いものにするつつましい感情が追い出されてしまったがゆえにあるのではないだろうか？　カーストとは何か？　組織化された利己心――他の人間とは違っている、他人が持っていない何かを所有しているという意識――の制度以外のなにものでもないのではあるまいか？　そしていま、インドはこれら諸々の遺産の重みの下でうめいている。

❖

重要なのは、それらはインドの遺産の全部ではなく、単に死んだ部分にすぎないということである。その下にはインドの真の遺産、生きた部分、過去からの真の遺産が埋っている。そしてそれは、インドの本性の根底にある「解放への天才」以外のなにものでもない。インドの魂からすべての付着物を剥ぎ取りさえすれば、そこに深い無執着と真実なるものへの深い感性が依然として力強く生きていることを見出すであろう。いま蘇らせなければならないのはインドのこの深い魂であり、そしてそれこそは、もし復活させられ、自己表現の自由を与えられれば、全世界再生のミラクルを起こしうるのである。なぜなら、そのような精神にとって不可能なことはないからである。そしてそれはインドの政治的自由をもたらすだけでなく、もっとはるかに深遠なこととして、インドを全世界の霊的中心およびダイナモにするであろう。

❖

この覚醒のためには何が必要だろう？　まず第一に、本当に真摯な心、自分の短所を正直に認める力であり、第二に、明晰なビジョンから起こるべき不満の熱情である。そして、さらに、なんとしても自分の家を速やかに整頓し、現在の必要を古い制約より優先しようとする決然たる態度である。足枷を引きずり続ける時代は終わった。……要するに、インドを真実との調和へと連れ戻さなければならない。そうすることによって初めて、インドに真の解放が訪れるであろう。

❖

インドは他の国々から学ぶべき多くのことがある。何も学ぶべきことなどないと自惚れていてはならない。物質的生活の洗練と清潔さ、省力装置、社会的自由、建設的組織、協力精神、公民的義務感などの点で、西洋から学ぶべき多くの教訓がある。自己完成のためには謙虚に多くを学び、そして学び終われば、今度はこちらから教えることができるようになる。なぜなら、霊的に目覚めたインドが与えることができる教訓があるからである。他のいかなる国よりもインドは、物質生活が目に見えない偉大な霊的秩序に依存しているということを人類に示すことができる。他のいかなる国よりもインドは、幸福は所有にではなく、外面生活と内なる霊の生活との調和にあることを示すことができる。が、教えるためには、まずその権利を確保しなければならない。そしてそれは、国民生活のあらゆる細部を一組の古めかしい訓戒に照らしてではなく、今日の常識と正しい感情に照らして全面的に見直すことによってのみ可能である。これが、インドの解放にとって必要な第一歩である。

第二章　クリシュナムルティ・一九三〇年代の言葉

クリシュナムルティについて【2】

▼インドの小さな町での茫漠とした出自から、やがてKは分類不可能な教師として登場し、講話を行い、著作を出すようになったが、しかしそれらは特定のいかなる宗教にも結び付いておらず、東洋のものでも西洋のものでもなく、世界に向けられたものであった。

▼約六十年間、Kはあらゆる個人そしてあらゆる社会にとって不可欠の、啓発的な言葉で、大聴衆に向かって語り続けた。彼は、著名な作家・哲学者・科学者・教育者・国家のリーダーたちと頻繁に議論を行った。とてつもない即時性と直接性をもって、そして何の枠組みも依存すべきものも持たずに、彼は人類が何世紀もの間取り組んできた諸問題の核心に到達することができた。

（『前掲書』）

（一九三〇年代以降の各年代のKの言葉・冒頭の『前掲書』は、すべて『トータル・フリーダム』を表わしている。）

1 『クリシュナムルティの生と死』

（クリシュナムルティが一自由人となって、インドを離れる時、養母ベサント夫人に宛てた手紙から）

C・W・L〔リードビーター〕が私および私が言っていることに反対していることを私は知っており、それは私にとっては重要ではないのですが、どうかそれについて心配なさらないでください。こういったすべては避けられないことですし、また、ある意味では必要なことでもあるのです。私は変わりえないし、おそらく彼らも変わるつもりはないでしょうから、葛藤はやむをえないのです。百万人の人が何を言おうと言うまいと一向にかまいません。私は自分の何たるかを確信しており、わが道をさらに進んで行きます。

（1930.2）

❖

（もう一人の母・エミリー夫人への手紙から）

私が感じている法悦《エクスタシー》はこの世界の所産なのです。私は、悲しみ、離別と執着ゆえの苦痛、死、生の連続〔にまつわる不安や恐怖〕など、人間が日々経験するあらゆることを理解し、克服しようと思いました。私はそれを理解し、克服したかったのです。そしてそうしました。だから私のこの法悦は本物であり、限りないものであって、逃避ではないのです。私はこの絶え間ない不幸からの出口を知っているので、人々がこの悲しみの泥沼から抜け出すのを助けたいのです。これは断じて逃避ではありません。

❖

（アメリカ巡回旅行中のクリシュナムルティがエミリー夫人に宛てた手紙から）

私は何かとてつもないもので溢れています。私はあなたにそれを言葉で告げることはできません。沸き立つ歓喜、生きいきした沈黙、生きている炎のような強烈な気づき……私は二、三人の患者に自分の手による治療を試みたことがあり、彼らにそれについて口外しないように求めましたが、それはすこぶる効果がありました。失明しかかっていたある女性は、すっかり回復するだろうと思います。（1932.9）

❖

人が全《まった》き whole 存在であり続ける道を示してくれる〈教師〉と、一時的にあなたの傷を癒やしてくれる人のどちらをあなたは持ちたいだろうか？　奇蹟は魅力的な児戯だ。奇蹟は毎日起こっている。医師たちは奇蹟を行っているのだ。私の多くの友人は霊的治療師《スピリチュアルヒーラー》だ。が、彼らは身体を治すことはできるかもしれないが、彼らが精神と心をも健康にしないかぎり、病気が再発するだろう。私は心と精神の治療に関心があるのだ。身体のそれではなく。偉大な〈教師〉はいずれも奇蹟を行うことはないと私は思う。なぜなら、それは〈真理〉への裏切り行為だからだ。

❖

（エミリー夫人宛ての手紙から）

私たちは神智学協会とその教えになんら反対しているわけではありません。……私が戦っている相手は彼らではなく、世の中の考え方や理想なのです。

❖

（性についてのクリシュナムルティの最初の公の表明）

それ（性《セックス》）が問題になってしまったのはなんの愛もないからです。私たちが本当に愛している時にはいかなる問題もなく、そこには調和と理解があるのです。私たちが真の愛情、いかなる所有欲も含まれていないあの深い愛をなくした時にのみ、性が問題となるのです。言い換えれば、私たちが単なる感覚に完全に負けてしまった時にのみ、性にまつわる多くの問題が出て来るのです。大半の人々は創造的思考の喜びをなくしてしまったので、当然ながら彼らは性の感覚に頼り、それが問題と化して彼らの精神と心を腐食させていくのです。（1935）

❖

（エミリー夫人宛ての手紙から）

この古いもの、結晶化したものの粉砕は、……一日で果たせるものではありません。絶え間ない、無選択の気づき choiceless awareness がなければならないのです。私はそのすべてに陶酔し、スリルを覚えています。（1937, 初め）

❖

（クリシュナムルティ自身による、イギリスの作家、オルダス・ハクスレーとの散歩時の様子：クリシュナムルティは、自分自身を三人称で言及している。）

彼［ハクスレー］は素晴らしい人物だった。彼は音楽について、現代および古典の別なく話すことができ、科学とその現代文明への影響についてきわめて詳しく説明することができ、そしてもちろん諸々の哲学、禅、ヴェーダーンタおよび当然ながら仏教にきわめて精通していた。彼と散歩に出かけることは歓びであった。彼はよく路傍の花について語って聞かせ、またはっきりと見ることはできなかったのだが、われわれがカリフォルニアの丘陵の中で動物のそばを通り過ぎる時はいつでも、彼はその名前を言い当て、現代文明の破壊的性質とその暴力性を詳しく述べたものである。クリシュナムルティはよく彼が小川や路面の窪みを渡るのを助けたものである。この二人はお互いに、愛情深く、思いやりにあふれ、そして言葉を交えない通い合いを伴った不思議な関係を持っていた。彼らはよく、一言もしゃべらずに一緒に坐っていたものである。（1930年代後半）

❖

（エミリー夫人宛ての手紙から）

ヒットラーやムッソリーニといった輩《やから》をののしることはいかにもたやすいことですが、しかしこうした支配と力への渇望はほとんどあらゆる人の中にあります。だから私たちは戦争や階級対立を起こしてしまうのです。源が一掃されないかぎり、常に混乱と憎悪があり続けるでしょう。（先の手紙の後で）

2『クリシュナムルティの教育原論——心の砂漠化を防ぐために』

（一九三〇年に、トリチノポリ［南インド南東部にある都市］で行った、主にバラモン階級出身の大学生向けの講話から）

教育の目的とは何なのだろうか？　それを要約すればこうなるだろう――あなた方自身の個的《インディヴィデュアル・》独自性《ユニークネス》を伸ばすことであって、あなた方を社会構造を少しも動揺させることなく働く機械にすることではない。……モザイク画をご存じだろう。それはたくさんの彩色された石から成っており、芸術家はそれらすべての小さな石を選び、様々な形の小さな彩色された石を組み合わせて絵に仕上げる。……ちょうどそれらの石と形が完璧でなければならないように、あなた方は自己実現が完璧でなければならないのだ。それを伸ばすためには、あなた方が身体的、感情的、精神的に伸びることができるような機会を与えてくれる適切な環境を幼い頃から持ち、その自然な状態の中で恐怖なしに、邪魔されることなく成長することができ、何が本質的かについてのあなた方の知覚が完全にあなた方に任され、他人によって支配されないようにすることが必要だ。

確かバーナード・ショーだと思うが、「自分は一度も大学に行かなかったことは幸運だった、なぜなら、もしそうしていたら自分の思考力は駄目にされていただろうから」と言ったそうだ。文学士や文学修士たちは書物の知識を持っているかもしれない。それは間違いないだろう。彼らは、これこれの王がいつ生まれ、いつ死んだか、いつこれこれの戦争が起こったかを知っており、その類《たぐ》いのことを熟知している。が、彼らは生とのいかなる接触も持っていない。彼らの精神はまったく未熟なのだ。あなた方は、自分の精神を知識や伝統でいっぱいにさせた最も宗教的な人間、最も伝統的な人間であり、あなた方の全人生観はそれ一色に塗りつぶされているかもしれない。……いかに由々しきことが学生としてのあなた方に起こりつつあるか、あなた方は気づいていないのだ。あなた方は多くの学位を持つかもしれないが、しかしそれらの学位獲得の過程で探究心と生への関心、生の熱情があなた方からすっかり奪い去られてきたのだ。あなた方は紋切り型の仕方でしか考えられなくなっている。自分自身がどんな状態に置かれているか、気づくようにしてごらんになるとよい。いかにそれがひどいものか、鈍重で、吐き気を催させるものかに気づくやいなや、あなた方はそれを改め始めるだろう。

❖

私たちは悲しみや快や苦といったあらゆるものに無関心だ。あなた方は、しばらくの間表面的に悲しみに心を動かされるかもしれないが、しかしそれから抜け出すべく戦おうとせず、単に理論づけるだけだ。結局、真の英知の先鋒は行動だ。

❖

もしあなた方が精神的、感情的、行動的に創造的でなければ、単に試験に合格し、数千ルピーを稼いでも無意味なのだ。もしあなた方が単に歯車の歯として働いていれば、一国の文化に寄与することはできない。あなた方の国の文化に寄与し、あなた方の国およびあなた方自身を偉大で、力強くするためには、あなた方は自分自身の個的独自性を伸ばさなければならない。それが教育の目的なのだ。

（一九三〇年にインド・アディヤールの神智学協会で会員たちに対して行ったトークと彼らとの質疑応答から）

スピリチュアリティの最高の達成は、現在において調和した生を生きることだ。調和した生とは、不断の調整によって、正しいあり方と間違ったあり方、本質的なものと非本質的なものをバランスよく判別し続けることだ。調和した生の基礎は感受性だ。すなわち、あなた方への他の人々の反応を感受することであり、これは鋭敏な感覚と、あなた方のまわりで起こっている、生の顕現としてのあらゆるものについての不断の気づきを含んでいる。好き嫌いとして表現される、私たち一人ひとりに備わっているその本能は、結局は理性へと練り上げられ、その指図に従って働くべきだ。それが最高の英知だ。

❖

英知は経験の極致であり、もしあなた方がその英知を高度に目覚めさせ、充分に働かせておけば、直観が理性となって働き出すだろう。それが、最高のスピリチュアリティであるところの調和した生なのだ。なぜなら、それは自己調和《セルフ・ハーモニー》であり、理性と愛の完璧な均衡だからだ。……もし悲しみが理解されず、悲しみの目的が把握されなければ、あなた方は苦しみ続け、かくして死の中で生きるのだ。あなた方は苦闘し、悲しみにとらわれるかもしれないが、もし理解しなければ葛藤が生じる。葛藤はバランスに至るまでの絶えざる過程だ。……もしあなた方が理性と本能との間のこの葛藤の目的を理解しなければ、葛藤は単に確固たる目的のない時計仕掛け《クロック・ワーク》になり、そして時計仕掛けが働き始める時、あなた方は死の中で生きているのだ。……あなた方はまず葛藤の目的を理解しなければならない。葛藤それ自体にはあまり価値はないが、しかし葛藤から生み出されるものには価値があるのだ。花や果物を生み出すために、滋養を与える土の中に種をまくように、葛藤という土からバランスと自己調和を生み出さねばならないのだ。あなた方以外の誰もあなた方のためにこれをすることはできないのだ。

❖

硬直した道徳は生への恐れの容認だ。もしあなた方が生を恐れ、ゆえに葛藤を恐れるなら、あなた方は当然硬直した道徳を考え出し、「これは正しい」、「それは間違っている」、「こうすれば天国行きだ」、「そうすれば地獄落ちだ」と言うだろう。……森の中の池は、静かなので、水面に緑色の浮き滓《かす》を積もらせ、ゆえに空の青さや踊る木の葉やきらめく星を映さない。これに反して、絶えずそよ風によって波立たされる池は、静まる時、くっきりと映すことができる。生も同様だ。あなた方が恐怖によって生を硬直した道徳の中に隔離するやいなや、沈滞が始まり、思考の明晰またはバランスを生み出さない、あの鈍い内面的葛藤があり、ゆえに「私」は生の真正の目的を映し出すことができないのだ。しかしながら、もしあなた方が、束縛し、窒息させるこの道徳を退け、生の葛藤によって絶えず波立たされれば、沈滞でも腐敗でもない静けさを知るだろう。

❖

あなた方の注意を促したいもう一つのことがある。それは、生は類型《タイプ》を生み出すべく働いているのではないということだ。生は蝋人形《イメージ》を作り上げているのではないのだ。生はあなた方がお互いにまったく違っていることを望んでおり、あなた方の成就は類型を作ることにではなく、多様性の実現になければならない。現在何が起こっているか見てみなさい。あなた方は一者（the one）の中の多者（the many）を崇めている。一者の中に人格化された生の全体を崇めているのだ。これは類型、蝋人形を崇め、それによってあなた方自身を類型、蝋人形に変えているということだ。それで、そのイメージに合わせることは制限を加えることであり、ゆえに悲しみが生まれる。これに反して、もしあなた方が多者の中の一者を崇めるなら、あなた方は自分自身を類型に変えることはないだろう。

これは少しも哲学的または形而上的な考えではないのだ。人間は、多者に対して親切で愛情深くすることを恐れているがゆえに、彼のすべての敬意、崇拝、祈りを一者に捧げるのだ――すなわち、彼はイメージを作り上げるのだ。しかし、生は類型を作らず、それはイメージとは無関係である。多者の中の一者を崇めるには、絶えず思考に気づき、非個人的なものを知覚し、個人の観点を調節して多者すなわち生に合わせなければならない。……もしあなた方が多者の中の一者とあなた方との調整を図れば、その時にはイメージないしは類型を作り上げているのではなく、むしろ生それ自体によってあなた方が形作られていくのだ。

❖

（Q：「永遠なるものの中に生きる」とは、厳密にはどういう意味ですか？　制約・足枷《あしかせ》の家庭生活を送っている人がそれを実現できるのでしょうか？）

あなたは私に類型を生み出すことを望んでおられる。言葉の錯覚に陥らないように気をつけなさい。言葉の奥にある観念の意義を見るようにしなさい。永遠なるものの中に生きるということの厳密な意味を言葉で言い表わすことはできない。真理はもっぱら個人的なことがらだ。それは私によっても他の誰によっても翻訳できないのだ。あなたはそれをあなた自身の独自性の中で理解しなければならない。私はその句を、今に生きること、未来と共に現在に生きることの意義を言い表わすために用いたのだ。生それ自体、広大な生は、いかなる未来も持たない。……あなたは結婚を助けではなく、障害とみなし、足枷として扱っておられる。結局、それは経験の吸収同化の過程であって、あなたを束縛する足枷ではないのだ。……あなた方はそれを束縛として扱い、何かしっくりしない、忌まわしいもの、圧迫するもの、男には向かないものとみなしているのだ。なぜならあなた方は、妻子は経験の吸収同化、成長の過程での道連れであることに気づいていないからだ。自分のまわりのあらゆる人を道ずれとして、友として、彼または彼女を通じて、また彼または彼女によってあなた方が成長する、そういう存在として扱いなさい。結婚は足枷ではないのだ。

（Q：永遠なるものの中での生を実現した暁《あかつき》には、さらなる進化に終止符が打たれる時がくるのでしょうか？　そうでなければさらなる進化の実態はいかなるものなのでしょうか？）

❖

それについて思いわずらわないようにしなさい。あなたは再び生きることよりは死により多くの関心があるのだ。普通、あなた方は、ここ（この世）にあるものを理解する前に、彼方《かなた》（あの世）にあるものを発見したがる。それは自己満足的幻想の追求であって、それ以上のものではないのだ。重要なのはあなた方がここでどうあるか、どう生きるか、どう反応するか、何を考えるか、何を作り上げるかであって、彼方に何があるかではないのだ。超人になろうなどと思わず、徹底的に人間であるように心がけなさい。もしあなた方が友だちや伴侶と共に完全にバランスよく調和して暮らすにはどうしたらいいか知らなければ、あの世でどう暮らすかを知って何になるというのだろうか？……この質問は、私の観点からは無価値なのだ。もしあなたがこの世で自分自身と完全に調和して生きる仕方を知っていれば、その時にはあらゆるものを知るだろう。……

高度に知的な人々がかかえている危険は、生の絶えざる葛藤に直面するかわりに、彼らが理論にこだわるということだ。……好きなだけ理論に耽るとよいだろう。が、あなた方は生きなければならない。空腹の時に食べ物について話しても無駄だ。だから、一つの理解の行為が——いかにそれが小さかろうと、微弱であろうと——やがてはあなたを理解の高みに昇らせるのだ。一瞬の間、完全な調和とバランスの中に生きるようにしてみなさい。そうすれば、すべての経典、すべての教師、すべての預言者は取るに足りないものであることがおわかりになるだろう。なぜなら、あなたは〈生〉と共に生きているからだ。そしてそのような生のみが完全な人間存在へと行き着きうるのだ。

❖

（Q：あなたは、私たちに向かってするように、天使たちに向かってもレクチャーをされるのでしょうか？　天使たちは、私たちがするように、あなたに質問するのでしょうか？）（聴衆から笑い）

嬉しいことに、あなたはユーモアのセンスをお持ちのようだ！　が、天使のことなど気にかけないでいただきたい。これは生の葛藤から逃避するためのもう一つのやり方だ。天使について議論することは、私の観点からは不健全な態度だ。重要なことは、私が言っていることをあなたが理解しているかどうかであり、私に質問するかどうかではないのだ。生は非常に不思議なもので、時おりとてもユーモラスであり、これはそうしたおりの一つだ。

❖

（Q：私たちがしなければならない「クリシュナジの仕事」がどういうものか、説明してもらえますか？）

あいにく説明することはできない。なぜなら、あなた方は私の仕事をしていないからだ。もしあなた方が私の仕事をしていたら、もはや所有物にとらわれたり、貪欲になったり、冷酷になったりせず、あるいは自我、「私」を過大視したりしないだろう。私の仕事はこの、真実であること、そしてその真実を各人に提供し、それが各人によって実現されるよう計らうことだ。もしあなた方がそれをしていれば、それは〈生〉の仕事であって、私の仕事ではない。そこにはクリシュナムルティも「あなた」も「私」もいないのだ。……あなた方が確かな時、それは〈生〉――あなた方自身だけでなく、万人の生――の仕事となる。ゆえにあなた方はすべての仕事から自由になるのだ。

❖

（Q：解放を遂げた人――わずかしか進化していない状態においても――は、それと共にエゴの消滅を果たしたなら、さらなる進化を続けることができるのでしょうか？）

進化とは、人の個性――いわゆる個人的意識、自己意識――の時間に沿った延長なのだ。不完全なものとしての個性を増やすことはできない。不完全なものは進化できないのだ。もしできるなら、それは常に不完全なままだろう。分離したものをn乗倍増やしても無意味だ——それは分離に根ざしているがゆえに、分離したままだろうから。それゆえ、分離したものとしての「私（アイ・アム）」をいくら増やしても、けっして統合に帰着することはないだろう。その「私（アイ・アム）」は不完全から出発するので、その進化は常に不完全なままなのだ。それは、せいぜい、分離性の拡張だ。解放は、それに反して、意識の自由であって、「私（アイ・アム）」を増やすことではない。それは分離感覚の消滅なのだ。

❖

（Q：個人の人生は、彼が最も偉大な教師に就きさえすれば、以前よりもましになり、世の中でより役に立つようになるのでしょうか？）

あなた方はなぜこれらの集会に出席なさるのだろうか？　なぜなら、ここには正直で真摯で、到達した誰かがいると思っているからだ。……もしあなた方が、今この瞬間にだけでなく、ここを去った後も、絶えず自分自身を生に合わせ続ければ、あなた方は誰にも従ったりしないだろう。スピリチュアルな成就は、指導者であれ教師であれ預言者であれ、他の誰かに従うことにはないのではないだろうか？　私はそのどれでもない。多くの名前が私に付けられていることは残念だ。それらはしだいに消えていくだろう。重要なことは〈生〉と一体になり、自由で幸福であることだ。あなた方は、自分自身の内なる〈生〉を解放することによってそうなることができるのだ。

❖

私は何も新しいものを発明しているのではない。なぜなら私は、スピリチュアルなことがらにおいては日の下に何ら新しいものはないと思うからだ。私は真理を異なった仕方で表現するかもしれないが、しかしそれは本質的には同じ真理だ。が、真理を発見する人にとっては、あらゆるものは新しくなる。それは私にとってはとてつもなく活き活きとして新しい。それは無制限であり、そこには何の努力もありはしない。なぜなら、私はそれをみずから見出したからだ。私は、生の過程によって——一気にではなく、徐々に——内にあるものをあばき出し、それによって生を解放したのだ。これはなんら新しくはない。新しさは、あなた方自身による古いものの発見にのみ存するのだ。もし石を持ち上げてその下を見れば、そこに隠れているものを発見するだろう。同様にして、もしあなた方が環境からすべての障害物を取り除き、外面的なものによってあなた方自身に負わされた狭い制限を払いのければ、あなた方が発見するものはあなた方自身のものとなり、それについてなんの疑いもありえなくなる。するとあなた方は真摯に、果断に歩み始め、そして確固とし、確信にあふれるようになるのだ。

◈

内側から解放された生は永遠であり、初めも終わりもない。解放とは、真理に他ならないその生を理解し、それと調和することだ。これは個的な生の開花であり、極致だ。

所有し、排除しようとする願望は万人に共通。その願望は絶えず経験において思いをかなえるべく求めている。願望は、熱を与え、取るに足りないものの浮きかすをことごとく焦がし、非本質的なもののもみがらを焼き払う、あの大きな炎を生じる薪束《まきたば》のようなものだ。あなた方が、願望の目的を理解することなしにそれを歪めたり、抑えつけたり、一方にそらせたりするやいなや、生の流路の一つを塞いでしまうのだ。あなた方はただちに私に尋ねるだろう。「もし私が車を買いに行きたくなれば、そうしてもかまわないのですか?」もし本当にそうしたいのなら、そうしなさい。それが正しいか間違っているか、私に聞く必要はない。自分自身で、見出し、経験によって学ぶようにしなさい。ただ自分に正直にしなさい。願望の目的は〈自己〉の反応をなくし、〈自己〉を自由にすることだ。そのためには、願望は経験を重ねなければならない。が、もし願望の目的を理解せずにそれに耽れば、あなた方はより多くの獄舎、より多くの制限に閉じ込められ、ゆえに悲しみにとらわれるだろう。……が、もし理解によって願望を目的にかなった行為に移せば、あなた方は〈自己〉に反応する諸々の障害から自分を自由にしていくのだ。

各人の内なるあの生の豊かさ、美しさ、自由は、方式、信条、あるいは宗教によってではなく、経験によって解放されねばならないのだ。経験はいかなる解釈者も必要としない。あなた方自身以外のいかなる人にも、生の経験をあなた方に解釈して聞かせないようにしなさい。あなた方自身のものである経験を糧《かて》とすることによって目的についての確信が生まれ、そしてその確信から、生を理解するための苦闘が始まるのだが、それは人をして恍惚とさせる。……もし生の目的——すなわち〈自己〉を豊かにし、調和あるものにすること——を理解すれば、その時には苦闘は真に刺激的なものになるのだ。確信を持ち、その確信の中で生きるためには、つかの間のものごとを片づけ、すべての経験の宝庫である理性の観点から、すべてのものを偏らずに判断しなければならないのだ。永遠なるものの中で判断し、行為し、生きなさい。

そのようにして初めてあなた方は、永遠なるものであり、あなた方の行路にいかなる影も落とさないであろう〈自己〉を見出すことだろう。

❖

〈Q：世の中に依然としている子供のような人々、自分で考えることができない人々が、幼稚さを放棄するまで数世紀かかるのではないのでしょうか？〉

❖

なぜあなたは他の子供たちのことを思い煩うのか？　私たちは常に他の誰かのことを気にかけている。あなたにとって重要なことは、あなたが理解するかどうかであって、他の誰かが理解するかどうかではないのだ。あなた方、あなた方の各々は、個人として、私が話していることを理解しておられるだろうか？　あなた方自身の力で決定に至るよりはむしろ、他の誰かのことを気にかけるというのは、逃避、回避なのだ。もしあなた方が理解すれば、生きなければならない。理解することは生きることと同義synonymousだ。ほとんどの人はこのように生きない。なぜなら、彼らは理解せず、生の意義がわからないからだ。……あなた方にとって重要な問い、それは「自分は生きているだろうか？」だ。……あなた方が自分自身を理解するやいなや、他の人々の問題を理解し、それによって他の人々が解決を見出すのを助けることができるのだ。それゆえ、あなた方自身の力で理解し、解決し、生の意義を見るようにしなさい。そうすれば、類型を生み出し、「一者《ワン》」の中の「多者《メニー》」を崇拝している機械的な世界はなくなるだろう。

❖

〈Q：知的には私たちはあなたが言っていることに同意しますが、あなたの言われる道を辿ることは難かしいと感じます。どうしたらわれわれ普通の人間が、これらのことをできるのでしょうか？）

あなた方は知的に理解しておられないように思う。あなた方の理性、あなた方の知性は私が正しいと言っているのだが、どうやってその命令に従ったらいいかわからないとおっしゃりたいのだろうか？　いや、友よ！　あなた方はその困難を知性の領域に追いやろうとしているだけなのだ。先日ヨーロッパで私のある友人がこう言った。「私はあなたを直観的には理解しているのだが、しかし私の知性があなたが言っていることに逆らっているので、私は自分の知性に従うつもりだ」。それこそはまさに、あなた方が別の言い方で言おうとしていることなのだ。もし、すべての経験の結果でなければならないあなた方の知性が同意すれば、あなた方は従うにちがいない。そうせざるをえないのだ。私がこれが難しいとは思わない。もしあなた方の理性、直観が私が言っていることが正しいと言い、それがあなた方の一部になったら、その時にはそれに従いなさい。

❖

（Q：あなたがこの世界にいることは、もしいなかったら得られないであろう助けをわれわれに与えてくださるのでしょうか？）

太陽は種子に助けを与えるだろうか？　明晰な思索者は、彼のまわりの混乱した思考の持ち主たちに助けを与えるだろうか？　何という質問だろうか！　雨は干上った土地、燃えている土地に満足を与えるだろうか？　もしあなた方が満足し、充足し、沈滞していれば、誰もあなた方を助けることはできない。もしあなた方が不満で、しきりに発見したがっており、関心を抱いており、そしてその関心において精力的なら、その時には、あなた方自身を含むあらゆるものがあなた方の助けになるだろう。

◈

私は、私が何であり、私が誰であるかについての議論に立ち入りたくはない。誰もそれについて知らないのだ。人々はそれについて推測することができるだけだ。他の誰かが私について言うことには何の価値もない。それは最も取るに足りないことである。あなた方の精神は、この地においてだけでなく世界中で、権威に従うように何世紀もの間訓練されてきた。あなた方が権威に傾聴してきた間、あなた方は自分自身で明晰に考えること、特定の個人へのいかなるえこひいきもなしに、偏らずに考えることを忘れてきたのだ。私はこういったすべてのことを、無情な気持ちで言っているのでも、あるいは敵意を呼び起こそうとして言っているのでもないのだ。

◈

……真理はいかなる特定の人のものでも、階級のものでもないのだ。……クリシュナムルティの個性《パーソナリティ》が真理についての明言の妨げになっていると言うことが、最近——とりわけ、他の人々よりおそらく複雑な神智学徒《セオソフィスト》たちの間で——流行している。先ほど言ったように、私にはこの問題を議論するつもりはない。それができないからではなく、それがまったく無価値だからだ。……どんな結末が待ち受けていようと、自分自身で考え、それから行動するほうが、明らかにずっと価値があり、偉大で、気高いのだ。なぜなら、あなた方が自分自身で考える力を持つ時、あなた方は生きており、〈生〉と和合しているからだ。……スピリチュアルなことがらにおいては、重要なのはあなた自身であって、キリストでも仏陀でもない。……私が言っていることは全体として一まとまりになっている。一例だけ取り出し、それでもって全体をけなすことはできない。偏らず、論理的に全体を吟味していただきたい。全体を細分し、詳細に分析してもかまわない。が、あなた以外の誰かに聞かず、あなた方自身の精神、あなた方自身の心に聞くようにしていただきたい。……私は自分が、あらゆる人が――進化のどの段階にあろうと――追求しているものに到達した、理性と愛の均衡《ポイズ》であり、相対的なものではない、〈自己〉のすべての経験からの解放であるあの完成に至った、と言明する。ただしこれは何ら権威をふりかざそうとするものではない。なぜなら、相対的なもの――顕現したもの――には常に変化、矛盾、多様性があるが、あの〈自己〉の到達、浄化、均衡、完成、および解放のうちに全知（omniscience）があるからだ。だからあなた方は、もし私が言っていることを理解したければ、それだけをめざし、それ以外のいかなるものもめざしてはならない。もし理解したくなければ、もはやそれまでだ。

たっぷりとした空間と広々とした大空がある。……あなた方の個人的気まぐれ、好き嫌いを忘れ、いかなる党派心も交えずに探究していただきたい。どうか個人的こだわり、偏見から自由になっていただきたい。なぜなら私は、聞く耳を持たない人々に話しかけて時間を無駄にしたくないから。それよりは退出したほうがずっとましだ。私が言うことを単に聞くだけで理解しようとしない人を数千人持つよりはむしろ、その十全の意義を真に理解する人を二人持つほうがずっとましなのだ。なぜなら、理解する人は彼の全人生観を改め、自分の環境を支配し、自分のまわりの障害を打破するからだ。それこそがまさに理解する人であり、そして私の喜び、目的、意志はそのような理解を生み出すことなのだ。……

さて、あなた方の精神は、辿らなければならない道という観念に慣れているが、しかし真理は〈自己〉の生まれ故郷なので、いかなる道を辿ってもそれに近づけない。それはそれ自体で完全なのだ。もしあなた方が一方に偏した状態でそれに近づこうとすれば、けっしてそれに至ることはできない。なぜなら、真理は生に他ならないからであり、その生への愛、その生の充実に真理、スピリチュアリティの成就があるのだ。……真理はすべての資格を退ける。……真理はそれ自体のものであり、それはいかなる特別な人々、特別に選ばれた人々、それをあなた方に解釈して聞かせる人々も持っていない。どうかこのすべてについてきていただきたい。なぜなら私はあなた方に変わってほしいからだ。……真理は、他の人への解釈を受け付けない全体、道なき領域である。なぜなら真理はもっぱら個人的なことがらであり、他の人とは無関係だからだ。……真理を集団の観点からではなく、むしろ個人の観点から見るようにしていただきたい。私が話していることは自己本位あるいは自己中心性のことではない。私は、個人を浄化し、自由にし、ひいては世界を自由にする必要があると言っているのだ。

　真理は、人気あるいは追随とは無関係だ。それは権威に逆らい、催眠術、道徳に逆らい、宗教、集団のための組織、全体のための宗教に逆らう。そうしたものすべてを真理は退ける。……真理は敬虔な崇拝ではない。なぜなら敬虔であること（信心深いこと）は凡庸だからだ。真理は崇拝とは無関係だ。なぜあなた方は他の誰かを崇拝すべきなのか？　が、もし崇拝しなければならないのなら、通りを歩いている苦力《クーリー》を崇拝しなさい。寺院に籠もって腐りかかった神像を拝んだりせず、悲しんでいる人、苦しんでいる人、通りすがりの人を拝みなさい。……真理の探究においては、預言者も見者もおらず、聖書も儀式も宗教もなく、キリストも仏陀もない。あるのはただ〈自己〉だけであり、そしてその〈自己〉を浄化し、解放することのうちに〈自己〉の自由があるのだ。それに至るためには、〈自己〉は不要なあらゆるものを否定しなければならない。……〈自己〉は成長し、成就し、〈生〉と豊かに接触することによってのみ、偉大になることができるのだ。そこで、以上のすべてを心に留めて、あなた方が正しく、私が間違っているかどうかを見出し、人生観をそっくり改めるようなあのエネルギーを解放するようにしていただきたい。さらに以上を心に留めて、あなた方は自分が何を求めているのか、何を望んでいるのか、自分が案出したものは何のためなのか、自問してみなければならない。

❖

（Q：あなたの教えは世の中の普通の男女向けであって、私たち神智学徒《セオソフィスト》向けではないと言われています。これについてのあなたの見解を教えてください。）

あなたの見解は？　私の見解ではなく。あなたは特別に選ばれた少数の一人であられるのか？　もしそうなら、あいにくだが、私は選ばれた人に話しているのではないと申し上げておきたい。選ばれた人々は真理とは無関係だからだ。あなたは世の中の人と同じように飢え、悲しみにうちひしがれているのではないだろうか？……なぜあなたは名前によって自分自身を区別したがるのか？　名前には何があるのだろうか？　何もない。重要なのはあなたの内実だ。……私が言っていることは、不幸な神智学徒を含む万人向けだ。これは冗談ではない！……内と外の区別はない。あるのは、万人が属する〈生〉、完全な全体だ。その〈生〉との結合を充分に知り、〈生〉を充分に愛すること。そこに最高のスピリチュアリティがあるの

であって、それ以外のいかなるものにもないのだ。（1933）

（Q：学校での宗教教育についてのあなたの見解を述べていただけませんか？）

私は「宗教（religion）」という言葉を使いたくはない。なぜなら、私の観点からは、宗教は凍結したfrozen思考だからだ。それは活発で創造的ではなく、何も生み出さないからだ。だから、もし私が学校関係者だったら、その言葉を使わず、教師たちを通じて絶えず絶対的な自由と恐れを知らぬ（豪胆な）精神を維持するように心がけるだろう。なぜなら、あなたが宗教を掲げるやいなや、適合、権威、個人の抑圧をもたらすからだ。これに反して、もしあなたが恐れを知らぬ個人を生み出せば、彼はすべての神々よりも偉大なのだ。そのような人はいかなる宗教も必要とはしない。なぜなら彼は、みずからを律する厳格な法となるからだ。（1933）

（Q：人類への奉仕の価値を信じることは、生の一体性についての自覚へと人を導くのではないでしょうか？）

美しいバラは、その美ゆえに、もっとはるかにためになるのだ。

4『クリシュナムルティの世界』

（Q：ボンベイで、不可触賤民［アンタッチャブル］たちの寺院への出入りについてどうお考えでしょうかと、ある新聞記者からの質問を受けて）

寺院などなくしてしまえばよろしいのだ。

❖

（ププル・ジャヤカールの『クリシュナムルティ伝』の中で紹介されている、クリシュナムルティのガンディーについての感想）

彼は気持ちでは革命家だったが、実際においてはビジョンが狭かったのだ。政治に巻き込まれ、ガンディージーは妥協しなければならなくなり、そして彼の革命意識は奥に引っ込み、改革者としての彼が全面に出てきたのだ。

❖

（Q：もし明日戦争が勃発したら、一九一四年の神智学協会の指導者たちと同じように、あなたは軍隊に加わり『武器には武器を』と叫ぶのでしょうか？　それとも戦争を無視するのでしょうか？）

神智学協会の指導者たちが一九一四年に何をしたかは気にしないでおこう。ナショナリズムがあるところ、そこには必然的に戦争がある。いくつかの主権政府があるところ、そこには必然的に戦争がある。個人的には、私はいかなる種類の戦争活動にも加わらないだろう。なぜなら私はナショナリストではなく、階級意識にも所有欲にも駆られていないからだ。私は、単に傷病兵を治療し、再び傷つかせるためにかれらを戦場に送り込むために存在しているような組織には加わらないだろう。むしろ私は、戦争の脅威が迫

る前に、これらのことについて理解するようにするだろう。(1933)

❖

問題は戦争が来たら自分は何をするかではなく、戦争を防ぐためにいま自分が何をしているかなのだ。常日頃私の否定的態度を非難しているあなたがたは、まさに戦争の原因である当のものを一掃するために何をしておられるのか？　私は戦争の真因について話している。各々の国が軍備を増強していれば必然的に高まる直接の戦争の原因だけでなく、愛国心があるかぎり、階級差別、選民意識、所有欲があるかぎり、必然的に戦争が起こるのだ。それを防ぐことはできない。もしあなたがたが戦争の問題にいま直面すべき問題として本当に直面していれば、決然たる行動、明確かつ積極的な行動を取ることだろう。そしてあなたがたのそうした行動によって、戦争の唯一の予防薬——英知——を目覚めさせるのを助けるだろう。しかし、そうするためには『わが神、わが国、わが家族、わが家』という病気を自分自身から払い落とさなければならないのだ。(1933)

❖

(以下は、本書『クリシュナムルティの世界』所収のS・シヴァラーマン著「クリシュナムルティの詩の哲学」The Philosophy of the Poetry of Krishnamurti, 1934 の全訳されたものに基づいて抽出した、クリシュナムルティが創作した「詩」の一節である。理解に供するため、S・シヴァラーマンの合間合間の文から一部引用していることを付記する。)

〈最愛の方〉とは誰か？「探求 Search」のなかで、われわれは無私の愛によって到達できる〈幸福の王国〉へと導かれる。

汝が自由で、拘束されていない時、
汝の肉体が調和し、くつろいでいる時、
汝の眼がすべてのものをその純粋な裸形において知覚できる時、
汝の心が晴朗とし、愛情にあふれている時、
汝の精神が静謐な時、
その時、おお世界よ、
その〈庭〉の入口、
〈幸福の王国〉の門が開く。

（「探求」六一頁）

〈最愛の方〉は〈宇宙〉を包摂し、いっさいの生が〈彼〉の内にあることをわれわれは見出す。

その高い木を私は〈彼〉を通して見た。

（「不滅の友」二二頁）

さらに先へ進むと、〈最愛の方〉とは、そのすべての限りない顕現——善と悪、美と醜——における〈生〉

そのものであることをわれわれは発見する。

子供たちの楽しげな笑い声のなかに
汝は〈彼〉の声を聞くことができる。
……
夜の声を通して、
悲しみの泣き声、
歓声、
醜い怒声を通して、
わが〈最愛の方〉の声が聞こえてくる。
そして〈最愛の方〉と彼は一つになった。

おお、〈師〉よ、
〈汝〉の戯れはわが戯れ、
〈汝〉の愛はわが愛。
〈汝〉の微笑がわが心を満たした。

（「不滅の友」三〇〜三一頁）

わが仕事は〈汝〉の創りしもの。
……
おお〈最愛の方〉よ、〈汝〉と私は一つだ。

（「不滅の友」四八頁）

〈最愛の方〉とは〈普遍的生《ライフ・ユニバーサル》〉であるがゆえに、クリシュナムルティの詩はわれわれに〈生〉を愛せよと命ずる。

❖

〈生〉を愛せ、
そうすれば汝の愛はいかなる腐敗も知ることはないであろう。
〈生〉を愛せ、
そうすれば汝の判断は汝を支持するであろう。
〈生〉を愛せ、
そうすれば汝は理解の正道を踏み外すことはないであろう。

（「生の詩」一九頁）

〈普遍的な生〉への愛こそは、たぶんクリシュナムルティの最大の福音であろう。〈生〉は世界を一つにし、血縁的絆で結合させる。一者に流れているのと同じ生が、他のすべてにも流れている。

クリシュナムルティによって語られる〈生〉は、東洋の詩人―見者たちの最も崇高で統合的なビジョンの一つである。……その有限の形態の無常性にもかかわらず持続する〈生〉とその不滅性についての美しい詩句がある。

〈生〉を愛せ。
始めも終りもない。
それが何処から来るのかはわからない、
〈生〉には始めも終りもないからだ。
〈生〉はそれ自体としてある。
〈生〉の成就においては死はなく、
激しい孤独の痛みもない。
調子の美しい声、うらぶれた声、
笑い声、そして悲しみの泣き声、
すべては成就への途上にある〈生〉にすぎない。

隣人の目を覗き込み
汝自身が〈生〉とともにあることを見出せ。

そこに不死が、
けっして変わらない永遠の〈生〉がある。
（「生の詩」二六頁）

❖

「探求」のなかで詩人は、生への正しい適応によって、〈幸福の王国〉は自分自身の内に見出されると言明している。

汝自身の内にのみ〈幸福の王国〉はあるのだ。
（「探求」五〇頁）

クリシュナムルティによれば、解放は、自分自身の内なる生が〈普遍的な生〉と一体になり、その永遠性に歓喜することにある。……

汝の願いを世界の願いとし、
汝の愛を世界の愛とせよ、
汝の思考において世界を汝の精神に迎え入れ、
汝の行為において世界に汝の永遠を見せしめよ。
（「生の詩」九頁）

かくのごとき意識の成長を遂げた人には、死はない。なぜなら、形態は死を免れないが、生は永遠だからである。

〈生〉が死にうるだろうか?
汝の隣人の目を覗き込んでみたまえ。
〈久遠の生〉を愛する人には、疑いも悲しみも苦痛もない。
わが愛する〈生〉は重荷を下ろして軽やかだ。
それを達成することが究極の自由だ。

(「生の詩」一六頁)

〈生〉を愛する心は、生の成就の部分としての悲しみを招き寄せるであろう。
悲しみは〈生〉という織物を広げるであろう。

(「生の詩」三七頁)

詩人はわれわれに、幾時代ものすべての重荷を、煩わしい信条共々振り落とすよう、何度も何度も呼びかける。

〈生〉は、いかなる哲学も、

いかなる巧妙な思想体系も持たない。

このように、もつれさせる偏見を免れて、あらゆる人は、幸福に至る独自の道をみずからの経験から発見しなければならない。

彫刻家が御影石から
人間の像を彫り出すように、
汝は汝の経験という岩から、
汝の永遠の幸福を切り出し給え。

（「生の詩」五一頁）

幸福に至った人は、愛と調和において清澄である。われわれの詩人がそうであるように。

朝の山々のように静かで澄んでいる、
愛から生まれた
私の思いは。

〈生〉の調和を見出した人は幸福である、

なぜならそのとき、かれらは永遠の真近で創造するのだから。

（「生の詩」五九頁）

❖

クリシュナムルティの詩は、人類もまた彼のように〈最愛の方〉のビジョンを得、自由で幸福になってほしいという、人類に対する甘美な呼びかけに満ちている。そしてその呼びかけは、人の心を目覚めさせて呼応させる、あの温かい同情にあふれている。〈最愛の方〉を愛することを覚えることにより、人は全世界を愛することを覚えるのである。

〈汝〉へのわが愛は、
すべてへの愛を呼び起こした。
私は世界を導かねばならない
〈汝〉の許へ。

（「不滅の友」一五頁）

他の詩句で、彼はみずからの歓喜を分かつよう、熱く人に呼びかける。

おお、友よ、
私は君のために悲しむ。
君は深く土台を据える、

しかし君の家は明日には崩れる。

おお、友よ、
私とともに来たまえ、
そしてわが〈最愛の方〉の館《やかた》に住せよ。
君は無一物で
地上をさまようかもしれないが、
快い春のように
迎え入れられるだろう。
なぜなら君は、
すべてのものの〈伴侶〉を伴っているからだ。
（「不滅の友」五四頁）

彼によって示された道を登ることによってわれわれが到達する境地は、実は、生と愛と自由の実現の世界である。

千の視野を持つ千の眼、
千の愛を持つ千の心、

それが私だ。

清き川も濁った川も
受け入れ、
頓着しない海のように、
そのように私はある。

山間の湖は深く、
泉の水は澄んでいる、
そしてわが愛は事物の隠れた源泉だ。

ああ、ここへ来てわが愛を味わえ、
そうすれば、涼しい黄昏時《たそがれどき》に
蓮《ロータス》が誕生するように、
君は自身の心の秘密の願望を見つけるだろう。

ジャスミンの香りが夜気に充満し、

深い森の奥から
過ぎ行く日の叫びが届く。

わが愛する〈生〉は重荷を下ろして軽やかだ、
それを達成することが究極の自由だ。

（「生の詩」一六頁）

5『片隅からの自由――クリシュナムルティに学ぶ』

（本書は、限りなく異常の度を加えつつある現代世界の中で正気を保つためには、もはや「正常」〈ノーマル〉であるだけでは不十分であり、「超正常」な生き方を実現することが急務となっている、との問題意識の下、編まれたものである。そのため、典型的な超正常者としてのクリシュナムルティの重要なトークを中心に彼の教えの本質に迫るとともに、「学び」の可能性を探る試みを展開している。）

監獄としての世界――オーク・グローブでのトーク（一九三四年）

（以下は、カリフォルニアのオーク・グローブで一九三四年六月十六日から七月一日にかけておこなわれた十二回にわたるトークのうちの、七回目のトークから抽出したものである。世界およびマスメディアが〈世界教師〉への関心をなくし、新聞からクリシュナムルティの名前が消え、彼が無名の存在になっ

ていった時期の彼の思想を垣間見ることができる。〔訳者注〕）

しばらくの間、いささか想像を交えて、人間の内なる営為と外なる営為、彼の作り上げたもの、かれの苦闘を明らかにする、そういう観点から世界を展望してみよう。……人間が無数の壁（wall）、宗教の壁、社会的、政治的、国家的制約の壁、自分自身の野心、切望、恐怖、希望、安全願望、偏見、愛と憎しみの壁によって閉じ込められているのが見えてくるだろう。これらの障壁と監獄（prizon）の中に彼は囚われ、世界地図上の色分けされた国境、民族的敵意、階級闘争、文化的集団意識によって制限されているのだ。世界中の人間が、自分自身が作り上げた壁によって閉じ込められ、制限されているのが見える。……そのように、あなた方の目には世界中の人間が囚人として見えてくる。……そして監獄の中で自分自身を居心地よくさせることに成功する人のことを私たちは「成功者」と呼び、一方、監獄の中で負ける人のことを「失敗者」と呼ぶ。が、成功も失敗もともに監獄の壁の内側でのことだ。

さて、あなた方が世界をそのように見ている時、あなた方は人間がその制限、その囲いの中にあるのを見る。では、その人間、その個性（individuality）とは何なのだろうか？　彼の環境とは何であり、彼の行動とは何なのだろうか？　それが、今朝私が話してみたいことである。

❖

創造的英知の表現は非常に稀であり、それは一見すると個性または分離の印象を与えるが、私に言わせればそれは個性ではなく、英知だ。真の英知が働いている場合は、個性の意識はない。が、環境に対する欲求不満、努力、闘いがある場合は、英知とは違う、個性の意識がある。
英知をもって生き、それゆえ情況から自由な人のことを私たちは「創造的」、「神的（divine）」と呼ぶ。監獄の中にいる人にとって、解放された人、英知を自由に働かせている人は神も同然だ。だから、私たちはそういう自由な人のことを話題にする必要はない。なぜなら、私たちはそのような人に関心がないからである。大多数の人々は彼に関心がないので、私はその自由を取り上げないことにする。なぜなら、解放、神性（divinity）は、あなた方が監獄から出た時に初めて、理解され、実現されうるからだ。監獄の中にいながら神性を理解することは不可能なのだ。解放とは何か、神性、神とは何かを単に形而上学的、哲学的に議論することはまったくの無駄である。なぜなら、今あなた方が「神」と見なすことができるものは、制限されているにちがいないからだ。

❖

思考は、単に、制限、環境への反応なのではないだろうか？「私は考える」、「私は思う」、とあなた方が言う時、あなた方はただ環境に反応しているだけで、環境を突き抜けるべく努めてはいないのだ。……そして、柱につながれた動物はそのロープの長さ以内のものだ。あなた方が歩きまわるように、あなた方はそれらの信念、教義、信条の制限内を歩きまわるのだ。明らかに、それは創造的な「制限されていない、感情や行為と渾然一体となった」思考ではないのだ。それは、束縛するもの——信念、教義、信条といった——への単なる反応だ。これらの反応は努力、葛藤を生み、そしてその反応をあなた方は思考と呼ぶのだが、しかしそれは単に、監獄の壁の内側をぐるぐる歩きまわるようなものである。あなた方の行動はこの監獄への反応であり、それはさらなる恐怖、さらなる制限を生み出すのではないだろうか？

❖

私たちが「行動（action）」について話す時、それによって何を意味しているのだろうか？　環境の制限内の運動、固定した観念、考え、偏見、信念、教義、信条に縛られた運動。そのような制限内の運動をあなた方は行動と呼んでいるのだ。だから、あなた方が行動すればするほど、それだけ英知がなくなり、自由でなくなるのだ。なぜなら、あなた方は常にこの安全、安定、教義、信条という固定点を持っているからだ。そしてその固定点から行動し始める時、当然ながら、あなた方はさらなる制限、さらなる制約の壁を築き上げるのである。その時には、あなた方の行動は、それ自体が完成であるところの英知から生まれたものではなく、したがって創造性を欠いたものとなる。それゆえ、なんの歓喜（joy）も恍惚（ecstacy）もなく、なんの愛も生の充実（richness of life）もないのだ。

豊饒なる生の実現――バルパライソでのトーク（一九三五年）

（以下は、一九三五年に南米各地でおこなわれた一連トークのうちの、バルパライソ［チリ中部の港市］でのトークから抽出したものである。）

友よ、本題に入る前に申し上げておきたいことがある。まず、私はいかなる組織にも属していない。また、私がチリに来たのは何人かの友人の招きに応じてのことだ。特定の組織に属することは、明晰な思考にあまり役立たない。また、新聞などで私が神智学徒（Theosophist）だと報じられたり、その他のレッテルを貼られたりしているようなので、私がいかなるセクトや結社にも属していないということ、また、思想（thought）を特定の型にはめることは有害無益だと思っていることを知っていただけたらと思う。

私たちは皆、世界に全面的変化が起こらなければならないと言う。……ナショナリズム、帝国主義という病気が戦争とともに至る所に蔓延し、人間の生活、あなた方の人生、神聖であるべき人生を破壊している。

そのように、私たちの周囲にはまったくの混乱と激しい苦しみが見受けられる。人間の思考と感情にダイナミックで根源的な変化が起こらなければならない。何人かは、「それは専門家に任せればよい。彼らに適切な方式を案出してもらい、われわれはそれに従えばいい」と言う。他の何人かは、環境を完全に変えるためには大衆運動がなければならないと言う。

さて、もしあなた方が人間の問題をそっくり専門家に任せるなら、あなた方個人は浅薄で空虚な機械になってしまうだろう。あなた方が大衆運動（mass movement）という言葉を口にする時、「大衆」によって何が意味されているのだろう？　いかにして大衆運動なるものが奇蹟的に生じうるのだろう？　それは、個人の側の慎重な理解と行動によってのみ起こることができるのだ。人間が抱えている問題を、表面的な反応なしに把握するためには、直接的に（directly）かつ単純に（simply）考えなければならない。真理を理解すれば、私たちの問題は解決されるだろう。個人が根源的に変わらなければならない。個人を搾取しない真の大衆運動を引き起こすためには、あなた方の各々が自分の行動に責任を持たなければならないのだ。……

人類の福祉（welfare）は、各々の個人が真に自己実現を遂げる時にのみ、現実のものとなりうる。自己実現を遂げるには、今のところ無数の反復的な反応のかたまり、社会・宗教的機械の歯車にすぎないあなた方が、道徳的、社会的、宗教的なすべての価値を問うことによって、［全体（whole）から不可分（indivisible）の存在としての］「個人（individual）」になり、そして特定のいかなる人あるいはシステムにも従うことなく、自分でそれらの真の意義を発見しなければならない。するとあなた方は、これらの価値が基本的にエゴイズム、自己中心性に基づいていることを見出すだろう。何らかの価値を、その深い意味を理解せぬまま、単に模倣することは、欲求不満に行き着くだろう。何らかの奇蹟的変化、大衆運動を待望するかわりに、あなた方個人が目覚めなければならない。あなた方は、自分の安全願望によって築いてきたそれらの価値と衝突（conflict）しなければならないのだ。

あなた方があえてそれをなすのは、苦しみ、苦悩、苦悶（suffering）がある時だけだ。……あなた方は自分自身に安全な一隅を確保し、それを巧妙にも「道徳的」と詐称《さしょう》し、ますます混乱と苦しみに拍車をかけるのだ。ここにはいかなる幸福も英知（intelligence）も実現もなく、あるのは恐怖と悲しみだけだ。あなた方の各々がこのすべてに目覚め、自分の思考と行動の進路を変えなければならないのだ。

（Q：墓の向こう［死後］の生はあるのでしょうか？　あなたにとって死はどのような意義を持っているのでしょうか？）

なぜあなたは来世（hereafter）に関心があるのだろう？　なぜなら、この世（here）がその深い意義を失ったからだ。この世界にはなんの成就も実現もなく、なんの愛もなく、あるのはただ衝突と悲しみだけだからだ。そこであなたは別世界、その中では幸福に、充分に生きられるであろう来世を希求する。……もし私があの世での生はあると言い、他の人はそのようなものはないと言えば、あなたはあなたにより大きな満足を与えるほうを選び、それによって権威に隷属（依存）してしまうだろう。だから問題は、来世があるかどうかではなく、今ここで、永遠なる生の充実があるかどうかを理解し、行為が制限をもたらさないように解放させることなのだ。

生を実現した人、自分自身を真実（reality）の運動から切り離さずにきた人、そのような人にとっては死はない。

どうすれば人は行為が生の実現となるように生きることができるのだろうか？　どうすれば人は生と恋する（和合する）ことができるのだろうか？　生と和合し、それを実現するには、精神は、深い理解によって、邪魔をし、くじこうとするあの諸々の制限から自由にならなければならない。精神の奥に横たわっているすべての障害物を意識に上らせ、それらに気づかなければならないのだ。……行動することによって、生きることによって、苦しむことによって、あなたは隠れ、身を潜めているそれらすべてのものを引きずり出さなければならない。精神が恐怖ゆえに来世のことで頭をいっぱいにしておらず、「現在」を充分に意識し、その深い意義とともにそれに気づけば、その時には真実――あなたのものでも私のものでもない生――が動き始めるのだ。

❖

（Q：あなたが言われることは教育された人には有用かもしれないが、無教育な人を混乱へと導くのではないでしょうか？）

さて、誰が教育された人で、誰が無教育な人かを決めることはとても難しいのではないだろうか？（笑い）あなたは多くの本を読み、多くの仲間を持ち、様々なクラブに属し、たっぷりとお金を持っているかもしれないが、にもかかわらず最も無知かもしれないのだ。

あなたが無教育な人々のことを気にする時、それは、普通、恐怖があること、自分が動揺させられたくない、自分が達成した地位から追い出されたくないと思っていることを示している。……無教育な人々のことを気にかけたりせず、あなた自身の行動が英知に基づき、恐怖から自由になるように気をつけなさい。それによってのみ、正しい環境が創出されるのだ。……もし、教育された人間ということになっているあなた方、ゆとりを持っているあなた方が自分の行動の全責任を負わなければ、より一層の混乱、不幸、苦しみが引き起こされるだろう。

❖

（Q：日常生活でかくも支配的な役を果たしている性の問題に、あなたはどう対処されるのでしょうか？）

[この問いは、リオデジャネイロでの第二トークの終わり頃に出された問い。メアリー・ルティエンスによれば、唯一、クリシュナムルティの教えの中で本当に変化したものは、性《セックス》に対する態度とのことで、それはもはや二十代の初めの頃そうであったように、恐怖で彼をいっぱいにするようなことはなくなっていたと言われている［『片隅からの自由』P29参照］

それ（＝性）が問題になってしまったのは、なんの愛もないからだ。私たちが本当に愛する時は、なんの問題もなく、そこには調整があり、理解があるのだ。性が問題化するのは、私たちが真の愛の感情をなくした時、いかなる所有感覚もない、深い愛がなくなった時だけである。私たちが単なる感覚にすっかり負けた時にだけ、性に関する様々な問題が生じてくるのだ。たいていの人は創造的思考（creative thinking）の歓びをなくしてしまったので、当然ながら性的感覚に頼るようになり、それが精神と心を食い尽くす問題と化してしまうのだ。

あなた方が自分を守るために築き上げてきた環境とその多くの価値に疑義を呈し、それらにどんな意義があるかを理解し始め、そしてそれらが根源的、創造的な思考を圧殺しつつあることに気づかないかぎり、当然ながらあなた方は多くの種類の刺激に訴えなければならなくなる。このことから、生それ自体についての根源的で英知に基づいた理解によって以外は解決しようのない、無数の問題が起こってくるのだ。

第三章　クリシュナムルティ・一九四〇年代の言葉

クリシュナムルティについて【3】

▼一九三〇年代、四〇年代、Kは個人的な問題について彼との話し合いを依頼してきたすべての人々と私的な面談を行った。人間存在の共通性を把握しているがゆえに、彼はあらゆる男女に影響を及ぼしている諸問題への啓発的洞察を伝えることができた。そして、彼は一つひとつの議論の中にある本質を書物の中で、自然風景への深い鑑賞と併せて、環境への多年にわたる強い懸念も表明しつつ、詳述した。

▼合わせると何千もの公開講話を行っただけでなく、Kは多くの国で年次集会に参加した人々からの質問にも応じていった。

▼書物等のそこかしこから、重要なテーマを率直に探究したいというKの熱意と、権威者として語ることを拒絶する姿勢が明瞭に伝わってくる。我々は、答えは問いそれ自体を徹底的に問い抜くことから得られるということに気づかされる。

（『前掲書』）

1『片隅からの自由──クリシュナムルティに学ぶ』

個人と社会、そして戦争──オーク・グローブでのトーク（一九四〇年）

（以下は、カリフォルニアのオーク・グローブで、一九四〇年五月二十六日から七月十四日にかけておこなわれた十一回にわたるトークのうちの、一回目のトークから抽出したものである。）

世界は常に苦痛と混乱の中にある。常にこの苦悩と悲しみの問題があるのだ。私たちがこの葛藤、この苦痛を意識するのは、それが私たちを個人的に襲うか、今そうであるように、私たちのすぐ間近に迫っている時だ。戦争の問題は以前にもあったが、私たちのほとんどは、それが遠くでのことで、また個人的に深く影響しなかったので、無関心だった。が、ドアの外まで迫っている今は、戦争はほとんどの人の精神を支配しているように思われる。

……私たちが議論すべき問題は──それは常に存在しているのだが──個人と他の人との関係、すなわち社会のそれだ。もし私たちがこの複雑な問題を理解することができれば、その時には多分、結局は戦争に行き着く多くの原因を回避することができるだろう。……平和は外にではなく、内にあるのだ。個人──彼は世界だ──が戦争のより深い原因を決然と変え始める時にのみ、世界に平和と幸福がありうるのだ。私はそれらの原因を扱い、いかにしてそれらを深くかつ永続的に変えたらいいか検討してみたいと思う。

私たち自身を理解するためには、まず私たち自身の発見に関心を持ち、私たち自身の思考と感情のプロセスに機敏についていかなければならない。私たちの思考と感情は何に最も関心があるだろう？　それらの関心は、物（thing）、人々（people）、観念（ideas）にある。物、人々、観念が私たちの根本的関心事なのだ。……私たちは全員、衣食住を必要としている。これは明白だ。……が、物がかくも不相応な価値と意義を持つに至っているのは、私たちが自分の幸福のためにそれらに心理的に依存するからだ。……私たちのほとんどは物に関心があり、私たちと物との正しい関係を理解するには英知が必要だ。禁欲でも貪欲でもなく、放棄でも蓄積でもなく、物への執拗な依存を免れた、基本的必要についての自由で、英知あふれる気づきが必要だ。……

いつ必要（need）が貪欲（greed）になるのだろう？　それは、思考が、それ自身の虚しさを知覚して、物にそれら自身の固有の価値より大きな重要性を付与し始め、それによって物への依存を引き起こす時、生まれるのではないだろうか？……私がまず「物」を取り上げたのは、私たちのほとんどがそれに関心があるからだ。私たちにとって、それらはとてつもなく重要だ。戦争は物をめぐって起こされ、そして私たちの社会的・道徳的価値は物に基づいている。貪欲の複雑なプロセスを理解することなしには、私たちは真実を理解することはできないだろう。

❖

（Q：私たちには戦争に巻き込まれる危険が差し迫っています。なぜそれに対する対抗の仕方についての具体的な示唆を私たちに与えてくれないのですか？）

実は唯一の戦争しかないのだ。それは私たち自身の内なる戦争であり、それが外部の戦争を生み出すのだ。私はもっぱら、私たち自身の内なる戦争に関心がある。もし私たちがその私たちの内なる戦争を理解し、英知によってそれを超越することができれば、多分、世界に平和が訪れるだろう。……大いなる英知と深い理解——単なる主張でも、何らかの理論の性急な受け入れでもなく、持続的な気づき、繊細さと思いやりを伴ったねばり強い問い——が、私たちの内に永続的な平和を生み出すだろう。だから、私たちの最初の仕事は私たち自身に取り組むことなのだ。なぜなら、世界は私たち自身の延長だからだ。……私たちは、核心を理解することなしに、周辺に関心を持ってしまう。中心に平和がある時、世界平和の可能性が開けてくるのだ。

❖

（Q：自分自身を十分に非利己的に理解し始めるための最も賢明な仕方は何なのでしょうか？）

自分自身を理解するのに、利己的および非利己的という二通りの仕方があると思っておられるのだろうか？

あなたはあなた自身を理解するだけだ。……あなた自身を理解するためには、あなたはあなた自身をありのままに——利己的あるいは非利己的な考えに偏らずに——見つめなければならない。あなた自身を理解するには、あなたは、ありのままのあなたを正確に映す鏡を作り上げなければならないのだ。……そのような偏見なしに、明晰に知覚するためには、不断の機敏さ、忍耐と配慮を要する、特別の、機敏な受動性（alert passivity）がなければならないのだ。……あなたが自分自身を、いかなる歪曲もなしに明晰に見る時、あなたはなぜ歪曲が起こったかを見出し始める。それからあなたは原因を発見し始めるのだが、それは再び鋭利な機敏さ、真剣さ、一意専心を要する。……あなた自身を理解するためには、あなたは、いかなる恐怖にも陥っておらず、いかなる希望にもとらわれていない、そういう明晰な精神―心（mind-heart）を持たなければならない。

❖

（Q：どうしたら抵抗を生ぜずに自分自身を変えることができるのでしょうか？）

まさに自分自身を変えるという考えに、批判的理解（critical understanding）を妨げる、あらかじめ考えられた［先入見としての］パターンが含意されている。……私たちは「これ」または「それ」になることを欲し、ゆえにありのままの自分についての批判的吟味検証ができず、それゆえ、私たちが自分がなりたいものに照らして変わろうとする時、抵抗を生ぜざるをえなくなり、少しも根源的変化が起こらないのだ。

私たち自身の中に起こらなければならない変化に関心を持つかわりに、私たちがどうあるべきか、どうなるべきかについての先入見を持っているかどうか調べてみよう。……もし真剣に調べてみれば、私たちは原因は恐怖であること、様々なパターン、私たち自身について、および私たちがどうあるべきかについての先入見を作り出すのは恐怖だということを見出すだろう。……が、もしあなたが自分自身をありのままに見つめることができれば、その時には、比較によって引き起こされるものではない、根源的変化の可能性が生じる。比較によるすべての変化は、単に抵抗の中の変化なのだ。

（Q：子供たちのための学校についてどう思いますか？　これは現在の必要事です。）

これは単に現在の必要事であるだけでなく、すべての時代の必要事だ。それは、私たちが自分自身の子供を持ち、情況が危機的な時、重要で切迫したものとなる。思慮深い人々にとっては状況は常に危機的だ。もしも両親、保護者たち自身が混乱していれば、いかにして彼らは、なんの混乱も、憎しみも、無知もなしに子供たちが育てられる、そういう学校を設立できるだろう。そう、これも再び、あの同じ古い問題だ。すなわち、あなたはあなた自身から始めなければならないのだ。そしてあなた自身の関心から、恐怖や憎悪によってがんじがらめになっていない世代が育つかもしれない、そういう学校を設立するか、あるいは設立するのを助けるのだ。

❖

（エミリー夫人への手紙から）

瞑想は人生における偉大なるアートです――多分、最も偉大なものでしょう。そして、人はそれを他人から学ぶことはできないのです。それがその魅力でもあります。それには技術もなく、権威もありません。あなたが自分自身について学び、自分自身を見守り、歩き方や食べ方、話し方、うわさ話、憎しみ、嫉妬などを見守り――これらすべてのことに無選択に気づくなら、それが瞑想の一部なのです。それゆえ瞑想は、バスの中で坐っている時、光と影にあふれた森の中を散歩する時、小鳥の声に聴きほれる時、妻や子供の顔を眺めている時など、いつでも起こりうるものなのです。

シンプル・ライフについて——オーハイでのトーク（一九四四年）

（以下は、カリフォルニアのオーハイで、一九四四年五月十四日から七月十六にかけておこなわれた十回にわたるトークのうちの、八回目のトークから抽出したものである。）

シンプル・ライフは単にわずかな物を所有することにではなく、所有および不所有からの自由、深い理解とともに起こる、物への無関心にある。……生の単純さは、内なる豊かさ、貪欲、耽溺、注意散漫からの自由とともに起こるのだ。

このシンプル・ライフから、自己閉鎖的な集中（self-enclosing concentration）の結果ではなく、拡張的気づき（extensional awareness）と瞑想的理解（meditative understanding）の結果である、あの必要な一意専心さ（one-pointedness）が生まれる。……絶えず貪欲、耽溺、注意散漫のプロセスに気づくことがそれらからの自由をもたらし、真のシンプル・ライフが起こるのだ。

❖

（Q：私の息子が今度の戦争で殺されてしまいました。十二歳のもう一人の息子だけは次の戦争で失いたくありません。次の戦争を防止するにはどうしたらいいのでしょうか？）

この質問は世界中のあらゆる父親と母親によってされねばならないのではないだろうか？　それは普遍

的な問題だ。が、次の戦争を防止するため、自分たちの息子が殺されるのを防ぐため、この戦慄すべき虐殺が起こらないようにするために、両親はどんな代価を払うつもりだろう？……　新しい生き方を築き上げるには、新しい革命的な考え・感じ方を培わなければならない。もしあなたが国民意識、人種的偏見、経済的・社会的境界の見地で考えていれば、あなたは次の戦争を招くだろうし、また招かざるをえないのだ。……私たちは、様々な段階——家族、グループ、国家、国際協力といった——を経なければならない、その時初めて平和が実現されるだろうと考えるのだ。それは単に、私たちのエゴイズムと狭量、偏狭と偏見の正当化なのだ。……もし私たちが無知と利己心という病気［を治すため］に自分の精神と心を注げば、私たちは正気で幸福な世界を創り出せるだろう。

……私たち自身を混乱と争いの水平的連続から脱け出させること、新たに、時間の感覚なしに、垂直的に考え・感じることによって混乱と争いの連続から私たちを遠ざけることはできないだろうか？　私たちの怠惰と延期を合理化するのを助ける進化の見地で考えずに、まっすぐに、単純に考え・感じることはできないだろうか？……永遠なるものは現在にあり、過去も未来もそれを明かすことはできない。……もしあなたが自発的に自分自身を貪欲、悪意、無知から自由にすれば、その時初めて息子を次の戦争から救い出す可能性が生じるだろう。世界に平和をもたらし、この大量殺人を終わらせるには、新しい道徳（morality）——感覚中心のそれではなく、感覚の追求、俗臭、個人的永続への切望からの自由に基づいたそれ——をもたらす、思考・感情の完全な内面的革命がなければならないのだ。

❖

（Q：あなたは瞑想的気づき（meditative awareness）については話しますが、決して祈りについては話しません。祈りには反対なのですか？）

反対することにはなんの理解もない。私たちのほとんどは嘆願的な祈り（petitionary prayer）に耽っているが、この種の祈りは、連動した現象である、観る者と観られるもの（the observer and the observed）という二元性（duality）を培い、強めるのだ。この二元性がやむ時にのみ、全体性（whole）が現れる。……しばらく以前、神に祈願している人に会ったことがあるが、彼が祈願しているものの一つは冷蔵庫だった。どうか笑わないでいただきたい。その人は冷蔵庫を手に入れただけでなく、家をも手に入れた。自分の祈りが聞き届けられたのだから、神は実在する。そう彼は主張した。……私が話してきた瞑想的気づきは自己認識の然らしめる結果であり、その中にのみ正しい思考があり、そして観る者と観られるものの二元的過程から精神・心を自由にするのはこれなのだ。なぜならそれらは連動的現象であり、連動的出来事だからだ。……私はトークの中で、いかにして観る者と観られるもの、思考者と彼の思考の間に存在する混乱を、自己認識と正しい思考によって晴らしたらいいか説明すべく努めてきた。……もし実験してみれば、思考がそれ自身のおしゃべりやみずから作り上げたものから完全に自由であることがいかにとてつもなく困難かをあなたは発見するだろう。思考・感情がそのように自由である時にのみ、観る者と観られるものがやんだ時にのみ、〈測り知れないもの〉（immeasurable）が現れるのだ。

❖

（Q：あなたが示唆したように、〔自分の思考を〕書き留めてみました。私は、自分が些細な思考を超越できないことがわかります。それは、意識的精神が潜在意識的切望や要求を認めることを拒んで、虚しい自己閉鎖へと逃げ込むからでしょうか?)

思考・感情の過程を吟味するために精神の速度を落とすには、あらゆる思考・感情を書き留めてみるべきだと私は示唆した。もし人が、例えば高速で回転している機械を理解したければ、人はそれを停止させるのではなく、減速させなければならないのだ。なぜなら、止めてしまえば、それはただの無機物にすぎなくなってしまうからだ。その構造、その運動を調べるには、それをゆっくり回転させなければならない。同様に、もし私たちが自分の精神を理解したければ、私たちは自分の思考を止めるのではなく、その速度を落とさなければならない。……ただし、あらゆる思考・感情を書き留めることは不可能だ。なぜなら、それらはあまりにもたくさんあるから。が、もしあなたが毎日少しでも書き留めるよう心がければ、すぐにあなた自身を知り始めるだろう。あなたは自分の意識の多くの層、それらの相互関係、呼応関係に気づき始めるだろう。この気づきは困難だが、しかしもし遠くまで行きたければ、あなたは近くから始めなければならない。……

私たちの思考・感情のほとんどは些細なものだ。なぜその原因——とてつもなく広大だがちっぽけな無知の結果である自己——を認め、理解しないのだろうか? ちょうど薄い鉱脈をたどることによって大金鉱に出くわすかもしれないように、もしあなたが些細なものについていき、それを考え抜き、感じ抜けば、あなたは深遠な財宝を発見するだろう。小さなものが深いものを隠しているかもしれないのだ。

私があらゆる思考・感情を書き留めることを示唆したのは、排除の集中でも、自己閉鎖的孤立の集中でもない、この包括的で拡張的な気づきを培う手段としてそれが有効だと思うからにすぎない。
この拡張的な気づきは理解によって起こるのだ。単なる判断や比較、拒絶や受容によってではなく。

❖

（Q：大師《マスター》、別の存在次元にいる霊的教師《スピリチュアル・ティーチャー》、を持つことは間違いでしょうか？）

私は、様々な時に、様々な仕方でこれと同じ質問に答えてきたが、真に理解しようと思う人はほとんどいないようだ。……私たちの思考、感情、行動の中の何が真実かを発見することはきわめて困難だが、なお一層困難なのは、いわゆる霊的世界における真実を見抜くことだ！……精神には無知を生み出す力も、真実を識別する力もある。この〈大師《マスター》〉の探索には常に獲得願望があり、したがって恐怖が起こるのだ。報いを求め、ゆえに［報いを得られないことへの］恐怖を招いてしまう精神は、何が真実かを理解することはできない。賞罰、優劣の見地で考えるのは、無知［愚］の骨頂である。そのうえ、あなた自身の思考・感情の中で何が真実［本当］かをあなたが発見するのを、他の誰かが助けることができるだろうか？　他の人々は指摘するかもしれないが、しかし何が真実かはあなた自身が探究し、発見しなければならないのだ。……あなた自身の思考・感情・行為の責任はあなたにある。あなただけが、あなた自身をあなた自身から救い出すことができる。あなたの理解によってのみ、あなたは貪欲、悪意、無知を超越することができるのだ。

ガンディーの死の真因について――インドでのトーク（一九四八年）

（以下は、一九四八年にインドでおこなわれた一連のトーク及び質疑応答から抽出したものである。）

常に、とりわけ現在のような危機的な時代には、非常に明晰に考え、自分の感情をきわめて綿密に知ることが重要なのではないだろうか？　明らかに、私たちは危機から別個にあるのではない――何であれ、一つの国、一つの集団に起こることは、実は私たちのそれぞれに起こっている。私たちは密接に関わり合っているので、自分の思考と感情に十分気づき、それらを慎重に意識に上せるべきである。なぜなら、もし私たちが出来事に影響され、味方し、説き伏せられ、出来事の原因に気づかなければ、ただ出来事によって流されてしまうだけだからだ。……外の出来事は、私たちに密接であればあるほど、当然ながら多くの人を狼狽させ、動揺させざるをえない。だから、非常に強い感情、歪められていない、果断な、まっすぐな感情を持つことが必要なのではないだろうか？　なぜなら、なんの感情もなければ、人は死んだも同然だからだ。単なる知的雄弁は、重大事の瞬間にはなんの意味もない。これに反して、もし私たちが騒乱の心理的原因を非常に綿密に、明晰に追求し、知性の干渉なしに感情的注意を維持することができれば、多分、私たちは出来事の意義を知覚することができるだろう。

❖

ここインドに集中している現在のそれのような危機を理解するためには、それを十二分に吟味し、そのすべての意義、すべての深さを見極めるつもりで、それに非常に入念に、熱心に、明晰に取り組まなければならない。今晩はこれから質問にお答えするが、もしあなた方がただ答えを待っているだけなら、答えはほとんど無意味だ。が、もし私たちが一緒に問題を吟味し、考え抜くことができれば、――単にあなた方が聞き、私が説明するだけでなければ、――その時には多分、まさにその考究のプロセスが理解、発見をもたらすだろう。

(Q:マハトマ・ガンディーの非業の死の真因は何なのでしょうか?)【この質問へのクリシュナムルティの一連の長い返答は、内容ごとにまとめて、①~⑥の表示の下、以下記すこととする。】

❖

①そのニュース(=ガンディーは、一九四八年一月三十日、ヒンドゥー原理主義団体の民族義勇団に所属していたナートゥーラーム・ゴードセーの銃弾に仆れ、還らぬ人となった。)を聞いた時のあなたの反応はどのようなものであったか? どのように応《こた》えたのか? それを一個人の喪失として気にしたのか、それとも世界の出来事の趨勢を示す徴候として気にかけただろうか?……つまり、この問題に自分がどう取り組もうとしているのか、一個人の喪失としてか、あるいは世界で起こっている全面的破局の徴候としてかを見出すことが先決なのだ。

さて、もしそれが特定の個人の死であるなら、それはまったく異なる意義を持つ。私たちすべての中には、自分自身をより大きなあるいは偉大な何かあるいは誰か――それが国家であれ、人であれ、観念であれ、イメージであれ、高次の意識であれ――と同一化させる傾向があるのだ。……そしてその人、あるいはその観念、その集団またはその国に何かが起こる時、その同一化が強烈に揺さぶられる。あなたはそれを感じているのではないだろうか？　自分自身を何かと同一化しようとする願望があるのは明らかなのではないだろうか？　なぜなら、自分自身の内面では、人は取るに足りず、空しく、浅薄で、ちっぽけだが、自分自身を国、指導者、集団と同一化させることによって、人はひとかどの存在になれるからだ。まさにこの同一化に危険がある。なぜなら、もしあなたがそれに気をつけてみればわかると思うのだが、それは歴史で、私たちの日常生活で、最もすさまじい残虐行為に行き着くからである。……以上が、この問題の一面だ。

❖

②実は、本当の問題は「この事件、この不幸、この破局を引き起こすのに寄与した、私に帰せられる原因は何だろう？」だ。なぜなら、私は個人的に、現在の世界で起こっているあらゆるものに責任があるからだ。それが真の問題なのではないだろうか？　世界の出来事は無関係な出来事ではない。それらは関わり合っている。ガンディージーの非業の死の真因はあなた方にあるのだ。なぜなら、あなた方はコミュナリスティックな精神［訳者注：インドにおける、特にヒンドゥー教徒とイスラム教徒によって代表される、宗教・人種・カーストなどの相違による各集団の排他的精神 communalistic spirit］を持ち、財産、カースト、イデオロギーによって、異なった宗教、宗派、指導者たちによって、分離の精神（spirit of division）を助長しているからだ。

単に一人の男性を絞首刑に処しても無駄だ。あなた方全員がその死の一因となったのだから。問題は、どのような仕方であなた方がその死に寄与したかどうかだ。私はわざと私自身をその中に含めないようにしている。なぜなら私はコミュナリストではなく、ヒンドゥー教徒でもインド人でもなく、国家主義者でも国際共産主義者でもないからだ。それゆえ私はそれらから私自身を除外している。

が、これは私が優秀だからではなく、ある集団または宗教に属するとか、「私のもの」である財産を持つといった見地で考えないからだ。……

あなた方はヒンドゥー教徒、パルシー教徒、仏教徒、イスラム教徒だ。そのどれかに同一化すれば、互いに分裂して孤立を招くことは明らかである。……真因はあなた方だ……あなた方は、一個人の死だけではなく、何千何百万もの死をもたらさざるをえない。それは避けがたいのだ。

❖

③根本問題は、実は、人間は同一化による特定の孤立の中で存在していけるのかどうかなのだ。そして歴史は、何度も何度も、それは人間にとって破壊であることを示してきた。……私は説教しているのではない。私はあなた方を納得させることに関心はない。事の真相をあなた方と一緒に見出すことに関心があるのだ。だからこれは、なんの意味もない、単なる政治的演説ではない。真相を見極めるためには、出来事に対して私たちに責任があるかどうかを確かめるためには、私たちは非常に綿密に、直接的に考えなければならない。……あなた方はこのすべてのとてつもない重要性を感じているだろうか？　あるいは、言葉の奥に隠れないで、それを非常に明晰に考え抜いているだろうか？

それから、財産による、あるいは獲得欲による分裂という、明白な事実がある。財産それ自体はほとんど無意味だ。あなた方はたった一部屋の中の、たった一つのベッドで眠ることができる。……あなた方が、自分と財産との関係は、一人の人にとってだけではなく、多くの人にとっての不幸に行き着くこと、そして財産をめぐって互いに争いあっているということを直接見る時は、財産を放棄することは困難でも苦痛でもない。……いかに多くの異なる仕方で、あなた方は他の人々からあなた方自身を分離させようとすることか！　この孤立が、衝突と暴力の真因なのだ。だから、紳士であられる皆さん、そして、美しいサリーや流行のスカートを着ておられる淑女の皆さん、責任はあなた方にある。

❖

④この出来事（＝財産、信念、イデオロギー等々と同一化し、結果として孤立化の道を辿ること）にはまた、世界的な意義がある。私たちは悪（evil）を正当化し、それを善（good）への手段にしてきた。私たちに平和をもたらすという理由で戦争が正当化されているが、それは明らかに、正しい目的を生むために間違った手段を用いているのだ。……未来は変わりやすく、どうなるかわからないのだが、にもかかわらず私たちは未知の未来のために現在を犠牲にしようとしているのだ。これは最大の錯覚なのではないだろうか？　が、それが世界の傾向の一つなのだ。すなわち、私たちはイデオロギー上の未来を持っており、そのために人間存在が犠牲にされる。人間を救うために、私たちは人間を殺している。……明らかに、理解はもっぱら現在においてであって、未来においてではない。包括的な理解があるとすれば、それは今であって、明日ではないのだ。

❖

⑤現在世界中で優勢なこれら二つの際立った趨勢（＝孤立化の道を辿っていることと、未来のために現在を

犠牲にしていること）は、愛――神への神秘的な愛ではなく、二人の人間の間の普通の愛――のまったくの欠如を示しているのではないだろうか？　世界をあちこち旅しているうちに人は、人間に愛の感覚がまったく欠如していることに気づく。感覚――性的、知的、環境的感覚――はたっぷりあるが、しかし誰かへの実際の愛情、自分の全存在で誰かを愛するということ――それがないのだ。……

あなた方は、世界の問題をいかにして解決したらいいかについての、左または右寄りの理論でいっぱいなのではないだろうか？　が、あなた方の心はひからびているのではないだろうか？　そう、問題は非常に単純だ。もし、あなた方がそれを実際によく見てみれば、あなた方が財産、家名、カースト、特定の政府、共同体、イデオロギー、信念と同一化しているかぎり、あなた方は世界に破壊と不幸をもたらさざるをえない。だから、ガンディージーの死の真因はあなた方である。この殺人をもたらしたのはあなた方なのだ。……あなた方は実は、一人の人間として、すべての感受性、真の価値そして生きることの意義についての感覚をなくしてしまったのではないだろうか？　この問いを理解するには、私たちは自分自身を根源的に変容させなければならない。なぜなら、それこそは私たちの考え方、感じ方、行動の仕方に絶対的な革命を起こすために必要なことだからだ。あなた方は単に行動にだけ革命を起こすことを望むのだが、それはまったく無意味である。なぜなら、あなた方の内面、あなた方の感情における革命なしには、行動における革命を引き起こすことはできないからだ。あなた方は、個人的に以外は革命を起こすことはできない。

❖

⑥この殺人の原因はあなた方であり、その責任はあなた方にあるのだから、未来の殺人を防ぐためには、

あなた方自身が根源的に変わらなければならないのではないだろうか？　神や諸々の理論、カルマや再生について議論したりせず、あなた方の内面で起こっていることに実際に気づかなければならない。が、気づくことは極めて困難で骨が折れるので、あなた方は理論を紡ぎ出し、財産や名前や家族やその他諸々のつまらないものによって逃避しようとする。あなた方はこの殺人、そして過去および未来の殺人——一人のそれであれ、何百万のそれであれ——に責任があるのだから、変わらなければならない。遠くで始めることによってではなく、すぐ近くで始めることによって、つまり、毎日あなた方の考え方、感じ方、行動の仕方を観察することによって、変容を遂げなければならない。もしあなた方が関心があれば、もし真剣なら、それが変容を引き起こすための唯一のやり方なのではないだろうか？

❖

（Q：ガンディージーは今日も存在し続けているのでしょうか？）

あなたは本当に知りたいのだろうか？　本当に？　この質問には何が含意されているのだろうか？　もし彼が生き続けているなら、あなたもまた生き続けるだろう。あなたは、生が続いていくかどうかについての真実を知りたいのだ。もし私が死んだら、私は存続するのだろうか？　私は何らかの「存在（being）」を持ち続けるのだろうか？　それとも、何の跡形もなくなるのだろうか？

さて、多分、あなた方のほとんどは再生、［死後の］存続（continuity）を信じておられる。あなたの信念が、あなたがこの問題の真実を見出すのを妨げているのだ。だから、この問題を直接理解するためには、あなたは再生への信念を脇にどけなければならないのではないだろうか？……

ガンディージーが存在し続けるかどうかについての質問は、実は「私は存続するのだろうか?」という意味なのだ。彼と同一化した「私」が? 同一化があるかぎり、明らかにあなたは存続するだろう。なぜなら、記憶が続いていくから。が、そこにはなんの一新もない。記憶は時間であり、そして時間は真実へのドアではないのだ。時間を通じては、決して時間を超越したものに至ることはできない。それゆえ、終りがなければならない。つまり、真実を見出すには、毎瞬毎分死がなければならない——あなたの所有物への、あなたの地位への死が。明らかに、思考が何かと同一化する時、連続がある。が、連続は決して真実に行き着かない。なぜなら、連続するものは単に、記憶である「私」として同一化した思考だからだ。

……

真理、真実、神は、時間のプロセスによっては現れない。それは、時間、記憶がやむ時にのみ現出するのだ。記憶としてのあなたが不在の時、記憶としてのあなたが機能していない時、「私」としての活動がやむ時、終わりがある。その終わりにおいて一新があり、その一新において真実があるのだ。

❖

(Q:第三次世界大戦は避けがたいのでしょうか?)

避けがたいものなど何もないのではないだろうか? 国は、それ自体の弱さ——あるいは、強さの限界——に気づいて、「いや、わが国は戦うつもりはない」と言うことができる。……戦争について不可抗力などないのだが、しかし含まれている事柄があまりにも膨大なので、いかにも不可避のように思われるのだ。……ナショナリズムへの信念があなた方を支配している時、あなた方の国が最も重要になる時——あらゆる国で起こっていることだが——には、大きな破壊を伴う破局は避けがたいのではないだろうか？　まさに軍隊の存在自体が戦争の徴候なのである。戦争に備えることは将軍の役目だ。あなた方は原子爆弾のような武器を開発した時は、それをどこかで実験しようとするのではないだろうか？　だから再び、戦争は直接私たちに関係しているのだ。……

環境を作り出したのは私たちなのだから、環境は私たちの手で制御できる。……外面的安定——衣食住——は不可欠だ。が、人は心理的に安定することを望み、そのため、衣食住や観念を心理的安定の手段として用い、それゆえ破壊を招く。だから再び、避けがたいと思われるものを未然に防止することは、あなたや私次第なのである。……私たちは立法、外面的革命、システムによって変容を遂げることを望んでいるが、しかし内面的に無変容のままだ。内面的に私たちは動揺し、混乱している。だから、内面的に秩序、平和、幸福をもたらさないかぎり、私たちは外面的に——世界に——平和と幸福をもたらすことはできないのだ。

2『クリシュナムルティの世界』

（ある手紙から）

正しい瞑想は、実際人が体験できるところの最も途方もない現象です。それは、創造的過程であり、また解放への過程であり、そして〈至高者〉が開示される場なのです。私は三年余りの間講演をおこないませんでした。静かにしていることは良いことです。この数年間に人（＝クリシュナムルティ）は深く進み、多くのことを見出し、〈永遠者〉の光と愛を再発見するに至りました。そして今、それは深く定着し、不滅です。すでに言ったように、私は一日数時間瞑想し、そしてそこには無尽蔵の宝があります。この愛は泉のように常にあふれ出てくるのです。（大戦中、カリフォルニア・オーハイにて）

❖

（以下の対話文は、後に『クリシュナムルティ伝』を表し、クリシュナムルティ・インド財団の幹部の一人として第二次大戦後から晩年にかけてのクリシュナムルティの人生に重要な役を果たしたププル・ジャヤカールが一九四八年に、クリシュナムルティと出会った時の対話から抽出したものである。便宜上、ププル・ジャヤカールは〔P〕、クリシュナムルティは〔K〕と表記の上、下にそれぞれの対話文を記している。）

K：もしあなたが自己認識をためしてきたなら、自分の思考過程が速度を落としたこと、自分の精神がせわしなくうろついていないことに気づくでしょう。各々の思考を徹底的に理解するようにし、最後までやり遂げようとすると、それが非常に困難であることを見出すでしょう。なぜなら、ある思考が現れるやいなや、別の思考がその後に続くからです。精神は一つの思考を完了させることを拒み、思考から思考へと逃避していくのです。

P：どうしたら一つの思考を完了させることができるのでしょう？

K：思考は、思考者が自分自身を理解するとき、思考者と思考が二つの別々の過程ではないことを見るときに初めて終わりうるのです。思考者は思考なのですが、思考者は自己防衛や自己存続のために彼自身を思考から分離させるのです――そのように、思考者はたえず変質、変化しつつある思考を生み出していくのです。……

❖

K：思考を取り除いてみれば、どこに思考者がいるのでしょう？　そこには思考者はいないことがわかるはずです。あなたがあらゆる思考を――良いものであれ、悪いものであれ――その終りまで完了させる――きわめて面倒ですが――と、精神は減速します。自我を理解するためには、活動中のそれを注視してみなければなりません。これは精神が減速するときにのみありうるのです――そしてそれは、あらゆる思考を、それが起こるつど、その最後まで辿ることによってのみ可能なのです。するとあなたは、空っぽで完全に沈黙としてある意識の前にあなたの非難、あなたの願望、あなたの嫉妬が現れてくるのを見るでしょう。
P：しかし意識が偏見、願望、記憶でいっぱいのとき、どうやってそれは思考を理解できるのですか？
K：いや、できません。なぜならそれは、たえず思考に働きかけているからです――それから逃避したり、それを建増しているからです。……もしあなたが各々の思考に、その完了までついていけば、あなたは、その終わりに沈黙があることを見出すでしょう。それから更新が起こるのです。この沈黙から起こる思考は、もはやその原動力として願望を持たず、それは、記憶で詰まっていない理解、気づきの状態から現われ出るのです。

が、もし再びそのようにして起こる思考が完了されなければ、それは残余を残し、かくして何の更新もなく、精神は再び記憶としての意識、過去、昨日によって束縛された意識にからみ込まれてしまうのです。各々の思考はそのとき、次にそれに対して昨日——何の実体もないもの——になるのです。

❖

P：(自分自身を）見つめることはあまりにも恐ろしいことです。私は自分に何をしてきたのでしょう？

K：自分自身を批判することによっては、問題は解決されません。あなたの内部に何の豊かさも開花していないのです。もし豊かなら、同情や愛情を求めたりはしないでしょう？　なぜ何の豊かさも持っていないのですか？　見てごらんなさい。これがありのままのあなたの姿なのです。あなたは、病気の持ち主をとがめたりはしないでしょう。これはあなたの病気なのです。それを冷静に、ただ慈悲深く見つめてみなさい。それをとがめたり正当化したりするのは愚かというものです。とがめることは、過去がそれ自身を強化しようとするもうひとつの運動なのです。自分の意識的精神に何が起こるか見てみなさい。なぜあなたは攻撃的なのですか？　なぜあなたはグループの中心になりたがるのですか？

自分の意識的精神を見つめるにつれて、徐々に無意識が夢のなかで、また目覚めた思考状態においてすら、その暗示を投げ上げるのです。

種子はまかれたのです。それが芽を出すようにさせなさい——それをしばらくの間休閑状態にさせておくのです。これはあなたにとってまったく新しいことだったにちがいありません。それに対していかなる先入見、観念、信念もなしに出会えば、衝撃は直接的だったので、精神はいまは休息を必要とするのです。

突き進めてはだめなのです。

自分自身を見守ってみなさい。あなたは、女性には数少ないほどの衝動を持っている。この国では男も女も、人生のごく早い時期に易々と消耗しきってしまいます。気候のせいでもありますが、それが常の生き方で、沈滞してしまうのです。自分の衝動が消え去らないように気をつけなさい。自分の攻撃性をなくさせることによって、無味乾燥で軟弱になってはだめです。攻撃性から自由になることは、軟弱になったり、卑下したりすることではないのです。

自分の精神を観察し、どんなに醜いものであれ、どんなに冷酷なものであれ、思考を一つとして逃さないようにしてみなさい。選択し、計量し、判断することなしに見守ってみなさい。思考を方向づけたり、精神のなかにそれを根づかせたりすることなしに、容赦なく見守るのです。

P：（ププルが、部屋を立ち去る時、立ち上がってドアまで自分を見送るクリシュナムルティの美しさに圧倒されて尋ねた。）あなたは誰ですか？

K：私が誰であるかは問題ではありません。あなたが何を考え、何をしているか、あなたが自分を変容させられるかどうかが重要なのです。

（この日、一時間余り話し合い、家に戻ったププルは、こう振り返っている。友情のしぐさ、気楽な会話のさなかに、人はそれ――突然の広大な距離、とてつもない非在感、何の焦点も持たない意識――を感じた。にもかかわらず、彼の存在には無限の慈悲心がみなぎっていた。）

3『クリシュナムルティの生と死』

（一九四〇～四一年のロンドン大空襲を体験し、戦争ですでに二人の孫息子を失っていたエミリー夫人への手紙から）

思うに、どのような悪も残虐行為、拷問あるいは奴隷化によっては克服できないのです。悪の克服は、悪の結果ではない何かによって可能になるのです。戦争は、一連の日常的残虐行為、搾取、偏狭さ、等々に他ならない、私たちのいわゆる平和の結果です。私たちの日常生活を変えないかぎり、私たちは平和を持てないのであり、そして戦争は、私たちの日常的行動の拡大されたはなばなしい表現なのです。私は自分がすべての恐ろしいものから逃避しているとは思いません。が、暴力には、それを誰が行使しようと、何の答え、いかなる最終的な答えもないというだけです。私は、こういったすべてに対する答えを世界の中ででではなく、それから離れることによって見出したのです。離れていること、ますます［言葉が省かれている］愛し、理解しようとすることから来る真の無頓着によって。これは非常に骨が折れ、容易には培われないものです。オルダス・ハクスレーと彼の妻は週末にはここにいます。私たちはこういったすべて、および近頃私がかなり実行している瞑想について長々と話し合っています。

❖

（一九四四年の夏の、カリフォルニア・オーハイ・グローブでの連続十回に及ぶ日曜講話時の聴衆者からの質問に答えて。）

（Q：強制収容所の惨事を招いた張本人たちはどう扱われるべきなのですか？）

誰が彼らを罰するというのだろう？　裁判官はしばしば被告と同じくらい罪深いのではないだろうか？　私たちの各々がこの文明を築き上げ、私たちの各々がその不幸に寄与してきた。……他国の残虐非道を声高《こわだか》に叫ぶことによって、あなたは自分自身のそれらを見過ごせると考えているのだ。

4『自由と反逆――クリシュナムルティ・トーク集』

洞察と日常生活の指針――マドラス・トーク（一九四七年）

人生の問題はダイナミックであり、生きたものである。それゆえそれらを理解するためには、あなたは同じようにダイナミックで、規律によって訓練されていない精神をもたねばならない。真理はあなたのところにやってくるのであって、あなたが真理のところに行くことはできないのである。……もし真理に到達しようとする手段が〈規律による訓練〉なら、その目的は〈規律づけられたもの〉に縛られているだろう。それゆえ、訓練は自由へとつながらないのである。どんな努力、訓練も、あなたを理解へと導かない。同様に、自由は段階的なプロセスではない。理解は時間に支配されたものであるどんなプロセス、段階化を通じても果たされない。時間は時間を生み出すだけで、時間を超えた者［＝永遠］を生み出すことはできないからである。……

あなたは妨害にうち克つことはできない。妨害は非難なしに、裁きなしに、それを改変除去したいという願望なしに、それにアプローチすることによって、理解されなければならないのである。……人生は絶えざるチャレンジ［＝問いかけ］と応答である。チャレンジがあるところにはどこでも直接の応答が、ほとんどただちに条件づけられた応答――恐怖、愛、嫉妬その他――へと変化する直接の応答がある。条件づけられていない直接の応答の瞬間、そこには準備されたものではない高度に敏感になった状態、いかなる限定もない極端かつ強烈な機敏さがあるだけである。そのような状態にあっては、それを経験している人と経験されているものとの間には何の分裂もない。

……私たちの恐怖の問題はこれまでのところ解決されていない。なぜなら、私たちは副次的な意味しかもたない〈恐怖〉に重要性を与えて追跡し、根本的なものである〈自己保全の願望〉に重要性を付与してこれを探究するということを怠ってきたからである。私たちが混乱の中にあるのは、症状を重要視して原因を重視せず、第二義的なものを重く見て第一義的なものを軽視してきたからである。……

〈恐怖〉に気づき、〈自己保全願望〉のプロセスに気づくとき、恐怖はやんで、精神は恐怖から解放されるのである。恐怖を理解するには、神が未知なるものであると同様未知なるものである、死のもつ驚くべき意味へのドアを開かねばならない。死を理解しないとき、私たちは愛せないのである。

❖

恐怖や死と愛についての議論を続ける前に、私たちはきわめて重要な問題――聴く技術――について論じなければならない。……理解は努力を通じてではなく、努力のないリラックス状態、互いの間にコミュニケーションが成立していると感じられるとき、おのずとやってくる。……こうして議論している間、くつろいで聴くことが大切である。けれども、同時に緊張も必要である。……バイオリンの絃は正しく調整されていなければならない。同様にして、コミュニケーションが同時に同じレベルで、響き合うように行われることは私たちにも可能である。

……条件づけられた反応は、石が投げ込まれたとき湖の表面に生じる波紋のようなもので、私たちは条件づけられた反応でしかない波を追い求め解決しようとしているのである。私たちは死が意味するものを研究する地点に来た。……生命においては、すべてが死をもって終わるように見える。われわれの全活動、文明、戦争、互いの争い、私たちの肉体的存在、感情的反応、観念と思考、すべてが終わる。……見知らぬ人に会ったとき、私たちは彼をあらゆる先入見と条件づけられた反応と共に見る。未知のものに会ったとき、私たちはそれを何も知らないので、そこに安全はない。それゆえ、精神は未知のものを恐れる。……

思考は過去の結果なので、それは時間との関連、今日、昨日、明日という時間の枠の中、既知との関連の中でしかものを考えられない。……精神が既知のものから既知のものへと動き回っているかぎり、それは「死んで」おり、そして「死んだ」ものには何も理解できないのである。精神が自分が「死んで」いることを悟るとき、そこに生がある。自分が「死んで」おり、言葉の上で生きているだけであることを悟るとき、私たちは何か驚くべきものを発見するだろう。

あなたが自分自身の中に見出す混乱した状態を理解するには、まず存在しないものである反対物と闘うのをやめなければならない。すなわちあなたは〈反対のものになる〉苦闘を放棄しなければならないのである。その状態を非難したり、自分をそれに同一化したりしてはならない。それから、あなたの全存在をもってそれを見、それに気づくのである。……もしも愛が憎悪の反対なら、たしかにそれは愛ではない。平和が暴力の反対なら、それはもはや平和ではない。なぜなら平和的であろうとする私の努力は、私が暴力は割に合わないということに気づいたことの結果だからである。動機はなおも同じである。もし愛が憎悪の反対物なら、そのときそれは憎悪の結果なのである。それゆえ、反対物の対立は虚偽の対立なのである。私たちは今なおそのようなものに拘泥しているが、それは私たちをどこにも導かない。もしこのことが悟られ理解されるなら、その対立はやむだろう。

❖

一人の人を愛するとき、あなたは全人類を愛することになる。博愛の観念は、もしあなたが一人の人を、子供、夫、妻を、または隣人を愛するすべを知らないなら、ほとんど何の意味ももたないだろう。結局、一人が全体なのである。宇宙的な愛や人類愛の観念は、じっさいには人の心に他者への愛が欠けていることの合理化にすぎない。それは改革者、ヒューマニスト、モラリストと正義ぶった人たちの安易な逃げ道なのである。私たちの問題は、私たちが本当に一人の他者を愛するすべを知らないということにある。私たちは自分が全存在をあげて誰かを愛するときを知っている。それはじっさい圧倒的な体験である。それはあらゆるバリアを粉砕してしまうことを含意しているからだ。……

事実は、あなたは何者でもないということである。どうしてそこからスタートし、〈何か〉になろうと試みることなしに事実に直接向き合わないのか？　自分が〈何でもない〉ことに向き合うことは、謙虚であることを、愛することを意味する。それはあなたが人々に抵抗をもたないことを、あなたと、あなたが軽蔑する、理想をもたない人との間にバリアをつくらないことを意味する。

❖

あなたの問題は、げんにあるあなたであることである。もしあなたが馬鹿で、ずるく、闇屋であるなら、そうありなさい。それに気づいていなさい。それがすべてである。もしあなたが嘘つきなら、自分が嘘つきであることに気づいていなさい。そのとき、あなたは嘘をつくのをやめるだろう。〈げんにあるもの〉を認め、それを生きることは最も困難なことである。しかしその中から、真の愛はやってくる。それはすべての偽善を拭い去るからである。社会生活の中でそれを試してみなさい。あなたは即座に驚くべき変容が生じるのを見るだろう。そしてそこに、自由は生まれる。なぜなら、あなたが何者でもないとき、あなたは何も要求しないからである。それが自由なのだ。

……ただ何者でもなく在りなさい。そのとき、人生は途方もなくシンプルで美しいものとなる。何者でもないこと、つまり〈げんにあるもの〉の理解は、最も難しい仕事の一つである。なぜなら、精神は何でもないこと、つまり保証をもたないことを恐れるので、それを好まないからだ。……もしあなたが、〈げんにあるもの〉を認識し、それと共に生きるなら、あなたは自分の中に生み出された革命を見、それが家族の中に、世界へと広がってゆくのを見るだろう。じっさい、それは最も実際的な生き方なのだ。その中から、創造性はやってくる。

❖

言葉はコミュニケーションの妨げにならないかぎり役に立つ。言葉をどう用いるか、どう解釈するかは非常に難しいことである。私たちがこれまで論じてきたことを理解するのに心理学の専門用語を学ぶ必要はない。ふつうの言葉を使えば足りることである。……自己についての知識〔＝自己理解〕は技術的な知識とは全くちがったものである。機械工学やその他の技術的な事柄についての知識の蓄積は、何世紀にもわたって受け継がれ、あなたはそれなしですますことはできない。しかし、自己に関する知識の場合はこれとは異なる。それは他の人間には伝ええないことだからである。たとえば、あなたは書物にそう書いてあるという理由から苦しむのではない。苦しみへの解決を見出すには、あなたは他者の経験からは独立して新しく始めなければならないのである。あなたは自ら尋ね求めて解決を見出さなければならないのだ。

5『クリシュナムルティの教育・人生論——心理的アウトサイダーとしての新しい人間の可能性』

（本書は、クリシュナムルティの教育観・人生観をこれまで未紹介の資料から分かりやすく整理し、新しいミレニアムにおける新しい生き方を模索したものである。）

（以下は、一九四七年及び一九四八年に、インドで行われたトーク・質疑応答から抽出したものである。）

（Q：国の（公）教育は災いではないでしょうか？　もしそうなら、政府によって管理されない学校の建設資金をどのように調達したらよいでしょうか？）

明らかに、公教育は災いだ――政府は納得しないだろうが。彼らは人々が考えることを望まない。彼らは人々が自動人形であることを望んでいるのだ。なぜならそのときには、人々にどうすべきかを教え込むことができるから。そのように現代の教育、就中政府の手中にあるそれは、ますます「どのように」考えるかではなく、「何を」考えるかを教えこむ手段になりつつある。……

もしもあなたと私が人間存在の全問題、それが何を意味するか、なぜわれわれが生きているか、なぜわれわれが苦しむのか、なぜわれわれが諸々の苦悩を味わうのかに気づき、もしわれわれが本当にそれを理解し、そして子供がそれを理解するのを助けたければ、そのときには資金なしに、鳴り物を入れずに、募金したりせずに学校を始めるだろう。……

皆さん、思うに、われわれの多くは、自分たちがどんな深淵、どんな退廃へと行き着いたかに気づいていないのだ。もし第三次世界大戦があれば、それで何もかも終わりだろう。逃げのびるかもしれないが、しかし人と人との間にある敵意の問題を解決しないかぎり、いずれ第四次戦争が問題となるだろう。そしてそれはただ正しい手段、すなわち教育によってのみ――反戦の理想によってではなく、生に対するわれわれの態度、同胞へのわれわれの態度のうちにある戦争の原因を理解することによって初めて――解決できるのだ。心の変化なしに、親善なしには、単なる組織は平和をもたらしはしない。これは国際連盟や国際連合機構によってすでに示されていることである。われわれが各人から始まらねばならない変容のために政府を頼り、外部の組織をあてにすることは、むなしいことだ。われわれがしなければならないことは自分自身を変容させること、つまり日常生活におけるわれわれ自身の行動と思考と感情に気づくことなのだ。……(1948)

❖

(Q:家族という単位は、われわれの愛と貪欲、利己主義と自他の区別を支える基本です。あなたの計画構想の中で、それはどんな位置を占めているのでしょうか?)

私は何の計画構想も持ち合わせていない。何という愚かしい仕方で私たちが人生について考えているか、見てごらんになるといい! 生はダイナミックな生きたもの、活発なものである。生を枠にはめ、それを組織化するための構想を持つのはインテリ、知識人たちだ。……皆さん、皆さんは世界がいま現在どのような破局的状態に陥っているかをご存じないのだ。さもなければ、こういったすべてに対してこれほど無頓着ではないだろう。私たちは、道徳的、社会的、精神的な危機に瀕している。皆さんは、家が燃えているのに気づかずに、その中で暮らしているのだ。もし家が燃えているのを知ったら、もし自分ががけっぷちに立っていると知ったら、皆さんは行動するだろう。しかしあいにく、皆さんは安心していたり、恐れていたり、安閑としていたり、あるいは鈍感で、うんざりし、即座的満足を追い求めていたりする。それゆえ皆さんは物事を成り行きまかせにし、かくして世界の破局が近づいているのだ。これは単なる脅しではなく、実際の事実である。ヨーロッパでは戦争がすでに進行している――戦争、戦争、戦争、崩壊、不安。結局、他人を左右することは皆さんを左右する。……だから、夫と妻の間、両親と子供たちとの間に孤立があるとき、家族は危険物と化するのだ。なぜならそのときには、家族は一般的孤立を助長するから。しかし、孤立の壁が家族の中で打破されるとき、そのときには皆さんは、自分の妻子とだけでなく、隣人とも共感するに至る。そのときには、家族は閉鎖されたり限定されたりしておらず、避難場、逃げ場ではなくなる。そのように、問題は誰か他人のものではなく、われわれ自身のものなのだ。(1948)

❖

思考の性質を理解するため、「人を好きになる」ということがどういう真理ないし内面的意義を持っているか考察してみよう。

あなたがある女性を好きになるとき、それはあなたにとって新しい経験だ。そのことの真理を理解するには、あなたは正しく考えてみなければならない。……あなたが自分の状態を慎重かつ深く吟味すると、あなたは自分の心が、恋人に出会った過去のある場面を思案していること、また自分の心が未来のある日に彼女に会おうと胸はずませていることを見出す――なぜなら、これらは共に感覚的な喜びを与えるから。すべての記憶、個人的な経験は、感覚的な喜びを与えるのだ。そのように、あなたは、自分が恋愛中には「自己忘却」、あるいは他人への完全な自己委譲があること、しかもなお、そこには、過去または未来に感覚的愉悦を追求している自我が引き続きあることを見出す。これは、恋人に自分の命をすら委ねることを含意している自己忘却が、その反対、すなわち「自己への固執」と共に働いていることを意味する。

この状態は、実のところ、英知の欠如の現われなのである。

これについて考究すると、社会は、あなたの状態を非難することによって、あなたの真理探究をあらゆる段階で妨げていること、幼い子供の頃からあなたが既成の枠組を受け入れるように誤り導き、強いていること、さらに誰一人あなたが真理を見出す助けにはなれない、ということに気づく。するとあなたは、自分がただ一人あること、また、真理を探究するには、ただ一人あらねばならないことを悟るのだ。世界の歴史上、あらゆる真理探究者が、上述の意味で、自分が単独であることを見出した。これが、神、真理の探究のためには世俗から逃避しなければならないというように誤解されてきた。……

あらゆる存在は感覚的である。快と苦もまた感覚的だ。もしあなたが快を排するなら、すべてを排しなければならない。もしすべてを排すれば、あなたは生きることをやめるだろう。それゆえ、人生には免れがたい三大原理、愛と快と苦、があり、そのうち快と苦は感覚的であることを、あなたは悟る。

私たちは、快と苦の意義を理解しなければならない。私たちは一般に、苦を拒み、快を追求する。私たちの日常生活は、追求と拒絶の連続なのだ。「私」は、この追求と拒絶の結果であり、それゆえ一個の矛盾物である。矛盾しているものは、真理を理解することはできない。あなたは、それゆえ、矛盾している「あなた」には右の三原則の真理を理解できないと悟る。これを悟ると、あなたは空白の壁に直面する。この段階で、あなたの愛の対象の記憶を遡ったり、未来へと思いを馳せることの愉悦の追求がどうなるか、どうか確かめてほしい。(1947)

第四章　クリシュナムルティ・一九五〇年代の言葉

クリシュナムルティについて【4】

▼年月の経過とともに、Kの哲学的および知的関心領域は彼の中核的なテーマを超えて拡大していった。ますます、彼はいわゆる市民および宗教に備わっている力の邪悪さ、既存の社会構造の不毛さ、順応の無力さ、妥協的な改革の挫折などに取り組んでいった。一九五〇年代後半までには、彼は、初期の講話には見られなかった、人間関係・コミュニケーションなどに関する見解を吐露した。

▼Kは、若者に対して適切に教育を施すことはそれぞれの世代の極めて重要な関心事であるべきだとみなした。そして、インド、イングランドやアメリカで彼の名前を冠した学校を設立するよう鼓舞した。彼は、しばしばそこを訪問し、非公式に生徒や教師と席を共にして、「自らについて学ぶことの必要性」について彼らと話し合った。彼らが学力を向上させることだけでなく、さらにそれを越えて、全人類およびグローバルな環境への関心をもった「全体的で統合した人間になることが急務」であることを強調した。

（『前掲書』）

1 『自我の終焉――絶対自由への道（The First and Last Freedom）』

（本書は、一般の人々に向けて本格的に講話を始めていった、第二次世界大戦後、一九四〇年代半ば以降五〇年代前半の世界各地で行った講話・質疑応答集である。以下は、その中から抽出したものである。）

理解というものは、私たち、つまり私とあなたが、同時に、同じレベルで出会うときに生まれてくる。しかもそれは人と人との間に、夫と妻の間に、また親しい友人同士の間に真の愛情があるときにしか生まれない。これが真の人間的共感・親交だ。このように即時《そくじ》の理解・直覚は、私たちが、同時に、同じレベルで出会うときに初めて生じるものなのだ。……私は今、専門的な用語を使わずに、ごく普通の言葉を使っている。と言うのは、どのような専門的な表現を用いても、私たちの抱えている様々な難問を解決する助けになるとは思えないからである。……幸いなことに、私は今までに心理学の本も、宗教関係の本も読んだことがない。私は、私たちの日常生活で使っているごく簡単な言葉で、より一層深い意味を伝えてみたい。しかしもしあなたが、「聞き方」を知らなければ、それはとても困難なことになる。

「聞く技術」というものがある。本当に相手の言葉を聞くためには、あらゆる偏見や、前もって公式化されたものや、日常生活の問題などを脇へ片づけておかなければならない。……今こうして皆さんと対話している中で、もしあなたの考え方や信念と対立するようなことを私が言ったとしても、今はただ聞いていてほしい。抵抗しないようにしてほしい。あなたのほうが正しいかもしれない、私のほうが間違っているかもしれない。しかし、今は私の話にまず耳を傾け、次に皆さんと共に考えることによって、真理とは何かを一緒に発見してゆきたいと思う。……「私」と「他の人」との関係が社会を作っている以上、根本的に「私自身」を変えなければ、社会の本質的機能の変革もありえない。私たちが社会を変革するためには何らかの方式を当てにすることはできない。それは、問題そのものを回避することにほかならない。方式が人間を変えることはできないからである。またその方式なるものも、常に人間によって変更を加えられてきたということを、歴史が証明しているからだ。……

私は私自身を、この瞬間に理解することができる。……あなたが今変わらなければ、将来も決して変わることはない。……それが起こったとき、あなたには全く問題というものが無くなる。というのは、そのとき自己は自己について悩むこともなく、破壊の波を超えてしまっているからである。

❖

たとえあなたが醜くても美しくても、また意地悪で罪作りな人間であっても、そのあるがままの自分を理解することが、「徳」――真価――の始まり。この「徳」こそ、私たちにとって欠くことができないものである。なぜならこの「徳」によって私たちは、自由を与えられるからだ。……

「徳」はあるがままのものを理解することであり、それによって同時にあるがままのものから自由になることなのだ。……あるがままのものが働く過程を理解するためには、どうしてもそれを知ろうとする意欲、すなわち、その過程のすべての思考、感情、行為を追求していこうという強い意欲がなければならない。このあるがままのものを理解するのは、きわめて困難なことである。なぜなら、あるがままのものは片時もじっと静止していることがなく、常に動いているからだ。あるがままのものというのは、「あるがままのあなた」のことであり、「こうありたいと思っているあなた」ではない。それは理想ではない。なぜなら理想は虚構だからだ。あるがままのものというのは、あなたが現実に、一瞬一瞬、行為し、考え、感じていることなのである。それは現実であり、そして現実を理解するには、全身の注意力と、機敏で敏捷な精神が必要なのだ。

❖

あなたが誰かに侮辱されたとしよう。するとそれが記憶に残り、思考の背景の一部になる。あなたがまたその人に会ったとき――それが刺激である――その反応は、あの過去の侮辱の記憶であるということができる。だから記憶の反応、つまり思考の過程が観念を生み出している。従ってその観念は常に条件づけられている。この事実を理解することが大切だ。……ここで、従来とは全く違った角度から問題に接近する必要がある。あなたは観念に基づいて行動しているかどうか、また観念形成を伴わない行為があるかどうかを、自分の心の中で、自分自身で発見しなければならない。……そもそも思考の過程を伴わない行為など存在しうるのだろうか。……観念形成がないとき、行為は果たして存在するのだろうか。確かにそのような行為は、観念が止んだときに生まれてくる。そして愛があるときにのみ、観念は終焉する。愛は記憶ではない。また経験でもない。……あなたが愛していたり傾倒している人のことを考えることはできる。しかし思考やシンボルは真実でも愛でもない。従って愛は経験ではないということになるのだ。

愛があるときに行為があるのではないだろうか。しかもその行為は私たちを自由にするのではないだろうか。それは精神作用の結果ではない。また観念と行為の間にあるギャップは、愛と行為の間にはないのだ。観念は常に古く、その影を現在の上に投げかけている。そして私たちは行為と観念の間に、絶えず橋渡しをしようとしているのだ。愛があるとき――この愛は精神作用でもなく、観念形成でもなく、記憶でもなく、経験や鍛錬でもない――この愛そのものが行為なのだ。それこそ私たちを解放してくれる唯一のものなのだ。

❖

自分自身を知るということは、「私」と世界の関係を知ることなのである。それは観念や人間の世界だけでなく、自然や、私たちが所有している物との関係を知ることなのだ。それが私たちの生活である。生活は全体との関係であると言うことができる。それでは、こういう関係を理解するために専門的な知識や技術が必要だろうか。もちろん必要ではない。必要なものは、生活を全体として受け容れるための鋭い注意力だ。……問題は常に物や人間や観念との関係の問題なのである。それ以上に問題はない。そしてこの関係の問題――それは絶えず多様に変化する要求を伴っている――に正しく、かつ適切に対応するためには、私たちは受動的に凝視していなければならない。この受動性は決意や訓練の問題ではない。……受動的な注意力は一瞬一瞬絶え間なく、私たちの思考や感情の動きをじっと凝視していること。またそれは私たちが目覚めているときだけではない。というのは私たちがこの問題をさらに深く追求してゆくにつれて、睡眠中でも自分が夢を見始めていることに気づくようになり、やがて今まで夢に与えてきたすべての象徴的な意味をすべて捨て始めていることに気づく。このように私たちは今まで閉ざされていた未知の世界へ通じる扉を開き、こうして未知であったものを知ることができるようになってゆくのだ。

❖

徳を追求していることを自分で意識しているようないわゆる道徳的な人は、決して「真の実在」を発見することはできない。こういう人は非常に礼儀正しいかもしれないが、真実の人、理解する人とは全く別人なのだ。真理は、真実の人のもとにやってくる。道徳的な人は正義の人。しかし正義の人は真理とは何かを理解することが決してできない人なのである。なぜかと言うと、その人にとって徳は自我を覆い隠し、同時に自我を強化するものであり、またその人は徳を追い求めているからなのだ。たとえばその人が、「私は貪欲であってはならない」というとき、その人が経験する無貪欲の状態は自我を強めているに過ぎない。

……

もし「あなた」と「私」が一個人として、自我の全体の働きを知ることができるなら、そのとき私たちは愛とは何かということを知ることができるだろう。これこそ世界を変えることができる唯一の改革であると私は確信する。愛は自我に属するものではない。自我は愛を知ることができない。あなたは「私は愛している」と言う。しかし言葉や経験そのものの中に、愛はない。その反対にあなたが愛を知ったとき、そのとき自我は消滅する。愛があるとき、自我は存在しない。

❖

次の問いは私たちの日常生活で最も根本的で、最も重要な問題ではないだろうか。それは私たち自身の内部に、いかにして変革をもたらすかという問題である。……

私は変革がどうしても必要であることを知っている。では、私の全意識を分析したり、努力したり訓練したり、あるいはあらゆる種類の抑圧を行うことによって、果たして変革を引き起こせるだろうか。私はそういう方法では徹底的な変革を生むことができないと思う。……もしあなたが相変わらず観念を追っているならば、そこには他人によって話された言葉のあとを辿《たど》っている「思考する人」がいるのであり、その結果あなた自身は二つ（＝「思考する人」と「思考」の二つ）に分裂してしまう。またもしあなたが根本的な変革というこの問題をさらに探究したいと思うなら、休みなく動きつづけている精神が静止する必要があるのではないだろうか。明らかに、二つの分離した過程としての「思考する人」と「思考」、「経験する人」と「経験」、「観察する人」と「観察されるもの」という途方もない難問と、そこに含まれた複雑きわまりない意味を理解できるのは、精神が静寂になっているときにかぎるのだ。

革命、つまりその中に「私」が存在しない心理的・創造的な革命は、「思考する人」と「思考」が一体となり、「思考する人」がその「思考」を統制しているような二元性がなくなったときに出現するのだ。このような経験のみが創造的エネルギーを解放するのである。そしてこのエネルギーがこんどは根本的な革命を引き起こし、同時に心理上の「私」を粉砕してしまうのだ。

❖

（Q：あなたが言われている変革とはどういう意味でしょうか？）

明らかに、根本的な革命が起こらなければならない。現在の世界の危機がそういう革命を要求しているのだ。……なぜなら、私たちの周囲のあらゆるものが崩壊してしまったからだ。表面は秩序があるように見えるが、実際には腐敗と瓦解《がかい》が着実に進行しているのだ。そして破壊の波が私たちの生活の波を今にも呑み込もうとしている。……頻々《ひんぴん》と繰り返される戦争、階級間の、あるいは人間同士の間の絶え間のない闘争、恐るべき経済的、社会的不公正、能力と才能の不平等、桁外《けたはず》れに幸せで安定した人たちと、憎悪や葛藤や悲惨の中でのたうちまわっている人たちとの間の亀裂《きれつ》――これらすべてを見たとき、革命が、完全な変革が起こらなければならないことに気づくのではないだろうか。

が、そもそも、この変革や、根本的な革命は究極的な目的なのだろうか。それとも、今この瞬間に起こるべきことなのだろうか。実は、私たちはそれを究極的な目的として考えたいのだ。なぜなら、遠く離れた未来の観点から考えた方がずっと楽だからである。

変革は未来のことではない。未来には決して起こりえないものなのだ。変革というものは、今、この瞬間にのみ起こるものであり、しかもそれは一瞬ごとに起こる。……それは虚偽を虚偽として見、真理を真理として見ることなのである。また虚偽の中の実相を見るとともに、今まで真理として受け入れられてきたものの中に虚偽を見ること。要するに、虚偽を虚偽として見極め、真理を真理として見ることが変革なのだ。……

2『クリシュナムルティの教育原論――心の砂漠化を防ぐために』

英知に基づいた反抗があり、それは反応ではなく、自分自身の思考と感情に気づくことによって得られる自己知 self-knowledge とともに起こる。経験が起こるつどわれわれがそれに直面し、経験による動揺を避けない時にのみ、われわれは英知を高度に覚醒させていられる。そして高度に覚醒された英知が直観 intuition であり、それが人生における唯一の真の導きの杖《ガイド》である。……現代文明においては、われわれは人生というものを無数の部門に区別してしまったので、特定の技能や専門的職業知識の修得において以外、教育はほとんど意味を持たなくなっている。……個人は様々の異なった存在 entity から出来ているが、相違を強調して特定のタイプの発達を促すことは、多くの複雑さと矛盾に行き着く。教育はこれら別々の要素の統合をもたらすべきである——なぜなら、統合なしには、人生は葛藤と悲しみの連続になってしまうからである。

❖

　教育の役割は統合した、それゆえ英知豊かな人間存在を生み出すことである。われわれは学位・資格を取り、英知を持たぬまま、機械のように能率的に働くことができるかもしれない。英知は単なる情報ではない。それは書物から引き出されることもないし、抜け目ない自己防衛的応答や攻撃的主張から成るものでもない。教育を受けなかった人の方が学識者よりもずっと英知にあふれているかもしれない。われわれは試験成績と学位を知性の評価基準にし、人間としての死活問題［きわめて大切な事柄］を避けて通る狡猾な精神を発達させてきた。英知は本質的なもの、〈あるがまま〉（厳然たる事実、現にあるもの）をありのままに知覚する能力である。そしてこの能力を自分自身の中および他の人々の中に喚起すること、それこそが教育なのである。……

システムは、教育的なそれであれ政治的なそれであれ、摩訶不思議な仕方で変わるわけではない。それらは、われわれ自身の中に根本的変化が起こる時にのみ変容を遂げるのである。いの一番に重要なのは個人であって、システムではない。そして個人が彼自身の全体的過程を理解しないかぎり、いかなるシステムも——右のであろうと、左のであろうと——世界に秩序と平和をもたらすことはできない。

❖

理解力は、自己知＝自分自身を知ること、自分の全心理的過程に気づくことによってのみ生ずる。だから教育とは、その真の意味では、自分自身を理解することである。なぜなら、われわれ一人ひとりの中に存在の全部が集められているからである。……現代の教育はまったくの失敗である。なぜならそれは技術を過度に強調してきたからである。技術を過度に強調することによってわれわれは人間を駄目にしている。人生を理解せず、思考と願望の動き・働きについての包括的知覚をもたぬまま能力を培い、能率を向上させることは、われわれをますます冷酷にするだけであり、それは戦争を引き起こし、われわれの物質的安定を危うくすることにつながる。技術の一方的養成は、科学者、数学者、橋梁建設者、宇宙征服者たちを生み出してきた。が、彼らは人生の全過程を理解しているだろうか？　専門家ははたして人生を一つの全体として体験できるだろうか？　もしできるとすれば、それは彼が専門家ではなくなる時にだけである。

❖

正しい教育はいかなるイデオロギーにも関心がない。……真の意味での教育は、個人が成熟し、自由になり、愛と善性を十分に開花させるよう助けることである。それにわれわれの関心は払われるべきであって、何らかの理想主義的なパターンに従って子供を形作ることに向けられるべきではない。……正しい教育は、児童をありのままに理解すること――彼がそうあるべきだとわれわれが考える理想を彼に押しつけずにそうすること――にある。……もし人が理想ではなく子供を愛していれば、その時には子供が自分自身をありのままに理解するのを助けることができるようになる。例えば、もし子供が嘘をついた時に、彼の前に「正直の理想」を掲げたところで何の役に立つだろう？　人はなぜ彼が嘘をついているのかを見出さなければならない。子供の助けになるには、人は時間をかけて彼を調べ、観察しなければならず、それには忍耐と愛と配慮が必要である。……人生とは深い水を湛えた井戸のようなものである。人はそれに小さなバケツを持って行き、ごくわずかな水を汲み上げることもできれば、大きな容器を持って行って、生命を養い、維持してくれるだけのたっぷりした水を汲み上げることもできる。人が若いうちは、あらゆることを調べ、実験すべきである。……統合した人間は、刻々の体験を通じて技術にたどり着くだろう。なぜなら、創造的衝動がそれ自体の技術を作り出すからである――そしてそれが最も偉大な芸術 art なのだ。正しい教育はわれわれ自身の変容とともに生まれる。……われわれは、情け深くし、わずかで足り、〈至高者（神）the Supreme〉を探すこと［本当の意味で真理を探究すること］を覚えなければならない。なぜなら、その時にのみ人類にとっての真の救いがありうるからである。

❖

ナショナリズム、愛国精神、階級・民族意識はすべて自己の働きであり、それゆえ分離主義的である。

結局、国家とは、経済的および自己防衛的理由のために同じ土地に住んでいる個人の集まり以外の何であろう？　恐怖と欲得ずくの自己防衛から、国境と関税障壁を備えた「わが国」という観念が起こり、友愛brotherhood と人間の結合を不可能にしてしまう。……ナショナリズムと主権国家は戦争の原因であり、かつ道具である。……われわれは、今までの政府とは根本的に異なった、ナショナリズム、イデオロギー、武力に基づいていない、世界政府 world government を創建しなければならないのだ。……

平和はパッチワーク的改革によって、あるいは旧い観念や迷信の単なる再整理によって実現されるべきものではない。われわれが表面的なものを超えたものを理解し、それによって、われわれ自身の攻撃性と恐怖によって解き放たれたこの破壊の波を止める時にのみ、平和はありうる。そしてその時にのみ、子供たちにとっての希望と世界にとっての救いがありうるだろう。

❖

正しい種類の学校の職員《スタッフ》の中核がもしも献身的で活力に満ちていれば、それは目的を同じくする他の職員を引き寄せ、そして関心がない職員はすぐに場違いの感じを持つだろう。……もしも校長が支配的なら、その時には自由と協力の精神は明らかに存在しえない。……職員たちは校長の支配下に置かれるべきではなく、また校長が全責任を負うべきでもない。それどころか、教師一人ひとりが全体への責任を感じるべきである。……全員が自由を目指し、英知を培うべく努めている時は、相互協力はあらゆるレベルで可能になる。……教育は、最も尊い、責任ある職業であるかわりに、今や軽視されており、そしてほとんどの教師は日課にはまり込んでいる。彼らは実は統合と英知には関心がなく、彼らの関心は情報を分け与えることにある。……教育者は単なる情報の与え手ではない。彼は知恵、真理への道を指し示す人である。……真の教師は教えを地位や権威を手に入れるための手段として用いず、それゆえ彼は社会の強制や政府の支配から自由である。そのような教師たちは啓発された文明の中で主たる居場所を持っている。なぜなら、真の文化は技師や技術者たちにではなく、教師たちに基礎を置くからである。

❖

もしも教えることが人の天職であるなら、またもしも人が正しい教育のとてつもない重要性を看取するなら、人は正しい教育者であらざるをえない。いかなる方式に従う必要もない。もしもわれわれが個人の自由と統合を実現すべきなら正しい教育が不可欠だと理解すること自体が、自分自身の中に根本的変化を引き起こす。もしも人が正しい教育によってのみ人間に平和と幸福がありうると気づけば、その時には人は自然に自分の全人生と関心をそれに傾注するだろう。

❖

われわれは万巻の書物を読み、格調の高い音楽を聞き、芸術作品を見つめるが、しかしけっして崇高なもの［荘厳美］を直接経験することがない。われわれの経験は常に詩、絵を通して、聖人の人格を通してである。歌うためには、われわれは自分の心の中に歌を持たなければならない。が、歌を忘れてしまったので、われわれは歌手を追い求める。……創造性なしには、われわれがどうあがこうと、人間にとっての平和も幸福もありえない。……創造するための自由は自己知とともに生ずる。が、自己知は天賦の才能《ギフト》ではない。人は特定のいかなる才能《タレント》も持つことなく創造的でありうる。創造性は、その中では自己の葛藤や悲しみがない存在の状態、その中では精神が願望の要求や追求に囚われていない状態である。……もしわれわれが若者たちの感受性を伸ばしたければ、われわれ自身が美にも醜にも鋭敏になり、あらゆる機会を捉えて、人間が作り出した美だけではなく、自然の美をも見ることの喜びを若者たちの中に覚醒させるようにしなければならない。

3『静かな精神の祝福——クリシュナムルティの連続講話(As One Is: To Free the Mind from All Conditioning)』

(本書は、一九五五年にカリフォルニア・オーハイで行われた八回にわたる、クリシュナムルティの連続講演及び質疑応答集であり、以下は、その中から抽出したものである。)

私たちの多くの問題は、精神の根源的革命による以外には解決できないと私には思われる。なぜなら、そのような革命のみが真理であるものの実現をもたらすことができるからだ。それゆえ、自分自身の精神の働き方を、自己分析したり、内省したりすることによってではなく、その全過程に気づくことによって理解することが重要である。そしてそれが、この一連の講話を通じて話し合ってみたいことなのだ。もし私たちが自分自身のことをありのままに見てみなければ、もし私たちが思考者——探究し、絶えず求め、要求し、問い続け、見出そうとしている存在、問題を作り出している存在、「私」、自己、エゴ——を理解しなければ、その時には私たちの探究は何の意味も持たないだろう。自分の思考の道具が鈍っていたり、歪んでいたり、条件づけられていたりしているかぎり、人が何を考えようと、それは限られており、偏狭であらざるをえない。

だから私たちの課題は、いかにして精神をすべての条件づけから自由にするかであって、いかにしてそれをより良く条件づけるかではない。……精神がすべての条件づけから自由でないかぎり、つまり、それがキリスト教徒、仏教徒、ヒンドゥー教徒、共産主義者、等々として条件づけられているかぎり、問題がなくなることはないと私には思われる。(1955.8.6)

❖

注意 (attention) と集中 (concentration) との相違を理解することが重要だと私は思う。集中は選択を含意しているのではないだろうか? あなたが、私が言っていることに集中しようと努めていると、それによってあなたの精神は焦点を絞られ、そして他の思考・想念が介入してくる。だから実際の傾聴はなく、精神の中で闘いが起こる。あなたが聴いていること、私が話していることをあなたなりに解釈して、応用したい、等々の願望との間に葛藤が起こるのだ。これに対して、注意はそれとはまったく異なる何かだ。注意の状態にはいかなる焦点絞りも、いかなる選択もない。いかなる解釈も交えない、完全な気づきがある。そして、もしも私たちが、語られていることに十分注意深く、完全に傾聴することができれば、その時にはまさにその注意が精神それ自体の中に奇跡のような変化を引き起こすのだ。(1955.8.6)

❖

（Q：私たちのすべての厄介事は欲望から起こるように思われますが、私たちは果たして欲望から自由になることができるのでしょうか？　欲望は私たちに生まれつき備わっているものなのでしょうか、それともそれは精神の産物なのでしょうか？）

「私は欲望を取り除かねばならない」と私たちが言う時、何かを取り除こうと試みている主体とは誰なのだろう？　その主体もまた欲望の所産なのではないだろうか？　……これらのこと（＝欲望の正体、欲望を取り除こうとしている主体は誰かなど）を理解するためにはとてつもない根気強さを持たねばならない。根本的な問いに対しては、断定的なイエスまたはノーという絶対的な答えはない。重要なことは根本的な問いを発することであって、答えを見出すことではない。そして、もしも私たちがその根本的な問いを、答えを求めることなしに見つめることができれば、その時には、まさに根本的なものを観察することが理解をもたらすのだ。……

もしも精神が、欲望を一掃しようとせずに、「これはより良い欲望だ、それはより良くない欲望だ。私はこれを保持し、それを放棄することにしよう」と言わずに欲望を理解することができれば、……その時にはあなたは、精神は欲望に他ならないこと、それは欲望とは別個にあるものではないことがわかるだろう。もしも精神が本当にこのことを理解すれば、精神は非常に静かになる。欲望は起こってくるが、しかしそれらはもはや影響を及ぼすことはなくなるのだ。（1955.8.6）

❖

（Q：私たちの病気の多くは、私たちがしばしば気づいていない深い内面的欲求不満や葛藤によってもたらされる、精神身体的《サイコソマティック》なものであるというのは、かなり既定の事実。私たちは、かつてよく内科医に診てもらいに行ったように、今度は精神科医に診てもらいに行かねばならないのでしょうか、それとも、人間がこの内面的動揺から自分自身を自由にさせるための何らかのやり方があるのでしょうか？）

なぜ私たちは動揺させられるのだろうか？　もしさせられるとすればだが。動揺とは何なのだろう？　私は何かが欲しいのだが、それを手に入れることができず、そのため心配になる。私は、自分の子どもたち、妻を通じて、自分の財産、地位、成功、等々を通じて願いをかなえることを欲するのだが、しかしそれを妨げられる。それは、私が動揺させられることを意味している。……意見、判断、評価、野心、等々が混乱を引き起こすのだ。では、あなたと私は、混乱しているので、行動しないでいることができないのだろうか？　間違いなく、混乱から生まれたいかなる行動もさらなる混乱、混迷に帰着せざるをえず、そしてそのすべては身体、神経組織に作用を及ぼし、病気を生じさせるのだ。……私たちがそれ（＝自分自身の混乱・混迷）を一蹴〔拒絶〕し、非難し、それから逃げ去ったりしているかぎり、まさにその一蹴、非難、逃避が混乱の過程になるのだ。そして、いかなる精神分析医もこの問題を解決することができないと私は思うのだ。……

あなた自身以外の誰もそれ（混乱）を解決することはできない。あなたと私がこの社会を作り上げたのだ。……自己を理解することが知恵と正しい行動をもたらすのだ。（1955.8.7）

❖

（Q：非難、正当化、または比較せずにいることは、より高い意識状態にいることです。が、私はそのような状態にはいません。では、どのようにしてそれに至ったらいいのでしょうか?）

いいですか、まさに「どのようにしてそれに至ったらいいのでしょう?」という質問自体が羨望なのである。［笑い］いや、皆さん、どうか注意を払ってほしい。……私たちは自分自身にまったく気づいていないということだ。私たちは自分が非難したり、比較したりしていることがわからない。もしも私たちが、日々、何かを正当化したり非難したりせずに自分自身のことを見守り、いかに自分が判断したり、比較したり、評価したりせずに考えることがけっしてないかにただ気づけば、その時には、まさにそう気づくことで十分なのである。……困難は、私たちが何かについて本当に真剣ではないこと、その言葉の正しい意味で真剣ではないということだ。あなたが完全に注意を何かに払う時、あなたはそれから何かを得ようとしてはいない。そうではないだろうか?　その全的な注意の瞬間には、何かを変えよう、何かを部分的に修正しよう、何かになろうとしている主体はない。自己はまったくいない。注意の瞬間には、自己、「ミー」は不在であり、そして善があり、愛があるのは、その注意の瞬間なのだ。（1955.8.13）

❖

（Q：無意識とは何なのでしょうか、そしてそれは条件づけられているのでしょうか?　もしもそれが条件づけられているなら、どうやってその条件づけから自由になり始めたらいいのでしょう?）

まず第一に、私たちの意識、目覚めている意識、は条件づけられているのではなかろうか?……

この国ではあなたはアメリカ人であるように条件づけられている。それが何を意味しようと。あなたはアメリカ的な生き方を教え込まれており、そしてロシアでは人々はロシア的な生き方を教え込まれている。……世界中で、教育を通して、社会環境を通して、恐怖を通して、仕事を通して、家族を通して精神を条件づけるための意図的な過程――表面的精神、目覚めている意識に影響を及ぼす無数のやり方――が行き渡っている。

それから無意識、すなわち表面下の精神の層があり、……それもまた条件づけられている――すべての民族的思考、隠れた動機、願望、欲望、特定の文化の本能的反応によって条件づけられている――のではないだろうか。私はインドで生まれ、外国で教育された、等々のヒンドゥー教徒だと思われている。私が無意識の中に探りを入れ、それを理解しないかぎり、私は依然として、すべてのバラモン的、象徴的、文化的、宗教的、迷信的反応を備えたヒンドゥー教徒のままだ――そうしたすべてはまるごと休眠中なのだが、何らかの瞬間に目覚めさせられ、夢を通して、あるいは意識的精神がすっかり占有されていない瞬間を通して、警告や暗示を与えるのだ。だから、無意識もまた条件づけられている。……だから、もしもあなたがそれを探ってみれば、人の意識の全部が条件づけられていることはきわめて明らかなのだ。……あなたの思考自体が意識的または無意識的記憶の所産であり、それゆえそれは条件づけの結果なのだ。……

精神は、全的な注意を伴った気づきの中でのみ、すべての条件づけを乗り越えることができる。……蓄積者としてのいかなる経験者もいない。よろしいだろうか、これを理解することは本当に重要なのだ。

（1955.8.14）

❖

（Q：私は神が存在すると確信しており、そして私はこの主題に自分自身の考えを凝らすことができます。このことのどこが間違っているのでしょうか？　神について考えることは神の実現をもたらすのを助けるのではないでしょうか？）

明らかに、もしもあなたの精神が条件づけられていれば、――事実そうなのだが、――いかに多くそれが神の実在について探索しようと、それは単にその条件づけに従って知識や情報を収集することができるだけである。だから、神についてのあなたの思考はまったくの時間の浪費である。それは何の価値も持たない推測なのだ。それは、私がこの木立の中に坐ったまま、あの山の頂上にいたいと願っているようなものだ。もしも私が山頂やその向こうに何があるのかを本当に見出したいのなら、私はそこまで行かなければならない。……私がしなければならないことは、立ち上がり、歩き、奮闘し、前進し、そこまで行き、そして見出すことである。……

神は語られることができず、述べられることができず、言葉で言い表されることができない何かだ。

（1955.8.21）

❖

最も大きな問題の一つは暴力のそれであり、また平和を見出したいという私たちの願いである、と私には思われる。暴力の全構造を理解することなしには、平和を見出すことはできないと私は思う。……私たちの人生のほとんどは暴力に浸かっており、また、私たちの思考のほとんどは暴力に取り囲まれているので、この、非常に複雑であり、多大の眼識、洞察力を必要とする問題を理解することが非常に重要だと私には思われるのだ。……

精神は言葉で表現することをやめられるだろうか？　精神は、その過程を終わらせて、それが虚しさと呼んできたものを見つめること、それを名づけたり、架空のシンボルを創り出したりすることなしに見つめることができるだろうか？　そして精神がそうする時には、それが虚しさと呼んできた状態はそれ自身と異なっているだろうか？　明らかにそれは異なっていない。その時には、言葉でのいかなる表現も、いかなる命名もなく、それゆえ分離し、競争し、敵意を生み出す精神のすべての活動が止んでいる、そういう状態だけがある。そのような状態の中で、まったく異なった運動が起こるようになる。それはもはや暴力的ではなくなる。「私は親切にしなければならない」と言う精神によっては理解されることのできない親切さが生じる。すべての意志作用が止んだから。なぜなら、意志もまた暴力の結果だからだ。

（1955.8.27）

◈

私たちは、神は存在するまたはしない、天国、地獄がある、一定の種類の関係、道徳がある、特定のイデオロギーが優勢でなければならない、等々の仮定、前提とともに自分の人生を始めがちだ。集団の産物であるこれらの仮定でもって、私たちが教育と呼び、宗教と呼んでいる構造物を築き上げ、そして私たちは、粗暴な個人主義がはびこるか、または抑制される社会を築き上げるのだ。このような社会は、競争心を持つことは避けがたく、また必要であり、そして野心、羨望がなければならないという仮定に基づいている。では、いかなる仮定の上にも築かず、私たちが探究し、発見するにつれて築いていくことは可能だろうか？　もしもその発見が他の誰かのそれなら、その時には私たちは直ちに集団の域内、ひいては権威の域内に入り込む。が、もしも私たちの各々が仮定、すべての前提からの自由とともに始めれば、その時にはあなたと私はまったく異なった社会を築くだろう。そして私には、これこそが現時点での最も根本的な課題の一つだと思われるのだ。（1955.8.28）

❖

（Q：どうしたら人は気づきが新しい技法、瞑想における最新の流行になるのを防ぐことができるのでしょうか？）

瞑想することはとてつもなく重要だ。もしもあなたが瞑想とは何かを知らなければ、それは香りのない花を持つようなもの。あなたは、話したり、絵を描いたり、人生を楽しんだりするための素晴らしい能力を持っているかもしれない。あなたは百科事典的な情報を持ち、すべての知識の相互関係を明らかにすることができるかもしれないが、しかしそれらのものは、もしもあなたが瞑想とは何かを知らなければ、何の意味も持たないだろう。瞑想は生の芳香だ。それはとてつもなく大きな美を備えている。それは、精神がけっして開くことができないドアを開くのだ。……

自分は知らないとあなたが正直に言うことができる時にのみ、あなたは瞑想とは何かについての発見に取りかかることができる。……では、精神は「私は知らない」と言う状態にいることができるだろうか？

その状態が瞑想の始まりであり、終わりなのである。……いいですか、あなたが自分の思考過程を制御し、注意散漫にならないようにそれを抑えようとする時、あなたのエネルギーは、考えることにではなく、制御することに費やされてしまったのだ。付いてきてもらっているだろうか？　エネルギーが制御、服従、注意散漫の抑止、推測、追求、動機づけに費やされない時にのみ、エネルギーの結集が可能になる。……瞑想は精神の浄化の過程である。いかなる制御者もいない時にのみ、精神の浄化が可能になる。制御していく過程で、制御者はエネルギーを消散させる。エネルギーの消散は制御者と、彼が制御することを欲している対象との間の軋轢から起こる。さて、「私は知らない」とあなたが言う時、答えを見つけるための思考のいかなる方向への運動もない。精神は完全に静まっている。そして、精神が静まるためには、膨大なエネルギーがなければならない。……精神が完全に静かになるためには、完全な注意のエネルギーがなければならない。その時にのみ、あの招き寄せられることのないもの、追い求めても手に入れられないもの、いかなる社会的地位とも無関係のもの、美徳や犠牲によって得ることのできないものが現出するのだ。その状態が創造性であり——それは時間を超えたもの、真実在《リアリティ》なのだ。（1955.8.28）

4『ブッダとクリシュナムルティ——人間は変われるか？（Can Humanity Change?: J. Krishnamurti in Dialogue with Buddhists）』

（本書は、著名な仏教学者らとの白熱の対話録である。第一部の対話篇を通して、自我のない心の状態、自由意志、行動、愛、自己同一化、真理、死後の生について、洞察に満ちた対話が展開されている。また、第二部「なぜわたしたちは変わらないのか？」には、人間の意識の根源的な変容を促すための講話と質疑応答が収録されている。）

（一九五六年三月四日、インド・ボンベイでの講話に係る質疑応答から）

（Q：長年、あなたの言葉を熱心に聞いてきましたが、わたしたちはいままさに、こんな状況にいます。これが、わたしたちに期待できるすべてなのでしょうか？）

この問題の難しいところは、進歩している、変容しているのだと自分を納得させたくて、わたしたちが結果を欲することだ。わたしたちは到達したと知りたい。ところで、すでに到達したひと、話を聞いて結果を出したひとは、明らかにまったく聞かなくなる。（笑）質問者は、自分が長年聞いてきた、と言われる。さて、彼は完全な注意をもって聞いてきたのだろうか？　それとも、どこかに到達し、自分の到達を意識するために聞いてきたのだろうか？……

以前にも言ったとおり、到達などはない。学びの運動があるだけであり――それが生の美しさだ。もし、あなたが到達してしまったら、その先は何もない。……完全な注意をもって聞く精神は、決して結果を求めない。なぜなら、それはつねに展開しており、川のように、いつも動いているからである。そのような精神は、永続しようとする自我、目的を達成し続けようとする「わたし（me）」が不在であるという意味で、自分自身の活動についての自意識にまったく囚われていないのだ。

5『生と出会う——社会から退却せずに、あなたの道を見つけるための教え(Meeting Life: Writings and Talks on Finding Your Path Without Retreating from Society)』

(本書は、クリシュナムルティの死の前年までの三十年間の著述・講話から、クリシュナムルティの伝記作家であるメアリー・ルティエンスが選出・編集したものであり、以下は、その中から抽出したものである。)

(一九五六年、インド・ニューデリーでの講話に係る質疑応答から)

(Q:瞑想とは何なのでしょう?)【この質問へのクリシュナムルティの一連の返答は、二つに分けて、①、②の表示の下、以下記すこととする。】

①まず第一に、それは精神をそれが知っているあらゆるものから空っぽにすることである。その際、それは非指示的な[=方向付けられていない]、コントロールされないエネルギーである。第二に、それはまた最も高度な秩序、矛盾によってひき起こされた無秩序が完全に終わったという感覚の中にある秩序を、特性をもたない精神の質を要求する。私たちはメソッド[を用いる]という考えや、その実践を完全に脇にどけてしまわねばならないのだ。中心的な問題は、精神が——それは心、脳、そして身体器官全体を含む

――どんな歪みもなく、どんな強制も、従ってどんな努力もなく、生きられるかどうかということである。どうかそれを自問してみてほしい。このすべてが瞑想である。……精神は一つの限定された形態を与えられ、それは条件づけられている。そしてこの条件づけが歪みなのだ。精神が非常に明晰に、純粋に、完全に、無垢に見ることができるのは、歪みが何もないときだけである。最初の動きは見る能力――聴くアート――、歪みなく見ることだ。それは、精神が僅かな動きもなく、絶対的に静まっていなければならないことを意味する。……

そのとき、もはや精神は探し求めていない。より高度な体験を求めたりはしておらず、だからそれはコントロールできないのだ。どうかその美しさを見てほしい。それはコントロールしない。なぜなら、それは知恵のあるものだから。それは機能し、働いている。それゆえ、その英知のまさにその行為の中で、二元的な状態は消滅する。このすべてが瞑想である。

それは丘のてっぺんにかかる小さなちぎれ雲から始まる雲と同じだ。それは少しずつ動き出し、やがては空全体を、谷や山々を、川を、人間を、大地を覆う。それはすべてを覆い尽くす。それが瞑想である。なぜなら、瞑想はたんにその一部にだけでなく、すべての生きとし生けるものに関係するからだ。そのときにだけ、精神はいかなる動きもなく静まることができるのである。

❖

②生きることは学ぶことと別ではない。そしてこのことの中に、素晴らしい美があるのだ。というのも、つまるところ愛がそれだからだ。愛は慈悲、情熱、すべてのものに対する情熱だ。愛があるとき、観察者

は存在しない。二元性は存在しない。〈私〉を愛する〈あなた〉、〈あなた〉を愛する〈私〉は［存在しない］。愛だけがあるのだ。それが一人を愛することであっても、千人を愛することであっても、あるのは［誰が誰を、何を愛するということではなく］ただの愛だけなのである。

愛があるとき、そのときあなたには間違ったことはできない。あなたはしたいことをするのだ。しかし、愛なしに、私たちはあらゆることをしようとしている——月に行ったり、驚くべき科学的発見をしたり。そして、だからこそすべてが悪くなってしまうのだ。愛は観察者が存在しないときにだけやってくることができる。それは精神がそれ自身の中で観察する者と観察されるものとに分割されていないとき、そのときにだけそのような性質の愛があることを意味する。あなたがそれをもつとき、それが至高のもの the Supreme なのである。

6『クリシュナムルティの生と死』

（一九五〇年、一月コロンボでの初の講話の際の、質疑応答から）

（Q：世の中を実際的な仕方で助けるかわりに、なぜあなたは説教に時間を浪費するのですか？）

要するにあなたは、世の中に変化を、より良い経済的調整を、より良い富の配分を、より良い関係をもたらしてもらいたい——または、より率直に言うなら、あなたがより良い職を見つけるのを助けてもらいたい——と言いたいのであり、世の中の変化を目のあたりにしたいのだ。あらゆる知識人がそうであるように。……

さて、私が実際にしていることは時間の浪費だろうか？　もしも、私が古いイデオロギー、古いパターンに取って代わる一組の新しい観念を導入しているのなら、時間の無駄なのではないだろうか？　行動し、生き、より良い職を得、より良い世界を創り出すためのいわゆる実際的なやり方を指摘するかわりに、真の革命――左または右の革命ではなく、観念に基づいていない根底的、根源的な革命――を実際に妨げている障害を見出す方が重要なのではないだろうか？　なぜなら、私たちが議論してきたように、理想、信念、イデオロギー、ドグマは［刻々の、真の］行為の妨げになるからだ。

（一九五五年、ロンドンでの講話から）

❖

（Q：私は死を恐れています。私をなんとか安心させてはいただけないでしょうか？）

あなたは、あなたがこれまでに知ってきたすべてのものを手放すことを恐れている。……あなたは、そのすべてを完全に、深いところから、まさにあなたの存在の深部から手放し、未知のもの――つまり、結局は死――と共にあることを恐れている。……既知のものの結果であるあなたが、死という未知のものの中に入ることができるだろうか？　もしあなたがそうしたければ、それは明らかに最後の瞬間にではなく、生きている間になされなければならない。……生きている間に死の家に入るというのはなんら病的な考えではない。それが唯一の解決なのだ。豊かな、満ち足りた人生――それが何を意味しようと――を生きている間に、あるいは惨めな、うらぶれた人生を生きている間に、測り知れないもの、あの、経験者によってごく稀な瞬間にちらりと一瞥されるものを知ることができるだろうか?……精神は、それが経験するあらゆるものに対して刻々に死に、けっして蓄積しないことができるだろうか?

7 『生と覚醒《めざめ》のコメンタリー——クリシュナムルティの手帖より1(Commentaries on Living)』

(本書は、清冽な自然描写と透徹した人間観察と、緊迫した対話とが渾然一体となったものである。なお、本篇で語られていることは、全体を通して、原書の初版出版年から見て、一九四〇年代から一九五〇年代にかけて実際にあった、クリシュナムルティと人々との対話を基にしている。以下は原書全三巻の一巻目にあたる邦訳本から抽出したものである。)

雨できれいに洗われた後のことで、とても上天気の朝だった。木々の上には繊弱な若葉があり、海からの軟風がそれらを踊らせていた。草は緑で、瑞《みず》々しく茂り、牛たちはそれをがつがつと食べていた。なぜなら数カ月後には、一枚の草の葉も残らないだろうから。庭の芳香が部屋に充満し、そして子供たちが叫んだり、笑ったりしていた。棕櫚《しゅろ》の木々は金色のココナッツを持っており、大きくて、ゆらめいているバナナの葉は、まだ年齢と風によって引き裂かれてはいなかった。大地は何と美しかったことか、そして何という色彩の詩だったことか! 村を抜け、大きな家々と木立を過ぎた向こうに、光にあふれ、そしてとどろき渡る波の立っている海があった。ずっと向こうに、数本の丸太をくりつけただけの小舟が浮かんでおり、男子が一人、ぽつねんと漁をしていた。

❖

願望は常に未来に関わるものであり、何かになりたいという願いは、現在において何もしないことである。現在《いま》は明日よりもはるかに重要な意義を持っている。現在《いま》の中に一切の時間があり、そして現在《いま》を理解することがすなわち、時間からの自由になることなのである。何かになろうとすることは、時間を、悲嘆を持続させることである。なることは、あることを含まない。あることは、常に現在におけることであり、あることは、変容の至高形態である。なることは、限定された持続にすぎず、根源的変容は、ただ現在のうちに、あることのうちにのみある。

❖

孤独は、その恐怖や苦痛とともに、孤立であり、自我の避けがたい行為である。この孤立過程は、広狭を問わず、混乱、葛藤、そして悲嘆をもたらす。孤立からは、決して単独性は生まれない。他方があるためには、一方が終わらなければならない。ただひとりあることは不可分にあることであり、孤独は分離である。ただひとりある者はしなやかであり、そしてそれゆえ不朽である。……ただひとりある者にとって、死はない。ただひとりある者には、終わりはありえない。

❖

知識は、二つの闇と闇の間の尖光である。しかし、知識はその闇を超越することができない。石炭がエンジンにとって不可欠であるように、知識は技術には不可欠である。しかしそれは、未知なるものに到達することはできない。未知なるものは、既知なるものの網に捕らえられるものではない。未知なるものがあるためには、知識を捨て去らねばならない。しかし、それは何と困難なことか！……知識の光は、精神が貫入できない暗闇の上にかけられる精妙なおおいなのである。……知識の仮面は、われわれのつのりゆく混乱や悲嘆からわれわれの目をそらさせはしても、決してそれらからわれわれを解放させることはできない。精神のあり方は、真理とその幸福には至らない。知ることは、未知なるものを拒むことである。

❖

政治はさまざまな結果の調停であり、そしてわれわれの大部分は結果にこだわっているから、外部的な現われが圧倒的な意義を持つに至ったのである。結果を操作することによって、われわれは秩序と平和をもたらすことを望む。しかし、あいにくなことに、それはそれほど単純ではない。生は総合的な過程であり、外部的であると同時に内部的なものである。外部は、明らかに内部に影響するが、しかし内部が常に外部を圧倒してしまうのである。……生は、その統合化においてのみその美を発見しうる全的な過程なのである。この統合化は、政治的、経済的な調停という表面的なレベルにおいては起こらない。それは、因果の彼方に見出されるものである。……

希望は、われわれを作り上げているいくつかの過程の統合化にのみある。……この統合化は、深く広い気づきによってのみ生ずるのである。この気づきは、表面的な反応で満足せずに、意識のより深い層へと貫入しなければならない。

もしもわれわれが睡眠を断たれたら、一体どういうことになるだろうか？　闘い、陰謀を企て、そして不和の種をまく時間がもっと増えるのだろうか？　われわれは、よりいっそう残忍で冷酷になるのだろうか？……われわれは、もっと創造的になるのだろうか？　眠りは不思議なものであるが、しかし途方もなく重要である。……眠りの間、願望は活動をやめており、そしてそれゆえ有機体に干渉しない。しかし肉体の回復とともに、願望の諸活動は、刺激と拡張のよりいっそうの機会を持つのである。明らかに、人が内部の有機体に干渉しなければしないほどよい。精神が有機体を預かることが少なければ少ないほど、それだけその機能は健全かつ自然である。……

眠りは否定ではなく、願望が貫通できない一状態なのである。……明らかに、目覚めている時間中、そしてさらに眠っている間も、意識のすべての層が、お互いに連絡し合うことが可能である——そしてもちろん、これは欠くべからざることである。……この過程で、何かになろうとする衝動は完全に溶解され、蓄積的慣性はもはや存在しなくなる。しかし、睡眠中には、何かそれ以上のことが起こる。そこには、われわれの諸問題への答えが見出されるのだ。……しかし、これらすべてよりもさらにもっと意味深く、重要なことは、養成物ではない蘇生である。……睡眠中、およびしばしば目覚めている時間に、なりゆく過程が完全にやみ、因果に終止符が打たれたとき、そのとき、時間を超越したもの、因果の尺度を超越したものが現われる。

怒りの蓄積、すなわち怨恨は、許しという解毒剤を必要とする。しかし、怒りの蓄積ということの方が、許しよりもはるかに意味するところが深い。怒りの蓄積がなければ、許しは不必要である。怨恨があれば、許しは不可欠である。……怒りは、意志の行為によって除くことはできない。なぜなら、意志は、暴力の一部だからである。意志は、願望、何かであろうとする切望の結果である。……暴力から自由であるためには——ただし、それは非暴力を養うことではない——願望の理解がなければならない。願望に取って代わる、霊的《スピリチュアル》な代用物などはない。それは、抑えつけたり、あるいは昇華したりはできないのだ。願望についての、静かな、かつ無選択な気づきがなければならない。そして、この受動的な気づきは、願望を名づける経験者なしに、それを直接、刻々と体験することである。

◈

誠実さは、決して単純ではありえない。誠実さは意志の養成場であり、そして意志は自我の状態を暴露できない。自己認識は、意志の産物ではない。自己認識は、生の運動への刻々の応答に気づくことによって生まれる。これらの自発的な応答のみが自我の構造をあばくのだが、意志はそれらを遮断してしまうのだ。意志は、願望のまさに精髄である。そして願望の理解にとって、意志は障害になる。……何かを成し遂げよう、獲得しようとする願望が、誠実さの基礎である。そしてこの衝動は、深浅の程度を問わず、恐怖の始まりである順応を助長するのだ。……

単純さと誠実さとは、決して相伴うことはできない。どんなレベルにおいてであれ、何かと同一化している者は、誠実ではあるかもしれないが、しかし彼は単純ではない。何かであろうとする意志は、単純さのまさに正反対である。単純さは、成就しようとする願望の取得的推進力からの自由とともに生ずるのだ。

❖

われわれにとって、観念の方が事実よりも重要である。人がどうあるべきかの概念の方が、人のあるがままの状態よりも重要なのである。未来の方が、現在よりも常に魅力的なのだ。……なぜわれわれは、意識的または無意識的に観念に執着し、そして事実を脇にやってしまうのだろうか？……もしもわれわれが、あるがままを理解するというのなら、型や観念を捨ててしまわねばならない。あるがままの理解に切迫さがないときにのみ、観念の放棄が困難になるのだ。……

型が打破されるのは、あるがまま、事実、が直面されねばならないときのみである。それゆえそれは、いかにして観念から自由になるかではなく、いかにして事実に直面するかの問題なのである。満足の過程、自我の動き方についての理解があるときにのみ、事実に直面することが可能であるのだ。

❖

何とわれわれは、われわれの問題を解決することに熱中することか！　何と執拗に、われわれは答えを、出口を、治療法を探し求めることか！　われわれは決して問題そのものを考究せずに、不安や動揺とともに、常に自己投影されたものである答えを暗中模索するのだ。問題は自己創出されたというのに、われわれはそこから離れて答えを見出そうと試みるのである。答えを探し求めることは、問題を避けることだ――それこそはまさに、われわれの大部分がなさんと欲していることなのである。……自我の諸活動が支配的であるところには、問題が常に存在するだろう。どれが自我の活動で、そしてどれがそうでないかに気づくには、不断の用心が必要である。この用心は訓練された注意ではなく、一切の選択をはさまない広範囲の気づきが必要である。……

気づきは決心の問題ではない。なぜなら意図的な指図は抵抗であり、それは排他性へと傾くからである。気づきは、あるがままについての、沈黙のうちのかつ無選択の観察である。この気づきの中で問題がおのずから明らかになり、かくしてそれは十分かつ完全に理解されるのである。……

❖

「私は、自分がどの辺で混乱しているのかが分かりはじめています。あなたのおっしゃることは本当だと思います」。

葛藤は、事実ありのままと神話との間、あるがままのあなたとあなたがなりたがっている姿との間にある。……現実は、あるがままのあなたである。あるがままのあなたの方が、あるべきあなたよりもはるかに重要なのだ。……あるがままのあなた――それが愉快であれ不愉快であれ――を理解するためには、神話、理想、自己投影された未来の状態は、完全にやまねばならない。そのときにのみあなたは、あるがままに取り組むことができる。あるがままを理解するためには、あらゆる心の動揺からの自由がなければならない。動揺は、あるがままに対する非難または正当化である。動揺は比較である。それは、事実ありのままに対する抵抗または規律である。動揺は、理解するための努力または強制そのものである。あらゆる動揺は、あるがままを敏速に追求することに対する障害である。あるがままは、静的ではない。それは不断の運動の中にあり、そしてそれを追うためには、精神はいかなる信念、成功へのいかなる希望または挫折へのいかなる恐怖に縛りつけられてもならない。受動的だが機敏な気づきにおいてのみ、あるがままの実相は開示されるのだ。この開示は、時間のものではない。

❖

与えるためには、無尽蔵なるものがなければならない。与えはしても留保があるのは、終わることへの恐怖があるからである。然るに、終わることにのみ、無尽蔵なるものがある。……煙は、嫉妬、怒り、失望としての願望である。煙は、時間への恐怖である。煙は記憶であり、経験である。……分かち合うことは、与えることではない。しかし分けてやる、または与えるという気持ちは、共感に終止符を打つ。煙は炎ではないが、しかしわれわれは、それを炎と間違えるのだ。炎を見るために煙を吹き払うことなく、煙、あるがままのもの、に気づきなさい。……

われわれの関心は炎にある。あなたは、その炎、煙なきその炎を持てるだろうか？　見出しなさい。静かに、そして根気よく観察しなさい。あなたは煙を晴らすことはできない。なぜならあなたは煙そのものだからである。煙が去れば、炎が現れるだろう。この炎は無尽蔵である。……戦いは、炎と煙との間ではなく、煙の中の異なった反応の間にある。炎と煙は、決して互いに衝突しあうことはありえない。衝突するためには、両者は関係していなければならない。然るに、その両者の間にどうして関係がありえようか？　他方がないときに、一方がある。

❖

あなた自身の境界内での運動は、自分の尾を追っている犬の動きのようなものである。そしてそれは行為だろうか？「しかし、意図なしに行為することができるでしょうか？」もちろん可能である。もしもあなたが、意図のない行為の真理を悟られれば、そのときにはただ行為だけがある。そのような行為が、唯一の有効な行為であり、それが唯一の根源的な革命である。

「あなたがおっしゃりたいのは、無私なる行為ではないのですか？」

その通り、観念なき行為である。観念は、神あるいは国家と同一化した自我である。そのような同一化による行為は、より多くの葛藤、より多くの混乱や不幸を生み出すだけである。しかし、いわゆる活動家が観念を放棄することは困難である。イデオロギーなしには、彼は途方にくれてしまい、そしてありのままの彼に戻ってしまう。それゆえ彼は行為者ではなく、彼自身の美化をその活動とする、彼自身の自己投影物に囚われた人間なのである。彼の活動は、分離、分裂の一因となる。

「では、どうすればよいのですか？」あなたの活動をそのあるがままに理解しなさい、そうすればそのときにのみ行為があることだろう。

❖

「人間を救うために人間が忘れ去られるのです。われわれは、未来の人間を救うために、現在の人間を犠牲にするのです」。あなた方は、未来のために現在を一掃する。……現在には、未来を作る非常に多くの計りがたい事実がある。あなた方はどちらも、未来における報い、ユートピア、天国を約束する。しかし、未来はイデオロギー的な結論ではない。観念は、常に過去または未来に関心があるが、決して現在にはない。あなた方は、現在についての観念を持つことはできない。なぜなら現在は行為であり、即座的な唯一の行為だからである。他の行為はすべて遅延であり、延期であり、そしてそれゆえ何ら行為とは言えない。それは、行為の回避なのだ。過去の、あるいは未来の観念にもとづいた行為は、無行為である。行為は、現在に、今においてのみありうるのだ。……

人は、条件づけ、影響の全過程を探究することによってのみ、自由でありうるかどうかを見出すことができる。この過程を理解することが、自己認識である。自己認識によってのみ束縛からの自由があり、そしてこの自由には、いかなる信念も、いかなるイデオロギーもない。

❖

村を抜け、堤防沿いに進み、緑野を越え、そしてそれからほこりっぽく、そして騒々しい道路を下ったところに、話し合いをすべく待ち受けているその家があった。かれらは、あらゆる種類の人間たちだった。思慮深い者と熱心な者、無精者と議論好き、頭の回転の早い者と、そして定義や結論に従って生きている者と。……理解は閃光のように訪れ、そして閃光が起こるためには、沈黙の合間がなければならない。しかし機敏な者たちは、性急すぎてこれらの閃光のための余地を与える余裕がない。理解は言葉の上のものではなく、また知的な理解といったものはない。知的な理解は単に言葉のレベルにあるにすぎず、そしてそれゆえ少しも理解ではない。理解は思考の結果として生じるものではない。なぜなら思考は、結局は言葉の上のものだからである。記憶なしには思考はない、そして記憶は言葉であり、イメージ作りの過程である。このレベルには理解はない。理解は、二つの言葉の間に、言葉が思考を形成する前のあの合間に生ずる。理解は、すばしこい者のものでもないし、またのろい者のものでもなく、それは、この無限空間に気づいた者のものであるのだ。

◈

「知識は有益であり、不可欠ではないでしょうか？　知識なくして、いかにして発見がありうるでしょうか？」発見は、精神が知識をずっしり詰めこまれているときではなく、知識が不在のときに起こる。そのときにのみ、静謐《せいひつ》と空白《スペース》とがあり、そしてこの状態において、理解または発見が生まれる。知識は、あるレベルでは疑いなく有用であるが、他のレベルでは、それは明確に有害である。知識が自己強化の手段として、自分自身を増長させるために使われるとき、そのときにはそれは有害であり、分離や敵意を生み出す。……「もしもわれわれが、知識、経験、記憶無しにあるとしたら、われわれに何が残るのですか？　われわれは、そのときには無です」。

あなたは、今、それ以上の何かだろうか？「知識なしにはわれわれは無だ」とあなたがおっしゃるとき、あなたは、その状態を刻々に体験せずに、単に言葉の上だけの主張をしておられるのではないだろうか？　あなたがその言表をするとき、そこには恐怖感、裸にされることへの恐怖がある。これらの付着物なしには、あなたは無である――これが真相だ。然るに、なぜそれでいないのだろうか？　一体なぜこういったすべての自負やうぬぼれを持つのだろうか？　われわれは、この無を諸々の幻想や希望、慰めになるさまざまな観念でおおってきた。しかしこれらのおおいの下で、われわれは無なのだ。何かの哲学的抽象概念としてではなく、実際に無なのである。その無の刻々の体験が、知恵の始まりである。

8『生と覚醒のコメンタリー――クリシュナムルティの手帖より2』

言葉のレベルに留まっていないで、どうか、進みながら刻々に体験なさるように。あるがままに対して、精神はどんな関係にあるだろうか？　これまで、あるがままは、名前、言葉、連想のシンボルを与えられてきた。そしてこの命名が直接の関係を妨げ、それによって精神は鈍らされ、無感覚にされる。精神とあるがままとは、二つの別個の過程ではないが、しかし命名が両者を別々にしてしまうのだ。この命名がやむとき、直接の関係がある。精神とあるがままとは、一体である。あるがままは、今や、言葉なしの観察者自身であり、そしてそのときにのみ、あるがままは変容する。それはもはや、恐怖等々の連想を伴った、空しさと呼ばれるものではない。そのときには、精神は、単に刻々の体験状態であり、その中では経験者と被経験物はない。そのときには、測り知れない深さがある。なぜなら測る者が姿を消しているからである。深遠なるものは無言であり、静謐《せいひつ》であり、そしてこの静謐の中に、無尽蔵なるものの源泉がある。精神が動揺するのは、言葉を使用するからである。言葉がないとき、無量のものがある。

❖

われわれが、精神の表層に事実や知識をいっぱいに詰めこませるこの過程を味わうのは、技術を習得し、仕事や職業にありつくためではないだろうか？　明らかに、現代世界では、優秀な技術者は、生計の資を得るより良い機会に恵まれる。しかし、それから何があるのだろうか？　技術者である人間は、そうではない人間よりも、生存の複雑な問題により良く直面できるのだろうか？　職業は、生のほんの一部にすぎない。隠れた部分、微妙で神秘的な部分もあるのだ。一つを強調してその他を拒否または無視することは、必然的に非常に片寄った、分裂的な活動に行き着かねばならない。これこそはまさに、いま世界で起こっていることである、常につのりゆく葛藤や、混乱、不幸を伴いつつ。もちろん少数の例外、創造的な者、幸福な者、人工的なものでない何かに触れている者、精神のものごとに依存していない者がいる。

❖

あなたの仕事への執着は、あなたの逃避である。われわれの存在のあらゆるレベルに逃避がある。あなたは仕事によって、ある者は飲酒によって、ある者は宗教的儀式によって、ある者は知識によって、ある者は神によって、そしてさらにある者は娯楽に耽ることによって逃避する。あらゆる逃避は同じであり、優れた逃避も劣った逃避もない。神と飲酒は、それらがあるがままのわれわれからの逃避であるかぎり、同じレベルにある。われわれがわれわれわれの逃避に気づくとき、そのときにのみわれわれの条件づけに気づくことができる。……

「どうすれば条件づけから自由になれるのでしょうか?」

われわれの逃避を理解し、気づくことによってのみ。人間への、仕事への、イデオロギーへのわれわれの執着が、条件づけの要因である。これをわれわれは理解しなければならない。……精神がもはや何の逃避も求めていないときにのみ、あるがままの理解、あるがままへの適切な行動がある。あるがままについて思い廻らすこと自体が、まさにあるがままからの逃避である。なぜなら思考こそは、問題、唯一の問題だからである。精神は、そのあるがままであることを嫌い、あるがままであることを恐れて、これらさまざまな逃避を追求する。そして、逃避の手段が思考なのである。思考があるかぎり、必然的に逃避、執着が生まれ、それらはただ条件づけを強めるだけである。
条件づけからの自由は、思考からの自由とともに生ずる。精神が静まりかえっているとき、そのときにのみ真実なるものがあるための自由がある。

❖

ただ生きることは何と単純なことか！　しかしそれは沈滞ではない。欲しないこと、何物かでないこと、どこにも行かないことのうちには、大きな幸福がある。精神があらゆる思考からそれ自身を清めるとき、そのときにのみ創造の沈黙がある。精神が、到達するために旅しているかぎり、それは静謐《せいひつ》ではない。……初めであれ、あるいは終わりであれ。もしも精神がそれ自身のなりゆくパターンを織り上げていれば、精神の浄化はない。

❖

偏見を交えずに、またあなた自身のであれ誰か他人のであれ、いかなる結論も差し挟まずにお聞きなさい。ただ単に反論したり、認めたりするためでなく、理解するためにお聞きになるように。どのようにして思考を終わらせたらよいか、とあなたはお尋ねである。さて、あなた、思考者は、あなたの思考から別個にある実体だろうか？　あなたは、あなたの思考とは完全に違っているのだろうか？　あなたは、あなた自身の思考なのではないだろうか？……あるのは思考だけであり、そして思考が思考者を作り上げるのである。思考は、永続的で、別個の実体として思考者を作り上げる。思考は、それ自身が永続しないこと、不断の流転の中にあることが分かり、それゆえ思考者を、それ自身とは別個の、異なった永続的実体としての思考者を生み出すのである。然る後に思考者は思考に働きかける。思考者はこう言うのである、「私は思考を終わらせなければならない」。しかし、あるのは思考の過程だけであり、思考から別個に思考者があるわけではない。この真理の刻々の体験は生き生きとしており、単なる語句の反復ではない。あるのは思考だけであり、思考を思考するところの思考者ではない。……

思考が働いていないときにのみ、精神は静謐である。思考は、すべての思考の受動的な注視による以外、終わることはできないのだ。

❖

葛藤ではない、根源的な革命、思考とそのエゴの産物である投影物、すなわち、理想、ドグマ、ユートピアにもとづいたものでない、根源的な革命がある。……「そのような革命は、不可能なことです。あなたは、本気でそれを提案しておられるのですか？」それが唯一の革命、唯一の根源的変容である。「いかにしてあなたは、それをもたらすおつもりですか？」虚偽を虚偽と見ることによって。虚偽の中に真理を見ることによって。明らかに、人間どうしの関係の中に根源的な革命がなければならない。

われわれは皆、悲嘆や災厄なしにものごとがそのまま進行することはできない、ということは承知している。しかしあらゆる改革者たちは、いわゆる革命家たちと同様、目的、達成されるべき目標を心に期しており、そして両者とも人間を、自分たち自身の目的への手段として利用する。ある目的のための人間の利用こそが、本当の問題なのであって、特定の目的の達成ではない。……階級闘争によって無階級社会が生まれることはありえない。……戦争または軍備によって平和が実現することはありえない。……理想達成のための闘争は、思考の獄舎内での徒労で、欺瞞的な努力なのである。この葛藤によっては、解放、人間のための自由は生まれない。自由なしには幸福はありえない。そして自由は理想ではない。自由は、自由への唯一の手段なのだ。

❖

壮麗な夕方だった。太陽は巨大な黒雲の陰に沈みつつあった、そしてそれらを背にして、高く、細長い棕櫚《しゅろ》の茂みが立っていた。川は金色になった。そして遠くの丘は、夕日で赤々と燃えていた。雷が鳴ったが、しかし山々の方角では、空は青々と晴れ渡っていた。牛たちが牧草地から戻りつつあった。そして一人の少年がそれらを家へと追っていた。少年は、まだせいぜい十歳かそこらだったに違いない。彼は一日中ひとりきりで過ごしてきたのだが、何心なく歌を口ずさんでいた、そして時折、さまよい出したり、のろのろしすぎている牛を鞭打っていた。彼はにっこり笑った、そしてその黒い顔がぱっと明るくなった。好奇心から立ち止まり、よそよそしげながら熱心に、彼は質問しはじめた。彼は村の少年だった。そして教育を受けることはないだろう。彼は決して読み書きができるようにはならないだろうが、しかし彼はもうすでに、自分自身とともにただひとりあること《アローン》の何たるかを知っていた。彼は、自分がただひとりあることに気づいていたわけではない。それはおそらく一度も、彼の心に浮かんだことすらなかったろうし、またそれによってふさぎ込んだこともなかったろう。彼はただひとりきりでいて、それでこと足りていた。彼は何かでこと足りていたのではなく、ただこと足りていたのである。

❖

恐怖とは何だろうか？　それが何かを見てみることにしよう。

あなたは、あなたが死を恐れているとおっしゃる。あなたはそれを経験できないので、それを恐れておられるのだ。死は未知なるものである、そしてあなたは未知なるものを恐れている。そういうことだろうか？　さて、あなたは、自分が知らないものを恐れることができるだろうか？　もし何かがあなたにとって未知であれば、いかにしてあなたはそれを恐れることができるだろうか？　あなたは、本当は、未知なるもの、死をではなく、既知なるものの喪失を恐れておられるのだ。なぜならそれは苦痛を引き起こすかもしれないし、あるいはあなたの快楽、あなたの満足を運び去ってしまうかもしれないからである。恐怖を引き起こすのは、未知なるものではなくて、既知なるものなのである。いかにして未知なるものが恐怖を引き起こすことができるだろうか？　それは、快と苦の見地からは測りがたい。それは未知なのだ。

❖

自己自身の探究において真摯な者のみが、幸福に気づくことができる。かれらにとってのみ、恐怖からの自由がある。「では、いかにしてあるがままを理解したらよいのですか？」あるがままは、関係、あらゆるものとの関係の鏡の中でのみ見られるべきである。あるがままは、隠退、孤立においては理解できない。拒否したり受諾したりする解釈者、翻訳者がいれば、それは理解できない。あるがままは、精神が全く受動的なとき、あるがままに対してそれが働きかけていないときにのみ、理解されうる。「受動的に気づくことは極めて困難なのではないでしょうか？」おっしゃる通りである、思考があるかぎりは。

「世界の残虐と暴力は、私の個人的努力によって止めることはできないのです。それに、あらゆる個人が変わるには、無限の時間がかかるのではないでしょうか?」

他人はあなたである。この問いは、あなた自身の即座の変容を避けようとする願望から発しているのではないだろうか? あなたは、要するに、「もし他の誰も変わらなければ、私の変わることなど何になるものか?」と言っておられるのだ。遠くまで行くには、人は近くから始めなければならない。しかしあなたは、本当は変わることを欲しておいでではない。あなたは、ものごとが現在あるがままで続くことを欲しておられるのだ、ことにあなたが一番上にいる限りは。そしてそれゆえあなたはおっしゃるのだ、個人の変容によって世界を変容させるには無限の時間がかかることだろう、と。世界はあなたである。あなたが問題なのだ。問題は、あなたから別個にあるのではない。世界はあなた自身の投影なのである。世界は、あなたが変容しないかぎり変容させることはできない。幸福は変容のうちにある、獲得のうちにではなく。

❖

沈黙は培われるべきものではない。それは意識的にもたらされるべきものではない。それは捜し出されたり、思い廻らされたり、あるいは瞑想を凝らされるべきものではない。……精神を沈黙させようとする願望は、単に感覚の追求にすぎない。そのような沈黙は、単に一種の抵抗、腐朽に行き着く孤立にすぎない。買い入れられる沈黙は、活動の雑音を伴った市場の事物であるにすぎない。沈黙は、願望の不在とともに生まれる。願望は、素早く、巧妙でかつ根深い。記憶は沈黙の広がりを遮断する。そして経験に囚われた精神は、沈黙としてありえない。時間、今日と明日へと流れ込む昨日の運動、は沈黙ではない。この運動の終焉とともに沈黙がある。そしてそのときにのみ、名づけがたきものが生まれ出ることができる。

❖

「いかにして人は精神を理解したらよいのですか？」

精神の運動は生の運動である——理想の生ではなく、悲嘆と楽しみの、欺瞞と明晰の、うぬぼれと謙遜のポーズの現実の生である。精神を理解することは、願望と恐怖に気づくことである。……精神は、現在に応答する過去であり、それが未来へと進むのである。精神の全過程が理解されねばならない。「どこから始めたらよいのですか？」唯一の初めから——すなわち関係から。関係は生である——あることは関係することなのだ。ただ関係の鏡においてのみ精神は理解されるべきであり、そしてあなたは、その鏡の中であなた自身を見始めなければならない。……小さくて、限定されていると思われるものが、もし正しく取り組まれれば、底知れないものをあばき出す。それは漏斗《じょうご》のようなもので、狭いものが広いものに通じている。受動的な注意深さでもって観察されれば、限られたものは無限のものをあばくのである。

❖

「あなたは、私たちは希望なしに生きねばならない、とおっしゃっているのですか？」

希望でも絶望でもない状態、至福の状態があるのではないだろうか？……希望の道は未来の道であるが、しかし幸福は、決して時間の問題ではない。幸福があったときには、あなたは決して、いかにしてそれに留まり続けたらよいのか尋ねたりなさらなかった。もしあなたがそう尋ねておられたら、あなたはすでに不幸を味わっておられたことだろう。……

不幸が、あなたがお持ちの唯一の問題である。それからいかにして抜け出たらよいのかという別問題を引き入れることによって、混乱してはならない。精神は、希望、問題への答え、出口を探し求めている。この逃避の虚偽を見なさい。そうすればあなたは、問題に直接対峙なさるだろう。われわれが常に避けている危機をもたらすのは、問題との、この直接の関係である。しかし、問題が終わるのは、危機の絶頂と強烈さとにおいてのみなのである。

「宿命的な事件（＝二カ月前に、夫が交通事故に遭遇し、不帰の人となったこと）以来、私は、自分自身の絶望に耽り、それを養わなければならないと感じてきたのです。でも、どういうわけか、それは私にとってあんまりでした。今、私は、恐怖なしに、そして彼への不忠実の気持なしに、それに直面しなければならないことが分かります。お聞き下さい。私は、心の奥で、もし自分が幸福であり続けたら、彼に対してある意味で不忠実になる、と感じたのです。でも、今、重荷がすでに取れつつあります、そして私は、時間のものでない幸福を感じます」。

❖

家族は単なる経済的単位ではない。そしてそのレベルで問題を解決しようとするどのような努力も、明らかに失敗に終わるに違いない。安定への願望は、単に経済的なだけでなく、もっとはるかに深くかつ複雑である。もし人間が家族を破壊すれば、彼はほかの形の安定を見出すだろう。国家によって、共同体《コレクティブ》によって、信念等々によって。そしてそれらが、次にそれら自身の問題を引き起こすことだろう。われわれは、内面的、心理的安定への願望を理解しなければならない。……それゆえ、問題は家族ではなく、安定しようとする願望である。安定への願望は、どのレベルであれ、排他的なのではあるまいか？……安定であろうとする願望それ自体が、安定を殺すのである。……内面的安定の一手段としての家族は、混乱や社会的破局の根源である。……

知的に理解することは、少しも理解しないことである。あなたが意味しておられるのは、あなたは言葉を聞き、そしてその意味を把握するということであって、それで全部である。しかしこれは行為を生まないことだろう。……愛は決して安定ではない。愛は、安定したいという願望のない状態である。……それは、排他性、敵意、および憎悪が不可能である唯一の状態なのである。その状態で家族が生まれるかもしれないが、しかしそれは排他的、自己閉鎖的ではないだろう。

❖

すべての年月の間、あなたは果たして、終局目的を目指して努力するのをやめたことがおありだろうか？　意志と努力が「私《アイ》」を構成しているのではないだろうか、そして時間の過程は、永遠なるものに至りうるだろうか？……「私」は、果たしてそれ自身の束縛と幻想からそれ自身を自由にさせることができるだろうか？　名無きものがあるためには、「私」がやまねばならないのではないだろうか？　そして終局目的を目指す、この不断の努力は、単に自我を強固にするだけではないのだろうか、どれほどその願望が集中していようとも。「あなたは、あらゆる希望を切り落とすように思われます。では、どうすべきなのですか?」あなたは、完全に裸にされねばならない、過去の重圧や、あるいは希望に満ちた未来の誘惑なしに——しかしこれは絶望を意味しない。もしあなたが絶望しておられるなら、そこには空無、裸形性はない。あなたは、何も「する」ことはできない。あなたは、静謐であることができるし、またそうあらねばならない、一切の希望、切望または願望なしに。しかしあなたは、あらゆる騒音を押さえて静謐であろうと決心することはできない。なぜなら、まさにその努力それ自体に騒音があるからだ。沈黙は、騒音の反対物ではない。

「しかし私の現状において、何をすべきなのでしょうか?」もし指摘させていただくなら、あなたは、しきりに前進し、あまりにも何らかの積極的な指図を得ようと切望するあまり、実際には話に傾聴しておられないのだ。

❖

「私は、あなたのおっしゃっていることは深い意義を持っていると感じるがゆえに、正しく聞きたいのですが、しかし私は、その言葉の上の意味から先には超越できないのです」。

言わせていただくなら、あなたは、今、語られつつあることをお聞きになっていない。あなたは、聞くことを問題にしてしまった。そしてこの問題は、あなたが聞くのを妨げている。われわれが触れるあらゆるものは、問題になり、ある一つの事柄が他の多くの事柄を生み出すのだ。これを知覚すれば、問題を少しも生み出さないことは可能なのではないだろうか?

「それはさぞすばらしいことでしょうが、しかしいかにして人は、その幸福な状態に至るべきなのでしょうか？」

またもや、「いかにして」という問い、ある一定の状態を達成する仕方、が別の問題になる。われわれは、問題を生み出さないことについて話している。指摘させていただくなら、あなたは、精神が問題を作り出していく様に気づかなければならない。……何らかの状態を得るためには、時間と関心とを必要とする。時間と関心への必要は、さまざまな問題を生み出す。あなたは、あなたが聞いていないということを、単純に気づいておられないのだ。あなたがそれに気づくとき、あなたが聞いていないというまさにその事実が、それ自体の行為をもたらすのだ。その事実の真理が働くのである。

❖

「不満の表面下まで降りていくには、どうしたらよいのですか？」

あなたの質問は、あなたが依然として不満から逃避することを願っていることを示しているのではないだろうか？　その苦痛から逃避したり、あるいはそれを変えようと努めることなしに、それとともに生きることによって、不満の深さが見抜かれるのである。……

あなたが習慣に対して闘えば闘うほど、それだけ多くの活力をあなたはそれに与えてしまうのである。習慣は死物である、だからそれと闘ったり、それに逆らったりしないようにしなさい。しかし、不満の真理の知覚とともに、過去はその意義を喪失することだろう。知識や、伝統、希望や成就でもって不満の炎をおおい消すことなく、不満のままでいることは、苦痛ではあるが、すばらしいことである。われわれは、人間の達成にまつわる神秘、教会やジェット機の神秘に夢中になる。またもや、これは浅薄で、空虚であり、破壊や不幸のもとである。精神の諸能力を超越した神秘がある。あなたはそれを捜し出したり、あるいは招き寄せることはできない。それは、あなたの求めなしにやってこなければならない。そしてそれとともに、人間にとっての祝福が生まれるのだ。

❖

平和が生まれ出るのは、保護物、賞罰および保証によってではなく、あなた――諸々の野心や挫折を伴う葛藤の代理人であるあなた――がいないときなのだ。

あなたのもう一つの問題点である、万人がこの問題の真理を同時に見なければならないというのは、明白な不可能事である。しかし、あなたがそれを見ることは可能である。そしてあなたがそうするときには、あなたが御覧になった真理、そして自由をもたらすそれが、ほかの人々にも感化を及ぼすことだろう。それはあなたから始まらねばならない。なぜならあなたが世界だからだ、他人がそうであるように。

野心は、精神と心の凡庸性を生み出す。野心は浅薄なものなのだ。……「……野心と競争なしには、われわれの生は単調で、また無用であることでしょう」。

あなた方がこの競争的な生き方を維持しているかぎり、あなた方の子供たちや、あなた方の子供たちの子供たちのそのまた子供もまた、よりいっそうの敵意、羨望および戦争を生み出し続けることだろう。あなた方もかれらも、平和を持つことはないだろう。この伝統的な生活様式に条件づけられてきたので、あなた方は、順番に、あなた方の子供たちがそれを受け入れるように教育しておられるのだ。それゆえ、世界は、この悲惨な状態のまま続いて行くことだろう。

「われわれは変わりたいとは思うのですが、しかし……」彼は、発言の空しさに気づいて、話しやめた。

❖

「精神が働き、選び、追求し、経験しているかぎり、自分自身のイメージを創り上げて、それを異なった名前で呼ぶところの努力の為し手がいなければなりません。そしてこれが、精神が囚われてしまう網なのです」。

思考それ自体が、網の作り手である。思考は網なのだ。思考は束縛的である。思考は、知識、行動、美徳が重要性を持つ領域、広大な時間へと行き着きうるだけなのだ。いかに洗練され、または単純化されていようと、考えることによってすべての思考を打破することは所詮できない。経験者、観察者、選択者、検閲者、意志は終わらねばならない。自発的に、そして幸福に、報いへのいかなる望みもなしに。求道者がやむ。これが瞑想である。精神の沈黙は、意志の行為によってもたらすことはできない。意志がやむときに、沈黙がある。これが瞑想である。真実は捜し出せない。追求者がいないときに、それはある。精神は時間である、そして思考には、無量のものをあばくことはできない。

❖

「もし私たちがこうしたすべての、明らかに邪悪な内面的原因から自分自身を解放するまで待たなければならないとしたら、何一つ成し遂げられないことでしょう」。

しかし、今、何をあなたは成し遂げておられるところなのだろうか？　もしも今とは違う世界があるべきなら、深い真剣さと、そして内面的革命がなければならない。少なくとも、意識的、または無意識的に葛藤や不幸を永続させていない人々がいなければならない。個人的な野心、および集団のための野心は去らなければならない。なぜならいかなる形の野心も愛を妨げるからである。……

彼女は、何日もたってから戻ってきた。

「あなたにお会いした後、私は、一人きりになってこうしたすべてについて、客観的に、また明晰に、よく考えてみました。そして私は、何度か眠れない夜を過ごしました。私の友人たちは、あなたの言われたことで私が動揺させられないことを望みましたが、しかし私は動揺しました。そして私は、あることがらについて自分で決着をつけなくてはなりませんでした。私はあなたのお話を、より思慮深く、抵抗せずに読んでみました。そしてものごとがより明瞭になりつつあります。後戻りはありません。と言っても、私は別段、脚色しているのではありません。私は、団体から脱退したのです。それが意味する一切のこととともに。私の友人たちは、当然ながら狼狽しており、かれらは、私が戻るだろうと思っています。でも私はそうしないでしょう。私がこうしたのは、言われたことの真理を私が見ているからです。これから何が起こるか見てみます」。

第五章　クリシュナムルティ・一九六〇年代の言葉

▼Kは二十世紀にとって極めて適切な宗教的言語を提供した。これら、詩的なものから細心の注意を払った厳密なものにまでおよぶ言語は、それ以前に受け入れられていた「神秘的な」言語が往々にして不適切で不十分であったニュアンスや洞察を伝えることに成功している。彼の生涯の始めから死に至るまで、範囲と普遍性の点で注目すべき彼の講話は、常に聴衆一人ひとりと「二人の友として」共に行う探究のプロセスであった。

▼真に精神／霊的《スピリチュアル》な開拓者としての試練に耐えた者は、ごくわずかだが存在している。その試練とは、普遍的で、解放的で、非差別的で、憎悪から自由なメッセージ——我々の精神と人生をいかなる私心もなしに豊かにし、また万人の理解に訴えることができるメッセージ——を伝える能力を備えていることである。そして、これらのどの尺度からしても、Kは真に現代の師表《マスター》である。

（『前掲書』）

1 『生と覚醒のコメンタリー――クリシュナムルティの手帖より3』

（邦訳の本書には、原書出版年が一九五八年のものが約三分の一、含まれているが、括りとして一九六〇年代のクリシュナムルティの言葉の中に、全て入れることとした。）

人間は殺生を好む。それがお互いどうしをであれ、あるいは森の奥の無害な、目もと涼しい鹿をであれ、あるいは畜牛をえじきにした虎をであれ。蛇が、わざと路上でひき殺される。わなが仕かけられて、狼やコヨーテが捕えられる。立派な身なりをした、陽気な笑顔の人々が、高価な銃を持って出かけて行き、今しがたまでお互いに鳴き交していた鳥たちを殺す。少年が彼の空気銃で、さえずっている大かけすを殺す。そして彼のまわりの年長者たちは、哀れみの言葉一つも決して出さず、また彼を叱ることもない。それどころか、かれらは、少年が何と射撃がうまいことかとほめそやす。いわゆるスポーツのため、食物のため、自分の国のため、平和のために殺すこと――これらすべてには大差はない。正当化は答えにはならない。あるのはただ、殺生するなかれ、だけである。

❖

かれら（＝ある村の住人）の一群が、竹製の担架の上に白い布でおおわれた死体を乗せて、急な土手を下りてきた。かれらは通り過ぎた。そして私は後に従った。川端まで行くと、かれらは、ほとんど水に触れる位まで担架を下ろした。かれらは、燃え足の速い薪と重い丸太を運んできていて、それらを積み薪に組んでその上に死体を横たえ、それに川の水をまいてから、さらにそれを別の薪と干し草でおおった。ごく年の若い青年が、積み薪に火をつけた。われわれ二十名ほどがそこにいた、そして全員がまわりに集まった。婦人は一人もいなかった。そして男たちは、白い布にくるまり、全く無言のまま、しりをおろして坐った。火は強烈に熱くなっていった。そしてわれわれは後ずさりしなければならなかった。……火のばちばちいう音のほかは、すべてが静まり返っていた。死はそこにあって、燃えていた。これらすべての不動の人々と生動する炎との只中に、無限の空間、無量の距離、広大な単独性があった。それは、何か生から離れたもの、別個で分離されたものではなかった。始まりがそこにあり、そして常に始まりだった。

ほどなく頭蓋骨が割れ、そして村人たちは立ち去り始めた。……高くそびえていた炎は合図を待っていた。そしてまっかな残り火だけがそこにあった。焼け残ったわずかな骨は、明朝川に投げこまれることだろう。大地の広大無辺さ、その直接さ、そしていかに身近なことか！　その肉体が燃え尽きるとともに、自分もまた死んだ。完全な単独性があったが、にもかかわらず別離性はなかった。単独性はあったが、孤立性はなかった。孤立は精神のものであるが、しかし死のものではない。

❖

希望は、絶望に捕えられた思考の別の運動である。希望と絶望は、その感情的な中身、その一見して相反し、矛盾する衝動でもって精神をそこなう言葉である。絶望または何であれそれに似た状態に——相反する観念へとそれから逃げ去ることなく、あるいは嬉しいとか、希望にあふれた等々とか呼ばれている状態に必死になってすがりつくことなく——留まっていることはできないだろうか？　精神が、不幸、苦痛と呼ばれる状態から、希望、幸福と呼ばれる別のそれへと遁走するとき、葛藤が生まれ出る。自分が置かれている状態を理解することは、それを受け入れることではない。受容も拒絶も、ともに評価の領域内にある。……意志の、願望の、強制的衝動のすべての行為は、精神から、評価し、比較し、非難している精神から生まれる。もし精神が、このことの真理を、論証や、確信や、あるいは信念によってではなく、ただ単純で注意深くあることによって知覚すれば、そのときには思考は終焉する。思考の終焉は、眠り、生の衰弱、沈滞の状態ではない。それは、ある全く異なった状態なのである。

❖

非難したり、あなた自身をいまいましい、醜い、利己的だと呼ぶことは、少しも問題を減じない。それどころか、それは問題を増す。これを理解することが肝要である。非難や正当化は、恐怖の背後に何があるかをあなたが見つめるのを妨げる。それは、実際に何が起こっているかの事実に直面することからの、積極的な注意の転換なのである。「私は醜い、利己的だ」とあなたがおっしゃるとき、これらの言葉には非難がこめられている。そしてあなたは、自我の一部である非難的特性を強めておられるのだ。

❖

あなたが車で高速で進んでいるときは、付近の景色はぼけて見える。あなたが木々や鳥や花々を詳しく観察できるのは、歩く速さにおいてのみである。自己認識は精神の減速とともに生まれるが、しかしそれは精神を強いてのろくさせることを意味しない。強制は、単に抵抗を助長するにすぎない。そして精神の減速においてエネルギーの浪費があってはならない。そういうことではないだろうか？……

あなたが何かを注意深く見守っている間に、精神が減速することに気づかれたことはないだろうか？　あの車が道路を下ってそこまで動いてくるのを見守っているとき、あるいは何かの物体を一心に見つめているとき、あなたの精神はよりゆっくりと働いているのではないだろうか？……観察者と被観察物との間に何の評価、スクリーンもなければ、そのときには両者の間に分離、区別があるだろうか？　観察者は、非観察物なのではないだろうか？　「恐縮ですが、よく分かりません」。ダイヤモンドをその諸々の性質から切り離すことはできないのではないだろうか？　羨望の感情をその感情の経験者から切り離すことはできない――確かに、葛藤を生み出す架空の区別は存在するが――そしてこの葛藤に精神は囚われている。この虚偽の分離が消え去るとき、自由の可能性がある、そしてそのときにのみ精神は静謐である。経験者がやむときにのみ、真なるものの創造的運動があるのだ。

❖

精神は、驚くべき道具である。かくも複雑で、精妙で、かくも限りない可能性を持ったものは、人工の機械にはない。……われわれは、考えることを精神の活動として受け入れる――大規模殺人を計画する将軍の思考、狡猾な政治家の、博識な教授の、大工のそれを。しかし、深遠な思考はあるのだろうか？　すべての思考は、精神の表面的活動なのではないだろうか？……精神は、単に表面の活動であるだけでなく、それはまた幾世紀もの隠れた運動でもある。……全体的、総合的精神というものはなく、それは、互いに対立し合う多数の部分に分裂している。それ自身を統合し、調整しようと努める精神は、その多数の断片的部分の間の平和をもたらすことはできない。……

われわれは、この、統合の問題への取組み方を間違えている。部分は、決して全体になることはできない。部分によって全体を実現することはできないのだが、しかしわれわれにはこのことが見えない。……重要なのは、調和や統合ではない。なぜならこれは、配慮や注意、正しい教育でもって引き起こすことができるからである。最も重要なのは、未知なるものをして自ら生み出さしむることなのだ。……精神は決して偉大ではありえない。なぜなら偉大なものは不可測であるからだ。既知なるものは比較しうる、そして既知なるもののすべての活動は、ただ悲嘆をもたらしうるだけなのだ。

❖

知識と理解とは、二つの別々のものである。知識は理解に行き着かない。しかし理解は知識を富ますことができ、そして知識は理解の道具になることはできるかもしれない。……われわれは知識を攻撃しているわけでもなく、ただ問題の全体を理解しようと努めているところである。知識は生のごく一部なのであって、その全体ではない。……われわれは、知識が真理の理解にとっての妨げにならないかどうかを見出そうとしているところである。知識は不可欠である。なぜならそれなしにはわれわれは、われわれの生存のある領域でもう一度初めからそっくりやり直さねばならないからである。これはしごく単純で、明瞭なことだ。しかし、いかに広大であっても、蓄積された知識は真理を理解する上でわれわれの助けになるだろうか？……

どのような名前で呼ばれるにせよ、真理は常に新たで、生きていなければならない。しかしこの「新しい」および「生きている」という言葉は、静止的でなく、死んでおらず、人間の精神内の固定点ではない状態を意味するためにのみ用いられている。真理は、刻々に新たに発見されなければならないのだ。

❖

能力は、直接かつ即座の適用とともに生まれる。生存にまつわる数多くの複雑なことがらを検証するためには、われわれは、いかなる哲学、いかなるイデオロギー、いかなる思想体系や、あるいは行動様式にもかかり合わずに、出発しなければならない。包含的に理解する能力は、時間の問題ではない。それは、直接的な知覚ではないだろうか？

❖

それ（＝唯一の真の革命）は、完全な心理的革命であり、そしてもしも世界中の人間が、基本的な物的必要の欠乏に苦しむべきではないとすれば、そのような革命が不可欠である。地球はわれわれのものであって、イギリス人のものでも、ロシア人のものでも、アメリカ人のものでもなく、またそれはいかなるイデオロギー集団にも属しない。われわれは人間であって、ヒンドゥー教徒でも、仏教徒でも、キリスト教徒でも、イスラム教徒でもない。もしもわれわれが全く異なった経済・社会構造をもたらすべきなら、ごく最近のものである共産主義を含む、すべての区別はなくならねばならない。それは、あなたや私から始めねばならないのである。

❖

理解は、今であって、それは未来においてではない。理解は行為である。まず理解が生まれ、然る後に行為があるわけではない。行為と悟りは不可分なのだ。コブラを見るまさにその瞬間に、行為が起こる。

もしもわれわれが今朝話してきたすべてのことの真理が見られるなら、そのときには、行為はその知覚に初めから備わっている。しかし、われわれはあまりにも言葉や、あるいは刺激的な理知のものごとに囚われているので、言葉や理知が行為の妨げになるのだ。いわゆる理知的な理解は、言葉の上の説明を聞き入れたり、あるいは観念を聞くことにすぎず、そしてそのような理解は、飢えた人にとって食物の単なる描写が無意味であるように、何の意義もない。あなたは、理解なさるか、あるいは理解なさらないかのいずれかである。理解は全過程であり、それは行為から別個にあるのでもないし、あるいは時間の結果でもない。

❖

「あなたがおっしゃるように、私は確かに、彼岸に至ることを欲しています。そして私を乗せて川を渡らせてくれるような舟があれば、どれにでも乗るつもりです。私にとって、重要なのは舟ではなく、彼岸なのです」。

重要なのは彼岸ではなく、川であり、そしてあなたがおられる岸の方である。川は生であり、それは、その途方もない美、その喜び、その醜さ、苦痛そして悲嘆を伴う、日常生活である。生は、これら一切のものの広大な複合物であって、何とかして通過されるべき単なる通路ではない。そしてあなたは、彼岸に目を向けるのではなしに、その生をこそ理解しなければならないのである。……正しい基礎が立てられねばならない、さもなければ、家は、いかに気高くとも、立たないことだろう。

❖

いかにして思考は起こるのだろうか？　知覚、接触、感覚が生じ、そしてそれから思考が、記憶にもとづいて、「それは薔薇だ」と言うのである。思考が思考者を作り出す。思考者を生み出すのは、思考過程なのである。まず思考が現われ、然る後に思考者が現われる。その逆ではないのだ。もしもわれわれが、これを事実だと分からなければ、われわれはあらゆる種類の混乱に陥ってしまうことだろう。

❖

もしお尋ねさせていただくなら、なぜあなたは、死後に何が起こるかを知ることにそれほど関心がおありなのだろうか？

「誰もが知りたがっているのではありませんか？」

たぶんそうである。しかしもしわれわれが、生とは何かを知らなければ、われわれは果たして、死とは何かを知ることができるだろうか？　生と死とは同じものかもしれないのであり、そしてわれわれがそれらを分離してしまったことが、大きな悲嘆のもとかもしれないのである。

❖

「われわれが、生の理解を深めるにつれて、とられるべき行為は自ら現われる、とあなたはおっしゃりたいのですね」と既婚者は説明した。「では、あなたは、生によって何を意味しておられるのですか？」

生は美であり、悲しみであり、喜びであり、そして混乱である。それは木であり、鳥であり、そして水面の月の光である。それは仕事であり、苦痛であり、そして希望である。それは死であり、不死の追求であり、至高者への信念であり、そしてその否定である。それは優しさであり、憎悪であり、そして羨望である。それは貪欲であり、そして野心である。それは愛であり、そしてその欠如である。それは独創性であり、そして機械を開発する力である。それは計り知れない恍惚である。それは精神であり、瞑想者であり、そして瞑想である。それはすべてのものである。しかし、われわれの卑小な、混乱した精神は、どのように生に取り組むだろうか？　それこそが重要なのだ、生とは何かについて述べることではなく、生へのわれわれの取組み方にこそ、すべての質問と答えとがかかっているのである。

2『生と覚醒のコメンタリー──クリシュナムルティの手帖より4』

（以下は、一九六〇年に初版が刊行されている英語原書版の、邦訳本の本書から抽出したものである。）

憎悪の単なる欠如は、愛ではない。憎悪を手なずけること、それを強いて静まらせることは、愛することではない。沈黙は騒音の結果ではない。それは、その原因が騒音であるところの反応ではない。騒音から育つ「沈黙」は、騒音に根ざしている。沈黙は、精神のメカニズムの全く外側にある状態である。精神はそれを思い描くことはできない、そして沈黙に至ろうとする精神の試みは、なお騒音の一部である。沈黙は、騒音とは全く無関係である。沈黙があるためには、騒音は完全にやまねばならない。

教師の中に沈黙があるとき、それは子供たちが静まるのを助けるだろう。

玩具は子供の関心を奪う。それは彼の精神を引き継ぎ、そして彼は静まり、もはやそわそわしなくなる。しかし、玩具を持ち去ってみなさい、すると彼は再び落ち着きがなくなり、泣き叫んだりする。玩具は大切になる。なぜならそれはかれらを静まらせておくからだ。それは、大人たちについても同じことである。かれらの玩具――活動、野心、大義の擁護――を持ち去ってみたまえ。そうすればかれらもまた落ち着きを失い、途方にくれ、混乱してしまうだろう。それゆえ大人たちの玩具もまた、重要になる。玩具が精神を夢中にさせるとき、注意があるだろうか？　玩具は注意散漫である、違うだろうか？

玩具が最も重要になってしまうのだ――玩具によって引き継がれる精神の方ではなく。何が注意かを理解するためには、われわれは、精神の玩具にではなく、精神に関心を持たなければならない。……然り、注意は、何の動機も、何の対象も、何の玩具も、何の努力も、何の言語化も持たない。これが真の注意なのではあるまいか？　注意があるところに、真実は現在する。

❖

あなたはお持ちなのだ。いかにあなたの生が小さいか、いかにわずかしかあなたが愛しておられぬかを自分で見ることのうちに、嫉妬の性質を知覚することのうちに、日常の関係におけるあなた自身に気づきはじめることのうちに、すでに英知の運動がある。英知は、精神の微妙なごまかしをすばやく知覚し、事実に直面し、仮定や結論なしに明晰に考えるという、たゆみない精進の問題である。英知の火をつけ、さらにそれを生かし続けるには、機敏さと大いなる単純さとが必要になるのだ。

❖

理性が作り上げたものは、理性がもとに返すことができる。もし理性が行為の基準なら、そのときには、精神は、決して自由に行為することはできない。理性は、いかに精妙で、論理的であっても、それは思考する過程であり、そして思考は、個人的気まぐれ、願望、あるいは観念、結論——それがほかから押しつけられたものであれ、あるいは自ら引き起こしたものであれ——によって影響され、条件づけられる。……すべての立派な人間は役に立とうと思っているが、しかしわれわれのほとんどは、問題を考え抜いてみない。われわれは、自分だけの力ではそれを考え抜けない、あるいは指導者たちの方がよく知っていると言う。しかしそうだろうか？　さまざまな政治的指導者、いわゆる宗教的指導者や、社会・経済改革の指導者を見てみたまえ。かれらは皆計画を持っており、各々が自分の計画こそは救いへの道、貧困の根絶等々への道だと唱えている。そして君のように、このすべての不幸や混乱に直面して行動を取ろうと欲する個人は、プロパガンダと独断的主義の網に掛かってしまうのである。君は、まさにこの行為自体がよりいっそうの不幸や混乱を生むもとになっていることに気づかなかっただろうか？

❖

真理は、会長や秘書の下で、あるいは高僧や解釈者の下で、組織化されうるだろうか？……重要なことは、君の精神を羨望、憎悪および暴力から自由にすることである。そしてそのためには君は組織を必要としないのではないだろうか？　いわゆる宗教団体は決して精神を解放しない、それらは単にそれを一定の信条または信念に適合させるにすぎない。……人は、一般に正しい行為とみなされているものに従うかもしれないし、あるいは何が正しい行為かを教示されるかもしれない。しかしそれは愛をもたらさないのではないだろうか？

「ええ、それは明らかに生みません。……先生、そして今、なぜあなたが、あなたを長としていた教団を解散なさったか分かりました。人は自分自身の光でなければならないのです。他人の光に従うことは、単に人を無明の闇に行き着かせるだけなのです」。

❖

水蒸気のように、欲望はエネルギーなのではないだろうか？　水蒸気が、有益または破壊的なあらゆる種類の機械を動かすのに仕向けられるように、欲望は消散することもできるし、あるいはまた、その驚くべきエネルギーの利用者なしに、理解に使われることもできる。もしその利用者がいれば、それが一者または多者、個人または集団すなわち伝統であれ、そのときに困難がはじまる。そのときには、苦痛と快楽の閉じられた円が生ずるのである。

「もし個人も集団もそのエネルギーを使わなければ、一体誰がそれを使ったらよいのですか？」

あなたが出されたのは、間違った質問ではないだろうか？　間違った質問は間違った答えを持つが、しかし正しいそれは理解へのドアを開くかもしれないのだ。あるのはエネルギーという一事だけである。誰がそれを利用するかという問いはないのである。混乱と、そして苦痛と快楽の矛盾を保ち続けるのは、欲望ではなくて、その利用なのだ。

❖

欲望と呼ばれるそのエネルギーの利用者が、いなくなりうるだろうか？　注視者が、この、またはその伝統を体現した操作者、別個の実体ではなくなり、そのエネルギーそのものでありうるだろうか？

「それは極めて困難なのではないでしょうか？」

それこそが唯一の問題なのである。欲望をいかにして抑制し、押え、あるいは昇華するかではなく。あなたがこのことを理解しはじめるとき、欲望は全く異なった意義を持つ。それはそのときには創造の純粋さ、真理の運動である。しかし、欲望は至高なるもの、等々であるとただ反唱することは、単に無益であるだけでなく、明らかに有害である。なぜならそれは、狭量な精神を静まらせるための催眠剤、薬物として作用するからである。

「しかし、どうしたら欲望の利用者に終止符が打たれるのですか？」

もし「いかにして」という質問が方法の追求を反映しているなら、そのときには欲望の利用者が、単に別の形で作り上げられるだけであろう。重要なことは、利用者の終焉であって、いかにして利用者を終わらせるかではない。「いかにして」はないのだ。あるのはただ理解、古いものを粉砕するであろう、衝撃だけである。

❖

「自由があるときは、探究する必要があるでしょうか？　自由は、探究の終わりです」。

然り、既知なるものからの自由は、単に探究の始まりにすぎない。精神が経験と結論としての知識から自由でないかぎり、発見はなく、あるのはただ、いかに手直しされようと、あったものの連続にすぎない。過去は、よりいっそうの経験を指令し、そして解釈し、それによってそれ自身を強化する。結論から、信念から考えることは、少しも考えないことであるのだ。……

特殊化したもののみが、永久に型にはめられ続ける。稲の種子は、いかなる環境の下でも、決して小麦になることはないだろう。そして薔薇は決して棕櫚にはなれない。しかし幸いにも、人間の精神は特殊化しておらず、そして常に、これまでのそれと手を切ることができる。それは、伝統の奴隷になる必要はないのである。

◈

あなたの関心は、精神——精神はあなたである——を過去から解放することにある。

「いったん精神が自由になったら、そのときには何がその責任になるのでしょうか？」

「責任」という言葉は、そのような精神には適用できない。まさにその存在自体が、時間、過去に対して爆発的な作用を及ぼす。至高の重要性を持つのは、この爆発的行為である。ボート内に残って、助けを求める者（＝時間の流れの上を漂っているボート内にいて、助けを求める者）は、それを過去のパターン内で、認知の領域内で得ることを欲する。そしてこれに対しては自由な精神は答えを持たないのだ。しかしその爆発的自由は、時間の束縛に対して働きかけるのである。

◈

単純になることとは、複雑さのうちに留まることである。単純になることはできないが、しかし人は、単純さをもって複雑さに取り組むことはできる。……単純であることと単純になることとは、二つの全く別々の過程であり、各々異なった方向に行き着く。なろうとする願望がやむときにのみ、あることの行為がある。……人は、青空の中の一群の白い鳥を見、そしてそのような美の強烈な感情でほとんど気絶するかもしれないし、あるいは人は、人間の残忍さへの嫌悪でひるむかもしれない。こうしたあらゆる感情は、何らかの言葉、光景、行為、対象によって喚起される。しかし、対象なしの感情の強烈さがあるのではないだろうか？　そしてその感情は、比較にならないほど偉大なのではないだろうか？……このように激しく気づくためには、あらゆる種類の言語化と、言葉、記憶との一切の同一化が、全的にやまねばならない。原因なしの状態があるだろうか？　愛はそのような状態なのではないだろうか？……

愛は行為であり、そしてそれ以外はすべて反応である。反応から生まれる行為は、単に葛藤や悲嘆を生むもとになるだけである。

「言わせていただくなら、先生、これはすべて、私の理解を越えております。私をして単純たらしめて下さい。そうすればたぶん私は、深遠なるものを理解することでしょう」。

3『クリシュナムルティの神秘体験（Krishnamurti's Notebook）』

（本書は、一九六一年六月一日から翌年一月二十三日まで、約二週間を除く、七カ月にわたってクリシュナムルティが、主として彼自身の神秘体験を生々しく日記にしたためた記録である。その場所は、カリフォルニア、オーハイ、ロンドン、スイス、パリ、ローマ、ボンベイ、リシ峡谷《ヴァレー》、マドラス、ベナレス、デリーなどに及んだ。この記述は、彼の精神の源泉に触れており、独特の異彩を放っている。以下は、その中から抽出したものである。）

夕刻、〈それ〉はそこにあった。突然〈それ〉はそこにあって、部屋を壮大な美と力と優しさで満たした。他の人たちも〈それ〉に気づいた。（1961.6.18）

❖

夜通し、目を覚ますたびに、〈それ〉はそこにあった。〔ロサンジェルスへ飛ぶ〕飛行機に向かう時、頭が痛んだ。頭脳《ブレイン》の浄化が必要だ。頭脳はあらゆる意識の中心であり、意識がより注意深く鋭敏であれば、頭脳はより明晰になる。頭脳は記憶という過去の中心であり、経験や知識という伝統の貯蔵庫である。そのため頭脳は限界づけられ、条件づけられている。……完全なもの、全体的なものは心《マインド》である。それは空っぽ、完全に空っぽであり、この空性《くうしょう》の故に、頭脳は時空の内に存在する。頭脳がその制約、貪《むさぼ》り、羨望、野心を自ら浄化した時にのみ、それは完全なものを理解することができる。愛がこの完全なものである。

（1961.6.19）

❖

無名性は謙虚さである。……無名性とは頭脳の働きの、意識のある無名性である。完全なものの自覚《アウェアネス》と共にやって来る無名性がある。完全なるものは決して頭脳や観念の領域の内には存在しない。

（1961.6.20）

❖

花は、それが忘れ去られ無視されあるいは破壊され得るからこそ、その美しさが強烈なのだ。野心家は美を知らない。本質の感覚は美である。(1961.6.27)

❖

事実は見られるが、〈見ること〉は言葉を通してではない。事実が解釈される時、それは事実であることを止める。それは何か全く異なったものになってしまう。〈見ること〉は最も重要な事柄である。この〈見ること〉は時空の外にある。それは直接で即座のものである。そして〈見られるもの〉は決して再び同じものではない。繰り返しはなく、時間の内に起こることもない。(1961.6.28)

❖

それは比類なく〈独り〉であり、〈孤立〉しているのではなく、〈独り〉で、あたかも雨の一滴が地上の水のすべてを含んでいるようなものであった。それは喜びでも悲しみでもなく〈独り〉であった。それはいかなる性質や形や色も持ってはいなかった。それらを備えていれば、それは認識され測り得たであろう。それは閃光のようにやって来て種を蒔いた。それは発芽はしなかったが、そっくりそのままそこにあった。成熟するための時間は存在しない。時間は過去の中にその根を持っている。これは根もなく原因もない状態であった。従ってそれは全く「新しく」、これまでにも存在せず、これからも決して存在することのない状態であった。というのもそれは生きているからである。(1961.6.30)

❖

全プロセス(=Kの体内で起こる肉体的現象)が昨夜はひどかった。そのためかなり疲れ、眠れなかった。真夜中に巨大で測り知れない力を感じて目が覚めた。それは意志や欲望から寄せ集められた力ではなく、せせらぎや山や樹木の中に潜んでいる力であった。それはあらゆる形の意志や欲望が完全に滅した時、人々の中に現われる。それにはいかなる価値もなく、人類にいかなる利益もたらしはしないが、それなくして人類は存在しないし、樹木も存在しない。

人間の行為は選択や意志を通して為され、そのような行為の中には矛盾や闘争、そして悲しみが存在する。そのような行為にはすべて原因と動機があり、それ故それは反応である。この力の行為はいかなる原因も動機も持たないために、測り知ることができず、本質のものである。(1961.7.15)

❖

今朝早く、途方もない力と美と清廉さを感じながら目覚めた。それはたまたま起こった何か、過ぎ去った体験、夢の中でのこととして目覚めた時に覚えている体験といったものではなく、何か実際に起こっていることであった。……何ものも砕くことのできないあの山のように堅固で、どんな犠牲も祈りも美徳も触れることのできない力と強さの感覚があった。……それはそこにあり、瞳と呼吸はその一部であった。

……

なぜこれらすべてのことが私たちに起こらねばならないのだろうか。人はいくらでもその説明を編み出すことはできるが、そのどれも十分ではない。だが以下のことは明らかである。(一)人はそれが到来しそして去ってゆくことに完全に無頓着でなければならない。(二)その体験を持続させ記憶の中に貯えようとするどんな欲望も持ってはならない。(三)ある肉体的感受性、満足へのある無頓着が必要である。(四)自己批判的なユーモアのある接近が必要である。だがこれらすべてを、意図的な修練や謙遜によらずに、偶然に満たしたとしても、なおそれらは十分ではない。……それは必然的に到来し、いくら望んでみても、その後を追いかけて行くことはできない。以上の項目に愛を加えることもできようが、それは愛を超えている。ひとつのことが明白だ、頭脳は決してそれを理解し得ないし、それを収容することもできない。それが与えられた人は祝福されている。そしてあなたは静止した静かな頭脳をも加えることができる。(1961.7.23)

❖

成熟のためには、以下のことが絶対に必要である。(一)事物や所有の中にではなく、存在の質の中にある謙虚さを伴った完璧な簡素さ。(二)単に身体的ではないあの強烈さを伴った情熱。(三)美。外面的な現実への感受性だけではなく、思考や感情を超えたあの美に対して鋭敏であること。(四)愛。その全体性、嫉妬や執着や依存とは無縁であるもの。世俗的なものと神聖なものとに分離し得ないもの。その全体的広大な広がり。(五)動機や目的を持たずにそれ自身の底知れない深みへと入り込んでゆくことのできる心。それは障壁を持たず、時空を超えて自由に行き交う。

突然、人はこれらすべてのことに気づき、あらゆる啓示がその中に含まれていた。雨模様の曇った日に、朽ちた樹の枝と落葉の間をぬって流れる小川を目にしただけだというのに。(1961.7.29)

❖

〈在る〉ことは〈成る〉ことよりも遥かに重要である。〈在る〉ことは〈成る〉ことの対極ではない。もしもそれが対極であったり対極点に位置するのであれば、〈在る〉ということはない。〈成る〉ことが完全に死滅した時に、〈在る〉ことが存在する。だがこの存在は静的ではない。それは受容でも、単なる否定でもない。〈成る〉ことは時間と空間を含んでいる。いっさいの努力が止まねばならない。そうして初めて〈在る〉ことがある。〈在る〉ことは社会的な美徳や道徳の領域には存在しない。それは生の社会的な公式を打ち砕く。この〈在る〉ことが生であり、それは生の類型ではない。生のあるところに完璧さは存在しない。完璧さとは一つの観念、言葉である。生、存在は思考のいかなる処方箋も超越している。それは言葉、手本、類型が破壊された時に、そこに存在するのだ。（1961.8.26）

否定の本質は〈独りであること〉における自由である。だがあらゆる避難所、形式、観念、象徴を打ち砕きながらさらに遠くへと歩み続け、率直で、かっとならずに、明晰であり得るような人はほとんどいない。

だが否定することはいかに必要なことか。何かに達することのない否定、経験の苦《にが》さや知識の希望を持たない否定。否定し、明日も未来もなく独りでいること。否定の嵐はむきだしであることだ。……影響のあらゆる形態が、思考に時間の道筋を与えずに、理解され否定される。時間の否定は時間を超えることの不可欠の要素である。……否定は爆発的である。それは何か頭脳がそれと共に戯れる知的で観念的な出来事ではない。否定の行為そのものの中にはエネルギーが存在している。そのエネルギーは理解のエネルギーであり、恐怖と都合によって容易に手なずけられるようなものではない。否定とは破壊的である。それは結果を気づかわない。……否定はいかなる選択も持たず、従って争いの結果ではない。……真実を真実として見、誤りを誤りとして見、誤りの中に真実を見ることが否定の行為である。……思考、観念、言葉の全面的な否定は既知からの解放をもたらす。感覚、感情、感傷の全面的な否定と共に、愛が存在する。愛は思考と感情を遥かに超えている。

既知の全面的な否定は自由の本質である。(1961.8.29)

❖

山々や雲を見る人々のなんと少ないことだろう。彼らはそれを眺め、意見を述べ、判断を下す。言葉や仕草、感情が見ることを妨げているのだ。……もしあなたが何かの専門家なら、決して見ることはないだろう。見るためには、その本質が無垢である謙虚さがなくてはならない。山に夕陽が当たっている。それを初めて見ること、決して今までには見たことがなかったかのように見ること、無垢を持ってそれを見ること、空《くう》の中で洗われるような、知識によって汚されたことのない目で見ること――その時見ることは驚異的な経験になる。……いかなる知識も持っていない目で、夕日の当たる非常に美しい頂を「見る」ことは、すでにそれを何千回も見たことがあるにもかかわらず、新しいものの誕生を見ることに他ならなかった。……それは何か全く新しいものであり、この全的な注意力の中に沈黙がある。この空《くう》から、新しいものが生まれ出てくるのである。(1961.8.30)

❖

気づきは、狭め、制限してゆく集中ではない。全的な気づきは、包み込みはするが決して排除はしない。表面的な気づきは気づきではない。全的な気づきは表層と深層を含み、また、過去や、未来へと向かう現在への過去の影響を含んでいる。意識はすべて部分的であり、制限されているが、全的な気づきはその制限された意識を包含し、従って境界や制限を打ち崩してゆくことができる。思考はすべて条件づけから解放することはできない。思考は時間と経験である。それは本質的に気づきの欠如の結果である。

何が全的な気づきをもたらすのだろうか？ いかなる方法や体系によってでもない。……誤りを誤りとして見ることが気づきである。気づきの欠如の結果である意見、判断、評価、執着などがある時、誤りを誤りとして見ることは不可能である。気づきの欠如の全体的な構造を見ることが全的な気づきである。気づきの心とは空っぽの心である。(1961.9.15)

❖

瞑想とは一握りの灰すら残すことなく、激しく燃えあがる炎である。言葉、感情、思考は常に燃焼の後に灰を残し、その灰の上に生を築いているというのがこの世界の現状である。……努力とは争いであり、争いの壁を強固にするだけである。……理性は決して意識を解放しない。というのも理性とは影響や経験や知識によって操作されている観念であり、これらすべては意識の産物だからである。これらすべてが誤りであり、変容への誤った接近であることに気づいた時、誤りの否定は意識を空っぽにすることである。真実に対極はないし、愛もまたそうである。……

否定することは独りでいることである。いっさいの影響、伝統、依存と執着を伴う欲求から離れていることである。……〈独りであること〉は人生からの撤退ではない。逆にそれは争いと悲しみ、恐怖と死からの完全な自由である。この〈独りであること〉が意識を変容させるのだ。(1961.9.18)

❖

頭脳が為し得ることはただひとつ――すっかり完全に静まることだけである。この静寂は眠りや怠惰ではない。頭脳はその慣れ親しんだ自己防衛的な反応、習慣化した判断、非難、是認を持つことなく、鋭敏であり続けなければならない。それが為し得る唯一のことは完全に静まり返ることであり、否定の状態、それ自身とその活動の全面的な否定の状態にとどまることである。この否定の状態において、頭脳はもはや卑小ではない。……完璧な機械は決して卑小なものではなく、その段階で機能すれば、素晴らしいものである。……それは未知なるものの美を決して知ることはできない。ただそれが完全に静まった時、一言の言葉もなく沈黙し、ひとつの身振りも動きもなく静止した時にのみ、あの広大な広がりがある。(1961.9.20)

❖

瞑想とは花開いてゆく理解である。理解することは時間の領域内にはなく、時間は決して理解をもたらしはしない。理解とは注意と忍耐によって少しずつ形成されてゆく漸進的な過程ではない。理解とは今存在するか決して存在しないかのどちらかである。それは破壊的な閃光であり、手なずけられるような代物ではない。……理解はその人の人生の流れや思考と行動の様式を変えてしまうかもしれない。……理解はすべての関係にとって危険である。だが理解がなければ、悲しみは続いてゆくだろう。悲しみはただ自己認識、すなわちあらゆる思考と感情、意識と無意識のあらゆる運動についての自覚を通してのみ終熄する。瞑想とは、意識と無意識を理解し、いっさいの思考と感情のかなたに横たわる運動を理解することである。

(1961.9.25)

❖

頭脳は絶え間なく活動する驚くほど鋭敏な機械である。それは絶えず印象を受け取り、それを解釈し、蓄えている。それは人が目覚めていようと眠っていようと、決して静止することがない。その関心事は生存と安全性であり、これは動物から受け継いだ反応である。これらを基盤として、外面的にも内面的にも、その狡猾な装置は組み立てられている。神々、美徳、道徳はその防御である。野心、欲望、強制、適応は、生存と安全性が駆り立てるものである。高度に鋭敏であって、思考の機械装置を持った頭脳は、昨日と今日、そして幾多の明日という時間を耕し始める。これは頭脳に延期と成就の機会を与える。延期、観念、成就はそれ自身の継続である。だがこの中には常に悲哀が存在している。ここから信念、ドグマ、活動、宗教的儀式を含む多種多様な形態の娯楽への逃走がある。しかし常に死とその恐怖は存在する。そこで思考は慰めを求め、合理的非合理的な信念、希望、結論の中へと逃げ込んでゆく。言葉と理論は驚くほど重要になってくる。——それらによって生きているのであり、言葉や結論を呼び覚ますこれらの印象の上に、生存の全機構を構築しているのである。(1961.10.13)

頭脳の完全な静寂は驚くべきことだ。それは高度に鋭敏で、精力的で、とても生き生きとし、外界のあらゆる動きに気づいていながら、なおかつ完全に静止している。いかなる妨害も、いかなる隠された欲求や追求なども持つことなく完全に開かれている時、それは静止している。本質的に矛盾の状態である争いがない時、それは静止している。……それは中心や境界のないエネルギーである。バスがけたたましく通り過ぎ、悪臭が鼻を突くむさ苦しい人込みで溢れた通りを下ってゆきながら、頭脳は周囲の事物に気づいており、体は歩きながらも、臭いや埃、汗臭い労働者たちに敏感に生き生きと反応していたが、観察や指示や検閲が生じるような中心は存在しなかった。その散歩の間ずっと頭脳は、思考や感情のような運動とは無縁であった。(1961.10.23)

❖

感受性《センシティビティ》は洗練とは全く異なっている。感受性は全体的な状態を指すが、洗練とは常に部分的である。部分的な感受性というものはない。その人の全存在の状態、すなわち全的意識がそこにあるか、あるいは全くそこにないかのどちらかである。……ただ感受性を持つものだけが、あらゆる類の結論、意見、評価へと逃げ込むことなく、現実に直面し得るのである。ただ感受性だけが〈独りであること〉ができ、そしてこの〈独りであること〉は破壊的である。この感受性からはいっさいの快楽が剥ぎ取られており、従ってそれは欲望と意志のそれではなく、見ることと理解の厳粛さを備えている。洗練のなかには快楽がある。……それは選択、争い、苦しみの結果であり、常に選択者、洗練し、検閲する人が存在している。……洗練はいかに倫理的かつ道徳的に啓発されていようとも、自己中心的な活動でしかない。(1961.10.25)

❖

ただ事実があり、それに優劣はない。事実、あるがままのものは、意見や判断を持って取り組むことによっては理解され得ない。意見や判断がやがて事実となり、あなたが理解したいと思う事実ではなくなるのだ。事実を追求すること、事実すなわちあるがままのものを観察することによって事実は教え、その教えは決して機械的ではない。その教えを理解するには、聴くことや観察に鋭敏でなければならない。聞こうという動機がある時、この気づきは否定される。動機はエネルギーを浪費し、歪めてしまう。……信念は観念と同じように不必要なものである。両者は共に事実、あるがままのものの開示を見守るのに必要なエネルギーを浪費してしまう。信念は観念と同じように、事実からの逃避であり、逃避の中に悲しみの終焉はない。悲しみの終焉は一瞬一瞬の事実への理解である。理解を与えてくれるようないかなるシステムも方法もなく、ただ事実の無選択の自覚があるだけである。(1961.11.11)

❖

言葉から自由であり、それに過大な重要性を与えないこと。言葉はそのものではなく、もの自体は決して言葉ではないと知ること。言葉の持つ付帯的な意味に捉われず、なおかつ注意と理解を持って言葉を使うこと。言葉に対して繊細であると同時に、言葉の重みで圧迫されないこと。言語の障害を打ち破り、事実を思慮すること。言葉の毒を避け、言葉の美を感じること。言葉との一切の同一化を排除し、それらを吟味すること。というのも言葉は罠であり、誘惑であるからである。言葉は象徴であり、実在ではない。言葉という目隠しは、怠惰で、無思考で、欺瞞的である心にとって避難所としての役割を果たす。言葉への隷属は一見活動に見える〈不活発な活動〉の始まりであり、象徴に捉われた心は役に立つことはできない。あらゆる言葉、思考は心を形作り、あらゆる思考への理解がなければ、心は奴隷となり、悲しみが始まる。結論と説明は悲しみを終わらせることはない。(1961.11.20)

❖

昨夜はほとんど異常なまでの厳しい寒さで、二匹の黄金色を帯びた緑のヒタキ(=鳥類スズメ目科)が今朝、寒さのために地面の上で死んでいた。一羽は雄であり、もう一羽は雌で、彼らはつがいに違いなかった。彼らは同じ瞬間に死んだのに違いなく、触れてみるとまだ柔らかかった。彼らは本当に黄金色を帯びた緑色をしていて、長く曲がったくちばしを持っていた。彼らは非常に繊細で、なおも驚くまでに生き生きとしていた。

色彩は非常に不思議である。色彩は神であり、この二羽のヒタキは光の栄光であった。機械的な生は終熄したけれども、その色彩は褪せることなく残るだろう。色彩は心臓よりも永続的であった。それは時間と悲しみを超えていた。……思考は決して人類の問題を解決することはできない。思考は機械的であり、悲しみはそうではない。……悲しみは不安、恐怖、罪のすべてを持つ自己憐憫であるが、このすべてのことは思考によって洗い流すことはできない。思考は思考する人を生み出し、その両者の間に悲しみが生起するのである。悲しみの終焉は、既知なるものからの自由である。(1961.12.30)

4『未来の生（Life Ahead）』

（本書は、クリシュナムルティの名のもとに運営されているいくつかの学校の生徒、教師、親との幅広い話、討論の成果を収録したもので、教育をめぐる切実な諸問題が真剣に語られているものであり、以下はその中から抽出したものである。）

われわれの関心はおのおのの人間の全的発達にあり、教育者が概念や理想として目ざす想像上の能力ではなく、各人自身の最高かつ最大の能力に気づくのを助けることにある。将来科学者になるのであれ、庭師になるのであれ、いかなる比較心も個人がそれぞれに完全に開花するのを妨げる。比較がないときには、庭師の最大の能力と科学者の最大の能力は等しい。

❖

あらゆる個人の完全な発達が平等な人々の社会を生み出す。経済的あるいは何らかの観念的なレベルで平等をもたらそうとする現在の社会的な苦闘は、まったくもって無意味である。平等の確立を目ざした社会改革は、他の種類の反社会的な活動を引き起こす。しかし正しい教育をもってすれば、社会的あるいはその他の改革によって平等を追求する必要はない。なぜなら、能力の比較をともなう羨望がなくなるからである。

われわれはここで、役割と地位を区別しなければならない。地位はそのすべての感情的で序列的な威信と共に、役割を高低として比較するときにのみ起こる。各個人が自らの能力を最大限に開花させつつあるときには、役割の比較はなく、ただ庭師、首相または庭師としての能力の表現があるだけだ。かくして地位は、その羨望の棘《とげ》をなくするのである。

❖

(Q：私たちがいずれはみな死ぬということは誰もが知っていることです。なのになぜ、私たちは死を恐れるのでしょう?)

なぜ私たちは死を恐れるのだろう？　それはたぶん、どう生きたらいいかを知らないからである。どう十分に生きたらいいかをもし知っていたら、死を恐れるだろうか？

もし木や夕日や鳥や落ち葉を愛していたら、もし涙にくれる男女、貧しい人々に気づき、ほんとうに心底愛を感じていたら、君は死を恐れるだろうか？　私に説き伏せられてはいけない。一緒に考えてみよう。君は喜々として生きていない、幸福ではない、ものごとに対して真に鋭敏ではない。死んだらどうなるだろうと君が尋ねる理由は、そこにあるのではないだろうか？　君にとって人生は悲しみであり、だからたぶん死のほうにずっと関心があるのだ。たぶん、死後に幸福があると君は感じているのだろう。

しかしそれは一大問題であって、君がそれをほんとうに探究してみたいのか私にはわからない。結局、このすべての奥には恐怖がある——死ぬことへの恐怖、生きることへの恐怖、苦しむことへの恐怖が。もし恐怖を起こすものが何かを理解し、それから自由になれないかぎり、君が生きているか死んでいるかなどたいした問題ではないということなのだ。

❖

（Q：大きな魚が小さな魚を飲みこむのはそのため【＝自分の方がどれほど優れているかを示したい】ですか？）

動物の世界では、たぶん大きな魚が小さな魚を食って生きるのは自然かもしれない。それは私たちには変えられない何かなのだ。が、大きな人間が小さな人間を食って生きる必要はない。……英知を持つことは、他人を食って生きるのをやめることである。が、私たちのほとんどは他人を食って生きることを欲するので、自分よりも弱い誰かを利用するのである。自由は、何でも自分の好きなことをすることではない。英知があるときにのみ、真の自由がありうる。そして英知は関係——君と私、そして私たちおのおのと誰か他の人との関係——を理解することによって起こるのだ。

❖

（Q：外面的気づきとはどのようなものですか？）

君は自分がこのホールに坐っていることに気づかないだろうか？　木や日光に気づかないだろうか？　からすがカアカア鳴いており、犬がほえていることに気づかないだろうか？　花の色や葉の動き、通りすがりの人々を見ないだろうか？　それが外面的気づきである。君が夕日、夜空の星、水面の月光を見るとき、そのすべては外面的気づきではないだろうか？　そして君が外面的に気づくように、そのように君はまた、君の思考や感情、動機や衝動、偏見、羨望、貪欲、プライドに気づくことができる。もし君がほんとうに外面的に気づけば、内面的気づきもまた目覚めはじめ、君は人々が言うこと、自分が読むもの等々に対する自分の反応をますます意識するようになる。他の人々との君の関係における外面的反応または応答は、内面的な願望、希望、心配、恐怖の状態の結果である。この外面的および内面的気づきは、人間的理解の全的統合をもたらす一元的過程なのだ。

❖

（Q：理解を培うことはできないでしょうか？　私たちがたえず理解しようと心がけるとき、それは私たちが理解する練習をしていることを意味しないでしょうか？）

理解は養成できるだろうか？　それは、君がテニスやピアノ、歌や踊りを練習するように、練習されるべき何かだろうか？　何度も本を読んで、それによって完全にそれを熟知することができる。理解はそのように、不断の反復――それは実は記憶の養成である――によって学び取られるべきものだろうか？　理解は刻々のものであって、それゆえ練習できない何かなのではないだろうか？

いつ君は理解するだろう？　理解があるときの君の精神と心の状態はどんなものだろう？　私が嫉妬について何かとてもほんとうのこと――嫉妬は破壊的だ、羨望は人間関係を悪化させる大きな要因だ――を言うのを聞いて、それにどう応じるだろう？　君はその真理を即座に見るだろうか？　それとも嫉妬について考えはじめ、それについて話し、それを合理化し、分析するだろうか？　理解は合理化の過程だろうか、あるいはゆるやかな分析の過程だろうか？　理解は、君が自分の庭を耕して果物や花を作るように、養成できるだろうか？　そう、理解することは、言葉や偏見や動機のいかなる障壁もなしに、ものごとの真理を直接見ることなのだ。

❖

（Q：インドの将来についてどう考えておられますか？）

私はどんな考えもいっこうに持ち合わせていない。思うに、インドとしてのインドはあまり問題ではなく、問題は世界なのだ。私たちが中国に住もうと、日本、イギリス、インドあるいはアメリカに住もうと、私たちはみな「わが国こそが大切だ」と言い、そして誰も一個の全体としての世界のことを考えない。歴史の本は、たえまない戦争のくり返しに満ちている。もし私たちが自分のことを人類として理解しはじめることができれば、そのときにはたぶんお互いに殺しあうことをやめ、戦争に終止符を打てるだろう。が、私たちが国家主義的で、自分の国のことしか考えなければ、ぞっとする世界を作り続けることだろう。もし、いったん私たちが、ここは私たち全員が幸福に、平和に暮らすことができる私たちの地球だということを見れば、そのときは一緒に、新たに建設することだろう。が、もし私たちが自分のことをインド人、ドイツ人、あるいはロシア人として考え続け、他のあらゆる人間を外国人と見なすなら、そのときには何の平和もなく、そしていかなる新しい世界も創建できないだろう。

❖

（Q：あなたは、この世界には偉大な人はごくわずかしかいないとおっしゃっています。では、あなたはどうなんですか？）

私が何であるかは問題ではない。問題は、語られつつあることの真理または虚偽を見出すことだ。もし君が、これこれのことは、誰某が言っているので重要だと考えるなら、そのときには君は真に傾聴してはおらず、何が真理で何が虚偽かを自分で見出そうとしてはいない。

が、私たちのほとんどは、何が真理で何が虚偽かを自分で見出すことを恐れており、それだから私たちは、誰か他人が言うことをむやみに受け入れてしまう。重要なことは問い、観察することであり、けっして受け入れないことなのだ。あいにく、私たちのほとんどは、私たちが偉人と見なしている人、既成の権威、ウパニシャッド、ギータ、等々にのみ耳を傾ける。私たちはけっして鳥や、海の音、あるいは乞食に耳を傾けない。そのようにして私たちは乞食が言っていることを聞きのがしてしまう――実は、乞食が言っていることに真理があり、そして金持ちや権威者が言っていることには少しもないかもしれないのだ。

5『ブッダとクリシュナムルティ――人間は変われるか?』

(一九六五年十一月二十二日、インド・バラナシでの講話及びそれに係る質疑応答から)

わたしたちは言葉ではなく事実として、人間のとてつもない変化の必要性について話している。なぜなら、ご存じのように、電子頭脳、オートメーションその他の技術が世界に大きな変化をもたらそうとしているからだ。もっと余暇が増えるだろう――この国ではまだ増えていないが、ヨーロッパでは増えつつあり、アメリカではすでに増えている。このようなことのすべて――オートメーション、コンピュータ、戦争、国家主義、宗教的対立――に直面し、そのすべてを突破して切り抜けるためには、私たちの一人ひとりが、何らかの組織や集団の一員としてではなく、ひとりの人間として、とてつもない突発的変容を遂げなければならないからだ。

❖

(Q:わたしたちはみんな、ふつうの人間です。)

わたしたちはもう、ふつうの人間のままでいる時間的余裕はない。それでよかった時期もある。だがもはや、ふつうの、平凡な、鈍重な、愚かな人間のままではいることは許されない。とてつもなく大きな挑戦を突き付けられているからだ。あなたはそれに対して何かをしなければならない。……あなたにはお金も良い仕事もおありだろうから、ものごとのこの全体を心地よい安楽椅子に座って知的に傍観するだけで済ませることもでき、自分に挑戦が突き付けられているということをほんとうには感じていないのかもしれない。……ごく少数だが、「そうだ、わたしはこの混迷状態をはっきり見ている」というひともいる。このひとの場合、その知覚それ自体がそのまま行動なのだ——混迷を見て、そのあとに行動するのではない。たとえば、何か有毒なものを見たら、直ちにそれを片づけるようなものだ。

❖

（Q：あなたが四十年も語り続けているのに、たったひとりの人間も変わっていないのはなぜでしょうか？）

こちらの方は、わたしが四十年ほども同じことを違う言葉で、違う表現で語り続けてきたのに、ひとりの人間も変わらなかったのはなぜなのか、とお尋ねだ。なぜだろう？　どなたか答えてくれませんか？　語られたことが間違っており、だから、この世界にはその居場所がないのだろうか？　それが間違っていて、何の妥当性もないように思われ、だから、あなたは注意を払わないのだろうか？　あなた自身の理性、あなた自身の知性、あなた自身の愛情、あなた自身の良識が、「あなたが言っていることは、なんてくだらないのだ！」と言うのだろうか？　それとも、語られたことよりもはるかに重要だと思われることがあなたにはあるので、語られたことはあなたにとって何の意味も持たないのだろうか？

❖

（Q：なぜ、真理はこれほどに無力なのですか？）

なぜなら、真理は特定の行動に収まっていないからだ。真理は繊弱である。真理は実用的ではなく、真理は組織化できない。真理は風のようなもので、あなたにはつかむことはできない。それを握りしめて、「とうとう、つかまえたぞ」と言うことはできない。だから、真理はとてつもなくもろくて、道端の草の葉のように無力だ——あなたはそれを踏みにじることも、ずたずたにすることもできる。だが、わたしたちは、それを、より良い社会を築き上げるために利用することを望む。しかし、残念ながら、あなたはそれを利用することはできないだろう。それは、愛のように、利用することができない。愛は決して強くはない。それはそこにある。あなたはそれをあなたのなかに受け入れるか、あるいはほおっておくかのいずれかである。

そういうわけでみなさん、問題はわたしが四十年間語り続けてきたことではない。四十年間も、乾いた心で、目に涙を浮かべることもなく聞いてきた人間、語られてきたことのすべてを見ているのに何もしない人間、心が壊れている人間、心が虚しい人間、精神が言葉と理論、そして私利私欲でいっぱいになっている人間——その彼の心が再び愛することができるようになるには、どうしたらいいのか？　それが、ほんとうの問題なのだ。

（Five Conversations 1968 Krishnamurti Foundation Trust, Ltd のうちの第一の対話から）

室内には四、五人が居合わせていた。学生、そしてすでに仕事をしている卒業生との対話。

（学生：どのような衝動、動機、力がわたしたちを変化へのすべての障壁を突き崩させるよう仕向けるのですか？）

完全な無行為（inaction）、すなわち、「現にあるもの」をまるごと否定することだけが。わたしたちは、否定のなかには偉大なる力があるということを見ていない。もしもあなたが原理原則や公式の全構造を、そこから引き出される権力や権威もろとも拒否するなら、まさにその拒否があなたに、思考が作り上げた他のすべての構造物をも拒否するのに必要な力とエネルギーを与えてくれる。かくして、あなたのなかには変化を起こすためのエネルギーが生じるのだ！　拒否は、まさにエネルギーだ。

❖

（学生：それ【＝ある一つの心理的問題は他のすべての心理的問題と関係しているということ】が、あなたが「問題をありのままに見る」とおっしゃっていることの意味ですか？）

問題をありのままに見ていけば、〔すべての問題は互いに関わり合っているので〕やがて問題の構造全体と性質が明らかになっていく。そのように「ありのままに見ること」は、問題を分析することでも、原因と結果を明らかにすることでもない。それはすべてあなたの目の前にある、いわば、地図の上にありのままに提示されている。それはあなたが見る気さえあれば見えるようにそこにあるのであって、あなたが特定の観点や立場から見ようとしないときにだけ、ありのままに見ることができるのだ。……何かに属しているとき、わたしたちは理性的でなくなり、暴力的になり、そして今度は何かべつのものに属することによって暴力を終わらせたい、と願うようになる。このようにして、悪循環にはまってしまう。それが人間が何百万年もしてきたことであり、それを漠然と「進化」と呼んできた。愛は時間の果てにあるのではない。それはいまあるか、ないかのどちらかだ。そして、愛がないときは、この世界は地獄と化し、地獄のなかでいかに改革や革命を成し遂げても、それは同じ地獄の壁を飾り立てることしかできない。

（一九六六年七月二十八日、スイス・ザーネンでの講話に係る質疑応答から）

❖

（Q：わたしは、自分の日常生活が無意味だと感じるとき、何か別のことをすべきだと思ってしまいます。）

食べているときは、食べなさい。散歩に行くときには、歩きなさい。「何か別のことをすべきだ」と言ったりせずに。本を読んでいるときには、推理小説であろうと、雑誌であろうと、聖書であろうと、ほかのどんな本であろうと、あなたの注意を完全にそれに向けるのだ。完全な注意を向けることは完全な行動であり、そのときには「何か別のことをすべきだ」と思う余地はない。……

わたしが言っている注意というのは、学校や職場で集中を通じて身につけるそれのことではない。そうではなく、自分の身体、神経、目、耳、精神、心《ハート》を総動員して、完全に対象に注意を向けるということだ。そうすれば、わたしたちの生活にとてつもなく大きな転機（crisis）が訪れる。何かがわたしたちのエネルギー、活力、注意のすべてを要求するようになる。人生はすべての瞬間にその注意を要求するのだが、しかしわたしたちは不注意でいるように訓練されているので、いつも注意から不注意へと逃れようとする。わたしたちは言う。「怠け者のこのわたしが、どうすれば注意を向けることができるようになるのだろう?」と。怠け者でいなさい。だが、その怠惰に全的に注意を向けるのだ。不注意に対して全的な注意を向けてごらんなさい。自分が完全に不注意であるということに気づきなさい。すると、不注意に対して全的に注意を向けるときに、自分が注意深くなっている、ということがわかるだろう。

6 『真の瞑想——自らの内なる光 クリシュナムルティ・トーク・セレクション②(This Light in Oneself: True Meditation)』

(本書は、クリシュナムルティ・トークセレクションの第二弾で、テーマを絞った各論的トーク集である。)

(一九六八年五月十九日、オランダ・アムステルダムでの講話から)

みなさんとわたし自身のあいだには、何の権威も存在しない。この話し手には、何の権威もいっさいない。彼は、みなさんを相手に何かを説得しようとしていないし、従うことを求めてもいない。誰かに従うとき、みなさんは、その相手を破壊する。歴史上でも、また日常生活でも、そういうことが起こっているのをご覧になれる。妻あるいは夫が互いを支配すれば、互いを破壊するのだ。そこには、何の自由も、何の美も、何の愛もないのだ。

有徳であるとは、無秩序とは何かを知ることだ。自分自身のなかにある矛盾であり、快楽、欲望、野心、貪欲、嫉妬、恐怖などのさまざまな専制抑圧である、無秩序を知ることだ。これらを原因として、わたしたち自身の内部と外部の無秩序がある。それに気づくとは、無秩序と触れ合うこと。それと触れ合うことができるのは、それを否定しないとき、それについての弁明を探し出さないとき、それについて他者を非難しないときだけだ。

❖

美は、秩序があるところに——混乱していない、絶対的に秩序だっている精神があるところに——あるのだ。そして、全面的な自己否定があるところにだけ、「わたし(me)」が何の重要性ももたないときにだけ、秩序は存在できる。「わたし」の終焉は、瞑想の一つである。それが、唯一の瞑想だ。……知っているすべてに対して死ぬこと。みなさんは、それをやってみたことがおありだろうか？　既知のものから自由になること、ほんの数日でも記憶から自由になることだ。どんな議論も、何の恐怖もなく、自分の快楽から自由になること。自分の家族に対して、家に対して、名前に対して死ぬこと。完全に無名になることである。非暴力の状態で完全に無名な人だけが、何の暴力ももたないのだ。だから、観念としてではなく、実際に、日々に死ぬのだ。ときどき、やってみてほしい。

7『アートとしての教育――クリシュナムルティ書簡集（The Whole Movement of Life is Learning: J. Krishnamurti's Letters to His Schools）』

（本書は、教育に携わる人々に宛てて書かれたクリシュナムルティの書簡をまとめたものである。学びと気づき、条件づけからの解放、関係性と責任、自由と英知など、幅広いテーマに光をあてながらホリスティックな教育の在り方を真摯に提示している。）

（以下は、一九六八年一月から五月にかけていわゆるクリシュナムルティ学校の教師に向けて発信された手紙の中から抽出したものである。）

過去から自由になるということは、過去に反発することではない。そうではなく、過去というものが――伝統、習慣が――いかにしてわたしたちの精神や心《ハート》を形作ってきたか、それを理解することが過去からの自由をもたらすということを悟ることである。……若者たちの反抗は、過去何千年にもわたって繰り返されてきた。そして、各々の世代は、間違った教育やまったく価値のないイデオロギーによって若者を損なってきた。教育の主要な目的は、こうした鎖を打ち破ることにあり、単に生計を支える機能としての強力な記憶力を養うことだけに留まらない。正しい教育とは、単に生徒が専門科目の試験に合格するのを助けてやることではなく、彼らが存在の全領域を理解できるようにしてあげることであり、その領域とはすなわちあなたの人生そのものなのである。……
伝統の中では、いかなる善性も開花することはない。伝統の継続が善性を生み出すことはないのだ。

❖

重要なのは、かくも果てしない年月を経てきたにもかかわらず、精神がなおもこれほどまでに深い条件づけの中に留まっているのは一体なぜなのか、その理由を探究しようとする姿勢なのだ。……いずれにせよ、条件づけから解放されなければ人類はつねに囚人のままに留まり、人生は戦いの場であり続けるより他にないのである。

このような探究に際してまず理解しておかなければならないのは、権威というものがいかなる性質を備えているかという点である。どの共同体においても、法律や警官といったものが必要とされる。しかしわたしたちは、思考や感情からなる内面の世界においても警官を導入してきた。……そして、服従の根本には恐れがある。……権威というものは恐れから生みだされたのであり、だからわたしたちも、人々の尊敬や承認を受けられるような、社会的に確立された生き方を望むようになったのだ。……危険を見つめることは、危険の回避を意味する。同じように、人間がかかえている幾重もの条件づけがもたらす危険を見つめることは、あらゆる条件づけを回避することにつながる。そして、こうしたことがら全般において大切なことは、知性だけでなく、自分自身の目を使って実際に見つめることなのだ。

❖

協調性と攻撃性は決して両立しない。国家や宗教にまつわるさまざまな信念、経済的な格差、知性の多寡といった要素によってばらばらになった今日の世界では、協調性は絶対に欠かせないものになっている。……攻撃性の現われとしては野心を挙げることができるが、これもやはり奨励され、尊重されている。攻撃性とは暴力性を意味する。……暴力性は何も戦場だけに見られるものではなく、怒りや憎悪や嫉妬という形で姿を現しているのだ。……わたしたちの社会の構造そのものが暴力性に基づいている。

わたしたちを実際の行動に駆り立てるものは知的な把握ではなく、事の真相を直に見抜くことなのだ。……協調性が十全に発揮されたとき、感傷癖とは程遠い本物の善性が開花していく。協調性を破壊するものは権威だ。それというのも、権威が存在するところに愛は存在し得ないから。……自由、愛、協調性という言葉からは本来の意味が失われてしまった。教育の役割は、こうしたパターンを打ち破ることにある。パターンを打ち破ること自体の中から、新たな真実に対する理解が生まれるのだ。

❖

差し迫った問題は何かといえば、わたしたち人類の一人一人が、思考、行動、生活のいずれにおいてもこれまでとはまったく異なる方法をとらなければならないということであり、これらはまた、攻撃性や貪欲性、そして人類が遺伝的に受け継いできた略奪本能といったものに依拠するものではあってはならないのだ。こうした革命は、社会的・経済的な領域ではなく、それよりもはるかに深い領域にもたらされねばならない。つまり、人間の意識構造自体においてもたらされねばならないのだ。……新たな生き方を見いだすためには、秩序が必要だ。……ここで言及している秩序とは、無秩序がもつ実際の特徴を理解することから自ずともたらされる精神状態を指している。……無秩序を理解することから規律が生まれるのであり、その逆ではない。……規律が意味するものは学びである。あなたは自由に対して弟子入りする必要があるのである。自由とはいかなるものかを教えてくれるようなグルや教師はどこにも存在しない。秩序をもたらすことができるのは、自由とは何かということを学び取ろうとしているときだけなのだ。

❖

法律や警察によって命令を敷いても世界に平和をもたらすことはできない。それでも、わたしたちが生存を願うのであれば、平和が不可欠なのである。平和というものはまた、政治家の力によって達成されるものではない。彼らには、対立しあっている双方の当事者間に平和をもたらすことしかできない。真の平和とは、人間同士が織り成す関係性の中においてもたらされるものであり、黒い肌、白い肌やピンク色の肌、あるいは共産主義者やカトリックなどといった区別とはかかわりがないのである。また、関係性というものは知性のレベルに存在するのではない。そうしたレベルでの関係性は、関係性の名にまったく値しない。関係性とは、理解と愛情という人間的なレベルに存在するものなのだ。

8『生と出会う——社会から退却せずに、あなたの道を見つけるための教え』

（Q：どうすれば動機をもつのをやめられるのですか？）

待ってほしい。あなたは何もやめることはできない。ただ観察するのだ。どうも、あなたは肝腎な点を見落としているようだ。あなたは知的過ぎる。これは直接的な問題なのであって、知的な問題なのではないのだ。

私の側のどんな動きも、混乱だ。そしてそこが難しいところである。今や私は自分が動機をもって見ているかぎり、見ることすべてが歪曲になるということを理解した。それでは、動機なしに見ることは可能なのだろうか？　明らかに、恐怖を育んでいるのはその動機だ。だから、ここに含まれているもっとずっと根本的な問題は、こうなのだ。動機なしの行為が起こることは可能なのか、と。

❖

（Q：フロイトを読むことから、あなたはフロイトについて学びます。）

そのとおり。私はフロイトについて学ぶ。自分自身について学ぶのではない。それゆえ、私がフロイトを通じて自分自身について学ぶとき、私は自分を観察しているのではない。私は、私についてフロイトがつくり出したイメージを観察しているのだ。だから私はフロイトを取り除かねばならない。さて、どうかゆっくり進むように。私が私自身を見るとき、私は自分自身について学んでいる。私は自分についての知識を蓄積し、さてそれから、その知識と共に観察するのだろうか？　それはフロイトを通じて自分を見るのと同じプロセスだ。おわかりだろうか？　では、私は自分自身について学ぶことができるだろうか――ただし、どんな蓄積もなしに。それが、学ぶための唯一の方法である。なぜなら、〈私自身〉はつねに動いていて、いつも途方もなく活動的なので、私はこの活動について、それが自分について蓄積してきた知識であれ、はたまたフロイトから得た知識であれ、静的なものを通じては学ぶことができないからである。

それゆえ、私は自由でなければならない。たんにフロイトからだけではなく、私が過去に蓄積してきた自

分についての知識からも自由でなければならない。（1967.6）

❖

（Q：男女が一緒に暮らし、セックスを持ち子供をもうけるのは、そうした関係にまつわるあれこれの混乱［騒動］や苦痛、葛藤なしに可能なのでしょうか？　そうした関係の中で、双方が自由であることは可能でしょうか？……人はたいてい出会って恋に落ち、結婚します。そしてその中には欲望が、選択、快楽、所有欲が、大きな衝動があります。この恋することそれ自体が、初めから葛藤の種に満ちているのです。）

そうなのだろうか？　そうである必要があるのだろうか？　私にはそれは非常に疑わしいことだ。あなたは恋に落ちて、所有的な関係をもたずにいることはできないのだろうか？　私は誰かを愛し、彼女も私を愛し、そして私たちは結婚する——それは完全にまっすぐでシンプルなこと。そこには葛藤対立は全くないのだ。（私が「結婚する」と言うとき、それは一緒に暮らすことにするということと同じなので、言葉にこだわらないようにしよう。）人は他方の、つねにつきまとうとされるいわば尻尾［＝おきまりのゴタゴタ］なしに、そういう関係をもつことができないのだろうか？　二人の人が愛し合い、どちらも知恵と豊かな感性をもち、そこに自由があり、葛藤の原因となるような中心がないようにすることはできないのだろうか？　葛藤は愛しているという感情の中にはない。愛の感情は全く葛藤をもたない。愛している状態の中にはエネルギーのロスはない。……たしかに、あなたが愛する人との性的関係の中で、通例それに伴う悪夢なしに機能することは可能なはずだ。もちろん、それはできるのである。（1967.10）

サンスクリットの格言がある。「観念は石女《うまづめ》の子供である」と。私たちの大部分は観念に淫していると私は思う。あなたは私たちが行なってきた講話を、観念の取り替えとして、新しい観念を受け容れ、古い観念を捨て去るプロセスとして、あるいは新しい観念を拒否して古い観念にしがみつくプロセスとして、扱っているかも知れない。私たちは観念を扱っているのでは全くない。私たちは事実を扱っているのだ。そして事実に関心を寄せるとき、そこに調整 adjustment はない。あなたはそれを受け入れるか、拒絶するかのどちらかだ。あなたはこう言うことができる。「私はその考えが好かない。古い観念の方がいい。私は自分がなじんだ世界の中で生きるつもりだ」と。さもなければ、あなたは事実と共に進む。あなたは妥協することはできない。（1961.8）

❖

本当に、私が実際にどうあるかは非常に重要なことなのだ。なぜなら、私がこの世界をつくってきたからだ。私はそれを、自分の欲求、偏見、憎悪、宗教とナショナリズムでつくり上げた。私は世界を断片に分けてしまい、そして私が自身内部の中で分裂しているなら、世界と私の関係はこわれてしまう。……言葉、シンボルは、事実ではない。にもかかわらず、私たちは言葉や説明に満足する。しかし、もしも私たちが人間として、自分の内部に断片化していない世界を生み出すことができるなら、そのときすべての関係が深い革命を経る［＝根底的な変容を遂げる］だろうと、私は思う。だから結局、価値のあるどんな運動、深い意味をもつどんな行動も、私たち自身、私たち一人ひとりの中から始まらなければならない。私は世界とのその関係の性質、構造に含まれているものを見なければならない。そしてそれを見ること自体が行為なのだ。だから、この世界に生きている一人の人間として、私は全く異なった質［＝生き方］をもたらし、そしてその質が宗教的な精神であると、私には思われるのである。（1967.8）

❖

あるのは生きた現実what is、実際にそこにあるものだけだ。そしてその精神の中には、思考によって生み出されたものではない、多くの気づきと注意の自然な産物である静寂の状態がある。それは、瞑想者が完全に不在の瞑想の結果なのである。そのときその中から、観察者も観察されるものも存在しない、ある静寂がやってくる。そしてその静寂の中で、人は自分で思考の起源と始まりを発見し出すのだ。人はそのとき、思考がつねに古く、それゆえそれは何も新しいことを発見することができないのだということを悟る。そしてその静寂——それは宗教的な精神の一部なのだが——の中でこうしたすべてを見出して、人は葛藤のエネルギーでもなく、闘争や野心、貪欲さ、ねたみを通じて生み出されるエネルギーでもない、エネルギーの状態を知る。それはどんな種類の葛藤によっても影響されることのないエネルギーだ。そうしたすべてが宗教的な精神の状態であると、私には思われる。……重要なのは、若かろうが老人だろうが、自分の生の全プロセスを異なったレベル、異なった次元へと移行させることなのだ——今、この場で、まさにこの瞬間に。（1967.8）

❖

世界中の人間は何千年もの間、公式と概念によって条件づけられてきた。そして生が——それは一個の……運動だが――あなたの全的な注意［専心］を要求するとき、あなたはそれを与えることができない。……人はこう問わなければならない。世界中の人間が公式に従って生きるのはなぜなのかと。私はあなたが自分はどうしていつも概念のレベルで生きているのか、なぜいつもイデオロギーを作り、そのレベルで生き、考えようとしているのか、疑問に思われたことがあるかどうかは知らない。けれども、生きた現実actualityは全く異なったものなのだ。現実は、何であれ概念とは何の関係ももたない日常の生活なのである。それが悟るべき第一のことである。人はすべての公式、すべてのメソッドを完全にスクラップ［廃棄］しなければならない。人は事物全体を新たに考え直さなければならない。人はもはやヒンドゥー教徒、キリスト教徒、仏教徒、イスラム教徒ではいられなくなるのだ。（1968.1）

世界は協力を必要としている。この国（＝インド）はとくに、絶望的なまでにそれを必要としている。自らを言語上の分割、些々たる民族的な分割等々によって破局的なまでに分裂させてしまっているこの国は、生きるためには協力し合わなければならない。もしも愛をもたないなら、どうやって他と協力することができるだろう？　あなたが野心的、分離的、競争的で、言葉や信仰やドグマによって自分たちを分けてしまっているとき、一体どうすれば「協力」という言葉が使えるのだろうか？　けれども、あなたが本当に協力する方法を知るなら、そのときはまた、協力しない方法も知るだろう。あなたは両方を知らなければならない。あなたが協力の意味と深さと重要性を知るとき、そのときあなたは非協力の適切な行動をとるべき瞬間をも知るのだ。しかしまず、人は協力するすべを知らなければならないのである。（1968.1）

あなたが注意を払うとき、全身全霊で注意を払うとき、その注意［専心］が規律であり、それが徳なのだ。もしもあなたが不注意［注意散漫］なら、徳はない。無秩序をつくり出すのはその不注意なのである。そしてこれが、最も驚くべきものの一つである、瞑想の基盤なのだ。……徳 virtue は生きているものである。それは一本の花のようなもので、美に満ち、芳香を放っているが、それを育成することはできないのだ。徳は一個の運動である。そしてすべての生き物と同じく、あなたはそれをつかまえ、所有して、だから私は有徳だとは言えないものだ。……それは、日常生活の中にこそ瞑想があるということ。おわかりになるだろうか？　どうかそれを理解してほしい。瞑想は日常生活の中に、あなたの微笑の仕方、あなたが他の人［物］を見る、その見方の中にある。それは思いやり、優しさ、寛容さの中にある。それはげんにある怒り、野蛮さ、暴力、攻撃性に気づいていることだ。そこに瞑想する精神がある。（1968.1）

9『既知からの自由（Freedom from the Known）』

（本書はクリシュナムルティの提案と承認のもと、まとめられたものである。世界各地で聴衆相手に行なわれ、テープ収録された、彼の未刊の多くの講話から採られたものである。以下は、その中から抽出したものである。）

すべてのイデオロギーは私には馬鹿げきったものに思われる。重要なのは人生哲学ではなく、私たちの日々の生活の中で内的外的に実際に生起していることを観察することだ。もしもあなたが起きていることを精《くわ》しく観察し、それを吟味するなら、……知性は存在のフィールド全体ではないことを理解するだろう。……私たちが扱わなければならないのは存在の全体なのだ。……あるのは単一のプロセスだけ。それは一つの全的、包括的な運動であって、内部の運動がそれ自らを外部に表現し、今度はその外部の運動が内部に反応を生みだすといった性質の、一まとまりの運動なのだ。このことを見るすべを身につけるということが、必要とされるすべてであると私には思われる。……誰もあなたに見る方法を教える必要はないのだ。ただ見ればいい。

あなたはそのとき、この全体像を見て、言葉の上でではなく実際にそれを見て、無理なく自然に、自分自身を変容させることができるだろうか？　それこそが真の問題である。

❖

あなたはあなた自身の教師となり、弟子とならなければならない。あなたは人が価値ある、必要なものとして受け入れてきたものすべてを問い直さなければならないのだ。……さて、どこから私たちは自分を理解し始めるのだろう？　今ここにいる私は、どうやって自分自身を調べ、観察し、自分の内部で実際に起きていることを見るのだろう？　私は関係の中でだけ、自分自身を観察することができる。なぜなら、すべての生は関係だから。……私は自分だけでは存在できない。私は人々との、事物、思想との関係でだけ存在する。……私は抽象的な存在ではない。それゆえ私は自分を現実の中で――私がかくあれかしと願う自分ではなく、現実にあるそのままの私を――究明しなければならない。

❖

注意 attention は集中 concentration と同じものではない。集中は排除だ。注意は、それは全的な気づき total awareness だが、何も排除しない。……あるときインドで、私は車に乗って旅をしていた。運転はお抱えの運転手がしていて、私は彼の隣に座っていた。後部座席には三人の紳士がいて、彼らはたいそう熱心に気づきについて議論していた。そして私にそれについて質問したのだが、不幸にしてそのとき運転手はよそ見をしてしまい、一頭のヤギをひいてしまった。三人の紳士たちはなおも気づきについての議論を続けていたが、彼らは車がヤギをひいてしまったことには全く気づかなかった。気づきに努めているその紳士たちにこの注意の欠如を指摘したとき、彼らは非常に驚いた。……

あなたが気遣うときにだけ自分の全注意を与えられるのだが、それはあなたが理解するのを愛することを意味する。そのときあなたは全身全霊を発見することに捧げている。そのような気づきは、部屋で一匹の蛇と暮らすようなものである。あなたはその動きの一つ一つを見守る。あなたはそれが立てるどんなわずかな物音にも耳を澄ませている。そのような注意の状態が全体的なエネルギーである。そうした気づきの中で、あなたの全容が一瞬のうちに明かされる。

❖

あなたはここまで一連の話を聞いてきたわけだが、本当に理解されただろうか？　あなたの条件づけられた精神、あなたの生き方、あなたが暮らしている社会の全構造が、あなたが事実を見るのを、それから即座に完全に自由になることを妨害している。あなたは言う。「私はそれについて考えるつもりだ。暴力から自由になることは可能かどうかよく考えてみるつもりだ。私は自由になろうと努力するつもりだ」と。それはあなたになしうる最もぞっとするような言明の一つだ――「私はやってみるつもりだ」とは。やってみるとか、ベストを尽くすとかはないのだ。あなたはやるかやらないのかのどちらかだ。家が燃えているというのに、あなたは時間を容認している。世界中とあなた自身の中の暴力の結果として、家は燃えている。なのにあなたは言う。「それについて考えてみよう。どのイデオロギーが火事を消すのに一番いいだろうか？」と。今、家が火に包まれているという時に、あなたは水を運んでくる人の髪の色をとやかく言ったりするだろうか？

❖

私たちは、戦場のようなこの日常生活がそもそも生と言えるのかどうかということは決して問題にしない。私たちは生まれ変わりについての真実を知りたいと思う。魂の死後生存の証拠を求める。私たちは透視家たちの主張や心霊研究の結論には耳を傾ける。けれども決して、一度として、どのように生きるべきか――喜びと共に、魅惑と共に、美しい日々と共にどう生きるか――とは問わない。私たちはそのすべての苦悩や絶望もろとも、今あるような生を受け入れてきた。そしてそれに慣れて、死を注意深く避けるべきものと考える。けれども死は、私たちがいかに生きるかを知るとき、生と驚くほどよく似たものとなる。あなたは死ぬことなしに生きることはできないのに。各瞬間ごとに心理的に死ぬのでなければ、あなたは生きられない。これは知的なパラドックスではない。あたかもそれが新たな魅惑であるかのように、毎日を完全に、全体的に生きるためには、昨日のすべてのものに対する死がなければならない。さもなければあなたは機械的に生きることになり、そして機械的な精神は決して愛が何であるか、自由が何であるかを知ることができないのだ。

❖

一つのことが絶対に必要だと、私には思われる。それは動機をもたない情熱《パッション》――義務感や愛着の結果ではない情熱、情欲ではない情熱――だ。情熱の何たるかを知らない人は、決して愛を知らない。なぜなら、愛は完全な自己放棄があるときにだけ出現するからである。

探し求めている精神は情熱的な精神ではない。そして愛を探し求めることなく愛と出会うことが、それを見出す唯一の方法だ。知らないうちにそれと出会うので、それは何らかの努力や経験の結果ではない。……芳香をもつ花のように、あなたはその匂いをかぐか、そばを通り過ぎるかする。その花は万人のためにあり、同時に立ち止まってその香りを深く味わい、喜びをもってそれを眺める一人の人のためにある。庭でそのすぐそばにいようと、遠く離れたところにいようと、その花にとっては同じである。なぜならそれは香りに満ちており、それゆえすべての人とそれを分かち合っているからだ。

❖

（次の①から④までは一連のクリシュナムルティの言葉である。）

①観察者である一つのイメージが、自分の周囲と内部にある他の何ダースものイメージを観察する。そして「私はこのイメージは好きだから取っておこう」とか「あのイメージは嫌いだから取り除こう」とか言

うのだが、観察者それ自身が、様々な他のイメージに対するリアクションを通じて出現したイメージによって構成されている。だから、私たちはここで次のように言って差し支えないだろう。「観察者もまたイメージなのであり、彼はただ自分自身を分離した上で観察するにすぎない。様々な他のイメージを通じて出現したこの観察者は、自らを永続的なものとみなしており、だから自分自身と自分がつくり出したイメージとの間には分裂が、時間の間隙がある。これが彼自身と、彼が自分のトラブルの原因だと信じるそのイメージとの間に葛藤をつくり出す。そのとき彼は「私はこの葛藤を取り除かねばならない」と言うが、葛藤を取り除こうとするまさにその願望が他のイメージをつくり出すのだ」と。

❖

②こうしたことすべてに気づくこと、それが真の瞑想だが、それが明らかにするのは、他のすべてのイメージを集めて形成された一つの中心的なイメージが存在し、この中心的なイメージ、すなわち観察者が、検閲官であり、体験者、評価する者、他のイメージを征服または服従させ、あるいはそれをすっかりこわしてしまおうと願う審判者なのだということだ。他のイメージ群は観察者による判断〔裁き〕と意見、結論の結果だが、その観察者自体、他のすべてのイメージの結果なのだ。それゆえ、観察者が観察されるものなのである。

それで気づきは、〔複数の〕異なった精神の状態を明るみに出す。様々なイメージと、そのイメージ間の矛盾、その結果もたらされる葛藤と、それに対して何もできないという絶望感、それから逃れようとする様々な企て〔があること〕を明らかにする。こうしたすべては、注意深い、ためらいがちな気づき〔による吟味〕を通じて明らかになる。そしてそのとき、観察者が観察されるものであるという気づきがやってくる。このことに気づくのは何らかの上位の実体ではない。高次の自己《ハイアー・セルフ》（上位の実体、高次の自己はたんなる発明品、さらに進んだイメージでしかない）ではない。観察者が観察されるものであることを明らかにするのは、気づきそれ自体なのだ。

❖

③観察者が観察されるものであるというこの気づきは、観察されるものへの自己同一化のプロセスではない。自分自身を何かに同一化させるのはいたってかんたんなことだ。私たちの大部分は自分を何かに——自分の家族、夫や妻、国などに——同一化させる。そしてその結果、大きな不幸や戦争が生み出される。〔ここで〕私たちは全く異なったものを考えている。そして私たちはそれを、言葉の上ではなく心底、自分の存在の根底において理解しなければならない。古代の中国では、画家が何か——たとえば木——を描き始める前に、その対象の前に何日も、何カ月も、何年も座り続けた。時間がどれほどかかろうとそれは問題ではなかったので、彼は自分が木になるまで待った。彼は自分を木に同一化させたのではない。彼が木なのだ。この話が意味するのは、彼とその木との間には空間がなかった、観察者と観察されるものとの間に空間がない、その美しさを、動きを、影を、葉の厚みを、その色合いを体験する体験者は存在しなかった、ということである。彼は木そのものだった。そしてその状態の中でだけ、彼は描くことができたのだ。

❖

④観察者が自分が働きかけているそのものが彼自身であるということを悟るとき、彼自身とそのイメージ

との間の対立・葛藤はない。彼がそれなのだ。彼はそれと分離していない。分離していたとき、彼はそれについて何かしたり、何かしようとしたりした。しかし観察者が自分がそれであることを悟るとき、そこに好悪は何もなく、葛藤は終わる。

彼は何のために行為するというのだろうか？　もし何かがあなたであるなら、あなたに何ができるだろう？　あなたはそれに反抗したり、それから逃げ出したり、またはそれを受け入れることさえできない。それはそこにあるのだから。だから、好悪に対するリアクションの産物たるすべての行為［＝反応も働きかけも］が終わる。

そのときあなたは、とてつもなく生き生きとしたものになる気づきがそこにあるのに気づくだろう。それはどんな中心的問題にも、どんなイメージにも縛られていない。そしてその気づきの強烈さから、異なった性質の注意が生まれ、それゆえに精神は――その精神がこの気づきなので――並外れて鋭敏で、高度に英知に満ちたものになるのだ。

❖

なぜ思考は私たちの生活すべてにおいてこれほどまでに重要になってしまったのだろう？　思考は観念であり、脳細胞に蓄積された記憶に対する応答である。たぶん、私たちの多くはこれまでそのような問いかけを一度もしたことがないか、あったとしても、「思考は重要性をほとんど全くもたない。重要なのは感情だ」などと言っただけだろう。しかし、私にはどうしてその二つ［＝思考と感情］をあなたが分離できるのかわからない。もしも思考が感情に持続性を与えないなら、感情はすぐさま消失するだろう。だからどうして思考は、私たちの日々の生活の中で、私たちの過酷で退屈で、怯えた人生の中で、これほどまでに法外な重要性をもつようになったのだろう？　私が今自問しているように、あなたも自分にたずねてみてほしい――なぜ人は思考の奴隷になるのかと。組織し、物事をスタートさせ、あり余るほど多くのものを発明し、戦争を頻発させ、あり余る恐怖と不安をつくり出し、際限もなくイメージを生み出して、それ自らの尻尾を追い回す思考。昨日の快楽を楽しんで、その快楽を今も持続させ、さらに未来にもそれを伸ばそうとしてきた思考。つねに活発で、おしゃべりし、動き、建設し、取り去り、付け加え、あれこれ思いめぐらす思考――その思考に、人はどうして隷属するのだろうか？

❖

（気づきの結果としての）沈黙の中に、どんな葛藤ももたないエネルギーの状態がある。エネルギーは行為であり、運動である。すべての行為は運動であり、すべての行為はエネルギーだ。すべての欲望はエネルギー。すべての感情はエネルギー。すべての思考はエネルギー。すべての生 living はエネルギー。すべての生命 life はエネルギー。もしもそのエネルギーがどんな対立も、どんな摩擦、どんな葛藤もなく流れることが許されるなら、そのときそのエネルギーは境界をもたず、終わりのないものになるだろう。摩擦がないとき、エネルギーに対する限定はない。エネルギーに限定を付与するのは摩擦なのだ。それで、いったんこのことを見たとするなら、人間がいつもエネルギーの中に摩擦をもち込むのはなぜなのだろう？なぜ人は、私たちが人生と呼ぶこの運動の中に摩擦をつくり出すのだろう？　純粋なエネルギー、限定をもたないエネルギーは、彼にとってたんなる観念でしかないのだろうか？　それは何ら現実性《リアリティ》をもたないのだろうか？

❖

私たちは、自分がその中に生きている混乱を理解するのに、大量のエネルギーを必要とする。……段階を追って精神の条件づけを外すことは、適したやり方ではない。時間が出る幕をもたないのだ。私たちが年を取っていても若くても、生の全プロセスを異なった次元へと変容させることができるのは、今だ。現にある自分と反対のものを探し求めることは適したやり方ではない。システムや教師、哲学者や司祭によって押しつけられた人工的な規律も同様である。そうしたことはすべてたいへん子供じみている。このことを悟るとき、私たちは自らに問う――この何千年にもわたる重苦しい条件づけをただちに突破して、別の条件づけの中に入ってしまうことなく、自由になることは可能か、そうして精神は全く新しい、敏感で生き生きとした、目覚めていて強烈な、有能なものになることはできるのだろうか、と。それが私たちの問題だ。他に問題はない。なぜなら精神が新たにされるとき、それはどんな問題にも対処することができるようになるからである。だからそれが、私たちが自らに問うべき唯一の問題なのだ。

第六章　クリシュナムルティ・一九七〇年代の言葉

▼人格だけでは満足のいく説明にはならない。彼を今まで見たことも彼の話を一度も聞いたこともない多くの者が、彼の思想に魅了されたのである。だから、Kの主張を正当に評価するためには、我々は哲学的な源泉を突き止めなければならない。彼の教えを注意深く吟味すると、そこには一貫性と変化との両方があることが明らかとなる。Kの中心的な教えが基本的に同じままである一方、新たな歴史的環境や精神《スピリチュアル》／霊的探究に順応し、それを深化させていくことに躊躇することはなかった。

▼Kは繰り返し、人々は指導を必要とせず、覚醒《めざめ》を必要としていると語った。個々の人間が有する潜在能力への高い確信は、もしも人が彼の存在に付きまとっている文化的付着物を避けることができれば、個々人の成長には限界がない、という信念に根ざしていた。「『精神《サイキ》』または内面生活に関する他者の経験に基づいた理論はまったく無意味である。……我々はそれを完全に手放さなければならない。なぜなら、我々は独りで立たなければならないからだ」。

（『前掲書』）

1『クリシュナムルティの瞑想録——自由への飛翔(The Only Revolution)』

(本書の中で、インド、カリフォルニア、ヨーロッパのそれぞれの自然を背景にして、現代という困難な時代に生きている人々が抱えている様々な問題をテーマに、クリシュナムルティが時々の訪問者と真剣な対話を繰り広げている。以下は、その中から抽出したものである。)

〈話し手〉である私が、この国の伝統の中で育ち、この国の文化の制約を受けたインド人かどうか、あるいは〈彼〉がインド古来の教えの集合体かどうかといった問題を、まず片づけてしまいたい。まず、〈彼〉はインド人ではない。つまりこの国に生まれはしたが、この国にもバラモン階級にも属していないのである。〈彼〉はあなたが先ほど付与させた伝統そのものを否定する。自らの教えが古来の教えを継承したものであることを否定する。〈彼〉はインドあるいは西洋の聖典を一切読んだことがない。果てしない理論や数千年のうちに受容されて世のいわゆる伝統、真理、啓示となった主義主張《プロパガンダ》をかざして人間たちが何をしてきたか、この世で何が起こりつつあるか、を刻々に目にしている者にとっては、そうした書物は不必要なのだ。

❖

(最近、医者であった夫を癌で、息子を病気で亡くした女性へ)

もしもあなたがふたりのお子さんのことが心配であれば、あなた自身やあなたの不幸にかかずらわってはいられないはずである。あなたはふたりの面倒を見、正しく教育し、凡庸な人間にならないように育ててあげなければならない。しかし、もしもあなたが自己憐憫のとりこになり、それを〈主人に対する愛〉などと言っていたり、他人を遠ざけて自分の中に引きこもっているようでは、ふたりのお子さんをもだめにしてしまうのである。意識するしないにかかわらず、われわれは全く利己的で、ほしいものを手にしているかぎり万事順調と考えている。しかしひとたびそれを損うような出来事が起こると、絶望して泣き叫びつつ、また別の慰藉を求めようとする。しかし、もちろん、それもいつかまた壊れてしまうのである。……そうしたことすべての愚かしさに気づけば、自然に泣くのをやめ、他人を遠ざけず、新しい光の中で、微笑を浮かべながら、ふたりのお子さんとの生活をはじめられるであろう。

❖

はたして二元の対立は本当に存在するのであろうか。光と影といった空間的で自明のものは別として、心理的には一体、二元性は存在しているのであろうか。われわれは客観的な二元性を受け入れるのと同様に心理的な二元性を認めている。しかしそれはわれわれの条件づけの一部なのである。ところがわれわれは決して自分たちを束縛しているこの制約条件そのものには疑問を投げかけない。はたして心理的に二元性はあるのだろうか。現にあるものは〈あるべき姿〉というような当為ではなく、〈あるがままの姿〉である。〈あるべきもの〉とは、あるがままのあらわな現実を避け、かつ克服しようとするうちに思考から生み出されたものであり、それによって現にあるものと抽象的なものの間の相克が生まれる。現にあるものこそはあるがままの現実であって、それ以外はすべて非現実的である。……現に苦痛があるときに、苦痛のない状態を想像してかくあれかしと願う思考によって、そのような二元の対立が生まれる。思考は常に分離的なものであり、見る者と見られるものの間を時間と空間で分けてしまうのは思考に他ならない。現にあるものはあるがままの実相だけであり、それゆえ、思考が見る者として中心に居座ることなく、あるがままの実相が観られるとき、諸々の断片に終止符が打たれるのだ。

❖

われわれは、自分が口にしている悲しみの正体を、はっきりと突きとめなければならない。……肝要なことは、あなたがそこにある花に触れたときに手で感ずるのと同じようにはっきりと、悲しみの正体に気づくことである。悲しみの様相、その動きをそっくり理解しないかぎり、それを終わらせることはできない。寺院や教会に行き、酒を飲むことで悲しみを避けて通ることはできるかもしれない。しかし神や性など、どのようなものに逃避しようと、決して悲しみという問題を解決できないのである。

それゆえあなたは悲しみの地図を広げて、その上のすべての道をたどってみることが必要である。しかしその地図に分け入るのに時間をかけようとすれば、時間はただいたずらにあなたの悲しみを強めてしまうことであろう。それゆえどうか地図の全体を一目でごらんになるように。……悲しみは思考によっては終わらせることはできない。……悲嘆の地図を記憶の目をはさまずにごらんになり、その様々なつぶやきに耳を傾け、その運動とひとつになることが必要である。……そのときにはじめて悲しみに終止符が打たれるのであり、それ以外にはどんな道もないのだ。

❖

瞑想はすべてのエネルギーの総和である。……それはむしろ一切の無駄なエネルギーを、あれこれの選択をはさむことなく、全的に否定し去ることである。選択という行為は混乱から生まれる。そして無駄なエネルギーの本質は混乱と葛藤である。四六時中あるがままの姿を曇りなく見つめるためには、全エネルギーを集めた注意力が必要である。その状態には何の矛盾も二元性もない。この全的エネルギーは、禁欲や純潔と無所有の誓いといったものからは生まれない。なぜならば意志的な決心や行動には思考が介在しており、思考はエネルギーの浪費に他ならないからである。おのずからなる覚知はそうしたものとは無縁である。〈見る〉というのは、決意して行なう努力ではない。そこには〈私が見る〉という要素はなく、ただひたすらに見るだけである。ひたすら観察するところには、観察者の入りこむ余地はなく、その状態にはエネルギーのいかなる浪費もない。

2『伝統と革命――J・クリシュナムルティとの対話（Tradition and Revolution: Dialogues with J. Krishnamurti）』

（本書は、一九七〇年十二月十二日から一九七一年二月十九日にかけて、インドのニューデリー、マドラス〔現在のチェンナイ〕、リシ・ヴァレー、ボンベイ〔現在のムンバイ〕で行われた三十回に及ぶクリシュナムルティ〔以下K〕とインドの知識人たちとの間の対話を収録したものである。対話者は、クリシュナムルティ、ププル・ジャヤカール〔以下P〕、アチュイト・パトワルダーン〔以下A〕、P・Y・

デシュパンデ〔以下D〕、S・バラスンダラム〔以下B〕などである。

K：二元性が起こる原因は、〈あるがまま〉を終わらせようとする願望にあります。なぜそれに逆らうのですか？　騒音が続いており、バスが通り過ぎていき、からすがカアカア鳴いています。ざわめきを進むがままにさせるのです。私はそれに逆らったりしません。それに関心を払ったりしません。それはただそこにあり、なんの意味もないのです。

P：これがあなたの大きさです。もしあなたの教えで何が最も偉大かと尋ねられれば、私はそれだと答えます。自分自身に対して、ざわついている精神を放っておくように言うこと。以前のいかなる教師もそう言いませんでした。……

K：「それをざわめくままにさせておく」という陳述を人はどう解したらいいのでしょう？　事実は、なんの二元性もなく、観察者はたえず観察されるものなのです。周辺の騒音は観察者の騒音です。観察者がいないとき、騒音はありません。……人は実際に、見る者は見る行為だということを見、そしてその言明を公理、解釈として受け入れないことができるでしょうか？　が、専門家たちはそれをスローガンにしてしまったのです。……けっして、自分が知らないこと、自分が生きなかったことを言ってはなりません。そうしないことによって、純粋な、水晶のように純粋なとてつもない単独性（aloneness）がもたらされるのです。（1970.12.26）

❖

P：死についての学びのうちに、生についての学びがありうるのです。人間の意識のずっと奥に、存在しなくなることへのこの名状しがたい恐怖があります。

K：存在しないことへの名状しがたい恐怖。「在る」ことは、自分はこれだ、自分は幸福だ、素晴らしい一時を過ごしたということを知ることです。同様にして、私は死について知りたい。学ぶことではなく、知ることを欲するのです。死ぬとはどういう意味かを知りたがるのです。（Pの発言略）学ぶという行為は、知るという行為とは異なった何かです。つまり、知ることはけっして活発な現在における行為ではありませんが、学ぶことはつねに活発な現在における行為です。……〈死〉は言います、「君は私に触れることはできない、私をごまかすことはできない、精神はごまかし――何かを経験から彫り上げること――に慣れています。しかし〈死〉は、「君は私を経験することはできない」と言います。

死は、それについて私が本当は知らない状態だという意味で、独特の体験です。……そこで恐怖にすくみあがる。それゆえ、生きることについて、また死ぬことについて学ぶことはできないでしょうか？　そこで「知る」ことをやめ、そして何が起こるか見てみるのです。するとそこに真の美、真の愛、真実なるものが起こってくるのです。（1970.12.28）

❖

K：安定性は「私は学び終えた」の中にではなく、今現在の学びの中にあるのです。こういったすべてが精神に何をするか、見てごらんなさい。それは精神の重荷をすっかり降ろし、そしてまさにその重荷を降ろすことが自由なのです――不知の自由です。知らないがゆえに自由であるということ――その美しさを見てごらんなさい。

脳内の知識の中で働いている部分には何が起こるでしょう？　記憶から記憶へと移動していくことが脳の役目の一部です。違うでしょうか？　脳は知識の中に大きな安全の保証を見出します。生物学的に言えば、その安全保証は必要です。さもなければ、それは存続していくことができないでしょうから。さて、「生物としての存続に必要な知識を除けば、私は本当に何も知らない」と言う精神に何が起こるでしょう？今まで不必要な知識によって束縛されていた脳が、今やその知識によって占有されなくなるのです。それは活動することはできますが、しかし占有されてはいないのです。その脳はもはや不必要な知識によって影響されなくなります。ゆえにそれは傷つけられなくなることができます。新しい脳が生まれたのです。あるいは古い脳から、今までそれを占有していた偏見などの中身が一掃されるのです。（1971.1.28）

❖

P：即座的な知覚においては脳細胞の働きは引き止められるとおっしゃるのですね。もしもそれらが働いていなければ、その間は存在していないも同然だということですか？

K：存在しているのです。過去のものとしての知識の貯蔵庫として。私たちは皆、脳細胞は過去のものである記憶、経験、知識の貯蔵庫であることに同意しています。それは、いわば「古い脳」です。（新しい、直接的）知覚の最中にはその古い脳が応答しないのです。

A：それはどこにあるのですか？

Ｋ：頭蓋骨の内側にあるのです。死んでいるわけではありません。私たちが考えるためには（古い脳細胞内に貯えられている）知識を用いなければならないからです。
Ｐ：では、（新しい知覚の最中には）何が働くのですか？　もしもいつもの脳細胞が働いていないなら、何が働いているのですか？
Ｋ：まったく新しい脳です。これは単純なことです。古い脳は様々なイメージ、記憶、応答でいっぱいになっており、私たちはその古い脳で応答することに慣れています。が、（新しい、直接的）知覚は古い脳には関わっていないのです。その知覚は、古い応答がやんだ後に起こる、古い脳がまだ知らない新しい応答においてなされるのです。その間には時間はないのです。（1971.2.6）

❖

Ｋ：沈黙、空あるいは清浄無垢（innocence）の状態から脳は働くことができるのです。ここには、（錯覚にもとづいた）安全を追求している思考者の居場所はありません。
Ｐ：それは、脳全体が変容（transformation）を遂げたことを意味しているのですか？
Ｋ：いや、突発的変化（mutation）が起こったのです。観察者がいなくなるのです。
Ｐ：が、脳細胞は同じなのでは……
Ｋ：それを見守ってごらんなさい。同じだと決めつけないでください。そう決めつけたら行き止まりです。それをあなた自身の中で見守ってみてください。「注意」によって私は、肉体、精神と心、細胞などのすべてが生き生きした状態で払われる注意を意味しています。その状態の中にはいかなる中心も、時間も、

「ミー」としての観察者もいません。その中には過去からのものとしての時間はありませんが、しかし過去がなくなるわけではありません。なぜなら、私が言葉を話すことができ、家への道順を忘れないのは、過去（の記憶）が脳細胞に保存されているからです。

では、（突然の変化によって）脳細胞に何が起こったのでしょう？　それらは記録し続けていますが、「ミー」がいなくなるのです。脳細胞から「ミー」という意識が一掃されたからです。（1971.2.6）

❖

P：意識とは何なのでしょう？

K：人間精神の表層で目覚めている意識があり、また深層に隠れている意識があり、それに私たちはまったく気づいていません。

P：クリシュナジ、こう言ったらどうでしょう？　その中では思考が働いている意識があり、また、その中では注意が働き、何かがありのままに見られている意識があり、そしてまた思考を意識していない意識があります。私は、これら三つの状態が私の中で働いているのがわかります。

K：お待ちください。記憶にもとづいた思考の働きと過去から未来へと向かう行為があり、それから、その中には思考者がおらず、注意がある状態があり、また、注意も思考もないが、半ば眠っているような感じの状態があるわけです。（1971.2.16）

❖

P：思考が知識の必要な分野で働くことは妥当だが、それ以外の分野でそれが働くときには、それは悲しみ、苦痛、二元性をもたらす、ということです。問題は、あなたが話している「他の状態」もまた意識の一部なのか、ということです。

K：では、それを調べてみましょう。……思考はそれが働くのが妥当な分野を持っています。が、もしもそれが他の分野を侵害すれば、それは苦痛や苦しみをもたらします。この分野で働いているのも依然として私たちが知っているものとしての意識であり、その中には私たちが投入してきたすべてのものがあるのです。そしてそこには「他のもの（Otherness 他在）」はないのです。

P：「他のもの」は何ではないのですか？

K：それは思考ではないのです。

P：が、それは意識ではないのですか？　もう少しだけ問題を広げさせてください。感覚的知覚は働き続けています。見たり、聴いたりし続けています。では、なぜあなたはそれは意識ではないとおっしゃるのですか？

K：その中にはいかなる葛藤もないという意味で、それは意識ではないと言っているのです。

P：では、そのときには何が働くのですか？

K：英知です。英知は意識ではないのです。

❖

（Kの「英知は意識ではないのです」を受けてのPの言葉）

P：ここで私たちは、ただお聴きするしかない段階に至りました。

K：私の精神は今までのすべての話についてきました。A（アチュイト）が指摘したように、意識の中身にはインド人の伝統だけでなく、人類の全遺産が含まれており、そして私はそのすべてです。意識はそのすべてから成っているのです。遺産が意識なのであり、そして私たちが知っているものとしての意識は葛藤に満ちています。私の主たる関心事はその葛藤——悲しみや苦痛をもたらす葛藤——を終わらせることです。それをよく調べてみると、それがすべて思考の過程であることが発見されます。そこには快楽と苦痛があるのです。そしてその発見から精神は、思考は知識が必要な分野で働き、それ以外の分野では働いてはならないということに気づきます。そしてそれは適切な居場所のある分野でのみ働き、それ以外の分野では働かなくなります。

するとと私の精神はどうなるでしょう？ それは柔軟で機敏になり、生きいきしてきます。それは見たり、聴いたりしますが、その中にはいかなる葛藤の種子もないのです。そしてそれが英知です。それは意識ではありません。意識が遺産から成っているのに対して、英知は遺産から成っていないのです。ただし、英知を神と取り違えてはなりません。

さらにこの英知は知識を用いることができ、知識が必要な分野では思考を働かせることができます。それゆえ、その働きはけっして二元の分裂をもたらさないのです。

❖

B：英知の言語は思考の言語とは異なっていなければならないのですね。

K：英知は特定のいかなる言語も持っていませんが、しかし言語を用いることはできます。それが特定の言語を持つやいなや、それは思考の分野に戻ってしまいます。特定の言語を持っていないその英知は個人的なものではありません。私のものでもあなたのものでもないのです。

P：それは個人的なものではないかもしれませんが、しかし特定の誰かの中に集中されるのですか？

K：いいえ。それはその人の中に集中しているように見えるだけです。

P：それはその人の中で集中的に働くのですか？

K：もちろんです。そうでなければなりません。が、それはけっして特定の個人の専有物になるわけではありません。

P：それはけっして保持されないのですか？

K：それは握りこぶしの中に海を保持するようなものです——あなたが保持するものは海の一部ですが、しかし海そのものではないのです。（1971.2.15）

❖

K：前に私は、英知は意識を超越している、そして精神から心理的要素が除去されるとき、まさにその除去運動の最中にこの英知が現出してくると言いました。まさにその除去によって英知が働き出すのです。生物的存続と英知だけが残るのです。それで全部なのです。

そして意識は遺産や伝統といった過去のものから成っていますが、英知はそれらから成っていません。この意識の域内で、私たちはなり行く過程（becoming）に囚われています。その域内で、私たちは絶えず何かになろうと努力しているのです。そのすべてを意識から除去してごらんなさい。そのすべてを精神から除去してごらんなさい。すると、まさにその空っぽにする運動の最中に英知が現われるのです。それゆえ、ただ二つのものが残ります。最高度の英知と生物としての存続です。これは動物のように生きることとは大きな違いです。人間は単なる動物ではありません。彼は考え、設計し、建築することができます。

(1971.2.18)

❖

K：今まで（一九七〇年十二月十二日から一九七一年二月十九日まで）のほぼ七十日間にわたって、私たちは思考の運動を見守り、観察してきました。それをいかなる選択もせずに（無選択に）見守ってきた今、本質が現れたのです。その無選択の観察からいろいろな感情ないし情動の本質が現れたのですが、しかしいったん出現すると、感情ないし情動とは無関係になるのでしょうか？

P：注意として働くエネルギーになるのです。

K：エネルギーが本質に他ならないのです。

P：それは物質に働きかけるのですが、本質は感情とも物質とも無関係なのです。

K：では、本質は意識とは無関係なのでしょうか？　私たちは思考としての意識の運動、意識の中身、つまり時間の産物としての思考の運動を観察し、知覚してきました。そしてまさにその観察と知覚の炎が意識の濁り、滓を取り除くのです。

同様にして、知覚の炎が感情ないし情動の運動の本質を現出させます。では、この本質は感情ないし情動と関係があるのでしょうか？　無関係です。ちょうど花のエキスが花とは無関係であるように。花のエキスは花の一部ですが、いったん抽出されると、それは花とは無関係になるのです。……知覚の熱が本質を生じさせるのです。では、本質は意識と関係があるでしょうか？　明らかに、ありません。ここでの要点は知覚の炎であり、それが本質となるのです。

D：その炎が本質を生じさせるのですか、それともそれ自体が本質なのですか？

K：それ自体が本質なのです。（1971.2.19）

❖

P：知覚が行為なのですか？

K：もちろん。その美しさを見てごらんなさい。いかなる制限もない知覚は炎なのです。炎であるがゆえに、それはその対象であるあらゆるものから本質を抽出するのです。それは刻々に本質を抽出していきます。「おまえは馬鹿者だ」とあなたが私に向かって言うとき、私はそれを知覚します。すると、その知覚を通して本質が抽出され、そしてその本質が、私が置かれている環境や場所に応じて行為する、または行為しないのです。しかし、その行為または無行為の中にはいかなる「ミー」も、いかなる動機もありません。

（1971.2.19）

3『人類の未来――クリシュナムルティ VS デヴィッド・ボーム対話集』

（本書の中には、一九七二年十月七日、英国、ブロックウッド・パークにて行われたクリシュナティ（以下K〕と理論物理学者のデヴィッド・ボーム〔以下B〕との対話が収録されている。以下は、その中から抽出したものである。なお、本書は『The Awakening of Intelligence』の一部を成す。）

B：英知を言葉にはできないので、英知を指し示そうとしているのです。思考は英知を指し示すことができるので、その時には、思考が矛盾していることは、たいしたことではないといえるでしょうか？
K：その通りです。その通りです。
B：というのは、思考の中身や意味を使用するというより、時間の領域を超えたところを指し示す指針として思考を使おうとしているからです。
K：ですから、思考は指針であり、中身は英知です。
B：思考が指し示す中身です。
K：ええ。まったく別のいい方ができないでしょうか？　思考からはなにも生まれてこないといえるでしょうか？
B：ええ、思考が勝手に運動する場合はそうです。
K：思考は機械的等々です。思考は指し示す指針ですが、英知がなければ、その指針は無価値です。
B：英知は指針を読み取るといえるでしょうか？　指針を見る者がいなければ、指針はなにものも指し示しません。
K：その通りです。ですから、英知が必要なのです。英知なしでは、思考にはまったく意味がありません。

B：両者（＝思考と英知）は共通の源をもつでしょうか？

◈

K：その通りです。思考、物質、英知は共通の源をもつでしょうか？　（長い休止）　もつと思います。

B：もちろん、そうでなければ、調和はありえないでしょう。

K：しかし、思考は世界を征服しました。おわかりですね――征服したのです。

B：世界を支配しています。

K：思考や知力が世界を支配しています。そしてそれゆえ、英知にはほとんどもち場がありません。思考が支配する時には、英知は脇にどかねばなりません。

B：この問いが適当かどうかわかりませんが、どうしてこうなったのでしょう？

K：それはまったく簡単です。

B：どうおっしゃいますか？

K：思考は安全をもたなければなりません。思考のあらゆる運動は安全を求めています。

B：ええ。

K：しかし、英知は安全を求めません。英知が安全をもつのではありません。安全という観念が英知にはないのです。英知そのものが安全なのであり、「英知が安全を求める」ということではありません。

◈

B：……英知の光の下で、虚偽が見られた時に、思考は英知に沿いながら、ないし調和しながら動きます。

K：その通りです。

B：しかし、なにものかが思考にそうさせているのでは決してありません。このことに含まれる意味は、英知と思考はこの共通の源ないし実体をもつということです。そして、両者はより大きな全体に対する注意を喚起するふたつの道なのです。

K：ええ。政治的、宗教的、心理的に、思考は途方もない矛盾や断片化を世界にもたらし、この混乱の産物である知性がこの混乱に秩序をもたらそうとしているということがわかります。この知性はこういったことすべての虚偽をわかる英知ではありません。申し上げている意味を明確にしているかどうかわかりませんが。いいですか、人は混沌としているにもかかわらず、恐ろしく知的であることができるのです。……結局のところ、私たちは理論ではなく、生きているものに関心があるのです。英知が機能している生に関心があるのです。時間のものではなく、比較計量ではなく、思考の産物や運動、また思考の秩序ではない英知です。……英知が覚醒するためには、思考は完全に静止していなければならないと申し上げましょう。思考の運動があり、かつ英知が覚醒しているなどということはありえません。

◈

K：英知にとって、その源泉は同じものだと言いましたが……

B：ええ、そこまではいきました。

K：その源泉とはなんでしょう。それは一般的にはある哲学的な概念にしたり、神だといったり――当座だけその言葉を使います――ブラーフマンといったりします。その源泉は共通のものであり、それ自身を物質と英知に分ける中心的な運動であるといいます。しかし、それは単に言葉の上でいっているだけで、ただの概念であり、いぜんとして思考です。思考を通じてでは、源泉は見出せません。
B：それはこの問いを生じさせます。もしあなたが源泉を見出すのであれば、「あなた」とはなにものかと？
K：「あなた」は存在しません。源泉とはなにかと尋ねる時には、「あなた」は存在できません。「あなた」は時間であり、運動であり、環境からの条件づけです――あなたはそれだけのものなのです。

❖

K：さて、このことを確かめたいのです。源泉とはなんでしょう？　それを見出すことが思考にできるでしょうか？　そして、思考はその源泉から生まれたのでしょうか？　そしてまた、英知もそうでしょうか？
思考と英知は別々の方向に動いているふたつの流れのようです。
B：物質もまた、より一般的にその源泉から生じているとおっしゃいますか？
K：もちろんです。
B：宇宙全体という意味ですが。しかし、その時には源泉は宇宙を超えています。
K：もちろんです。このようにいえるでしょうか？　思考はエネルギーであり、英知もそうだと。
B：物質もそうです。
K：思考、物質、機械的なものはエネルギーです。英知もエネルギーです。思考は自分自身を分け、断片化したので、混乱し、汚染されています。
B：ええ、思考は多くの部分に分かれています。

K：しかし、英知はそうではありません。英知は汚染されておらず、自分自身を、「あなたの英知」とか「私の英知」とかに分けることはできません。それは英知であり、分けられないのです。

❖

K：両者ともエネルギーです。ひとつのエネルギーしかありません。……エネルギーがあるだけであり、それが源泉なのです。

B：エネルギーはある種の運動だとおっしゃいますか？

K：いえ、それはエネルギーです。エネルギーが運動である瞬間に、この思考の領域に消え去ってしまいます。

B：このエネルギーという観念を明確にせねばなりません。この言葉についても調べてみたのですが、いいですか、それは働きという観念に基づいています。エネルギーとは、「内側で働く」という意味なのです。

K：ええ、内側で働く。

❖

K：人間はこのように調和せずに生きているので、この問いを探究せねばなりません。そして、この探究を私たちはおこなっているのです。この問いを探究し始めるにつれ、もしくは、探究することのうちに、この源泉にやってきます。それは知覚、ないし洞察でしょうか？　そして、その洞察は思考とはまったく関係もないのでしょうか？　洞察は思考の結果でしょうか？　洞察の結論は思考として表現されますが、洞察自体は思考ではありません。ですから、洞察への手掛かりは手にいれました。では、洞察とはなんでしょう？　洞察を招き寄せたり、培ったりできるでしょうか？
B：両方ともできませんが、必要とされるある種のエネルギーがあります。
K：まさにその通りです。両方ともできません。洞察を培う時には、それは欲望です。あれやこれをしようとする時には、それは欲望です。ですから、洞察は思考の産物ではありません。思考の秩序には属しません。さて、人はどのようにこの洞察に至るのでしょう？
（休止）そういったことをすべて否定したので、洞察に至ったのです。
B：ええ、洞察はここにあります。どのように至るかというその問いにはけっして答えられません。
K：いえ、答えはまったく明快だと思います。ものごとを全体として見る時に、洞察に至ります。ですから、洞察は全体の知覚なのです。……

❖

K：あなたが話してくれた時に、気には留めますが、あなたの言葉にはあまり耳を傾けず、あなたに耳を傾けました。説明等々を受ける際に、私はあなたの言葉に対してではなく、あなたに対して心を開いていました。私は自分自身に言いました。わかった、言葉はみな放っておこうと。自分はあなたに耳を傾けているのであり、あなたの使う言葉ではなく、その意味に、あなたが私と意思疎通したがっている感覚の内面的な質に耳を傾けているのだと。
B：わかります。
K：それが私を変えるのです。言葉が変えるのではありません。……申し上げているのは、意識的な耳で聞くのではなく、はるかに奥底にあるものを聞く耳で聞いてほしいということです。今朝そのようにあなたの話に耳を傾けました。というのは、あなたと同様に私も源泉に非常に興味があるからです。

おわかりですか？　私はそのことひとつに本当に興味があるのです。……しかし、ともにそのものに至るためには、ともに感じるのです！　おわかりですか？　それが培ってきた条件づけ、習慣、イメージを打ち破る方法なのだと思います。

4『クリシュナムルティの日記（Krishnamurti's Journal）』

（本書は、一九七三年の九月から突然書き始め、二年後の一九七五年の四月まで断続的に続けられたクリシュナムルティの日記である。この間、クリシュナムルティは、イギリス、ハンプシャー州のブロックウッド・パーク、ローマ、アメリカのカリフォルニアに滞在していた。以下は、その中から抽出したものである。）

新しい意識、まったく新しい倫理が、現在の文化、社会構造を根本的に変革するのに必要とされる。これは自明なことだが、左翼も右翼も、革命論者もそれを軽視しているらしい。どんな教義《ドグマ》、信条、イデオロギーであろうと、それは古い意識の一部にすぎない。そんなものは、右、左、中心と分裂・断片化する思考が捏造《ねつぞう》したものにすぎない。こうした動きには、かならず右か左の流血がある。あるいは全体主義への道をたどる。これは現在、私たちのまわりで起こっていることだ。社会的、経済的、倫理的な変革の必要性はだれもが認めるが、その反応は古い意識からくる。その立役者は思考である。人類が陥っている困難や、混乱、窮状は、古い意識の領域にある、それを根こそぎ変えてしまわない限り、人間の為《な》すことは、政治、経済、宗教、そのすべてが互いに滅ぼし合い、地球を破壊するだけだろう。正気なら、まったくもって明らかなことだ。（1973.9.24）

❖

人は自分自身の光りとなるべきだ。この光りが、法である。他に法などない。他の法と言われるものはすべて、思考によってつくられたものだ。だから分裂的で、撞着《どうちゃく》を免れない。自己にとって光りであるとは、他人の光りがどんなに筋が通っていようが、論理的であろうが、歴史の裏づけをもっていようが、自信に満ちていようが、けっして追従しないということだ。もしあなたが、権威、教義、結論といったものの暗い陰の下にあれば、自分自身の光りであることはできない。……

自由とは、あなたが自分自身にとって光りになることだ。その時、自由は抽象ではない。……思考の構造から自由になることは、自身にとって光りとなることだ。この光りのなかで、すべての行為が起こる。そのとき矛盾撞着はない。……方法とか、体系、修練といったものなど、なにもない。見ることだけがあり、それが行為することである。あなたは見なければならない。ただし他人の目を通してではなく。この光り、この法は、あなたのものでも他人のものでもない。ただ光りがあるだけである。これが愛だ。

（1973.9.24）

睡眠はとても重要だ。あまりたくさんの夢を見ない限り、寝返りを打ちすぎたりしない眠りが大切だ。睡眠中では多くのことが、肉体組織と頭脳の両方で起こる（精神《マインド》とは頭脳のことである）。それは一つで、単一的な動きだ。この構造全体にとって、眠りは絶対に必要だ。眠っているとき、秩序や調整作用や、より深い知覚が起こる。頭脳が静まるほど、洞察は深まる。頭脳がなんの軋轢《あつれき》もなくよく調和して機能するには、安全と秩序が必要だ。夜が、それを提供する。静かに眠っているときには、思考では到達できない動きや状態がある。夢は攪乱《かくらん》だ。夢は、全体的《トータル》な知覚を歪めてしまう。眠りのなかで精神は元気を回復する。（1973.10.19）

❖

情熱なしにはどんな創造もない。全体的な自己放棄こそ、この尽きることのない情熱をもたらす。ある動機をもった放棄と、なんら目的や計算をもたない放棄とは別のものだ。目的や方向をもったものは永らえることがなく、有害なものになり、取引きのように賤しいものになる。トータルな自己放棄は、どんな原因、意図、損得に動かされることもなく、初めも終わりもない。……自己放棄は意志による行動ではない。意志とは自己に他ならないからだ。……

生きることこそ、意味の全体なのだ。しかし人生が闘争であり苦闘であり、野心や競争、成功して崇拝されたり権力や地位を求める戦場であるなら、人生にはなんの意味もない。なぜ表現する必要があるのか？　創造とは生産されたものごとなのか？　どんなに美しく役に立つかしらないが、手や精神によって生産されるものが人間の追求することなのか？　この自己放棄の情熱には表現が必要なのか？　必要や強制があるとき、それは創造への情熱と言えるのか？……生きることこそ、色彩であり美であり、表現なのだ。それ以外は不必要である。

影は距離を失い、ウズラたちは鳴きやんでいた。ただ岩があり、花や果実をつけた樹々があり、美しい丘や、豊饒な大地があった。（1973.10.25）

5『生の全変容（A Wholly Different Way of Living）』

（本書は、クリシュナムルティ〔以下K〕とサンディエゴ州立大学の、当時宗教学教授であった、アラン・W・アンダーソン〔以下A〕との間で、一九七四年二月十八日から二十八日にかけて、毎日〔途中二日間の休みを置いて〕午前と午後に行われた十八回に及ぶ討論を収録したものである。以下は、その中から抽出したものである。）

A：数年前、バンコックのある寺院の庭で、私のなかにあることが強烈に閃いたのです。早朝のことで、私は散歩していたのですが、そのとき私の目は蓮の葉の上にとまっている一滴の露に引きつけられました。それは完璧な球体でした。私は思いました。どこに基盤があるのだろう？　なぜそれは安定していられるのだろう？　なぜそれはころがり落ちないのだろう？　私が自分の「なぜ」の終わりに至るときまでに、私は疲れはて、そこで深呼吸をして、こう自分に言いました。では、黙って、そしてただ静かにして、見つめてみよ。すると私は、一点の混乱もないこの見事な調和のなかで、あらゆるものがそれ自体の性質を維持しているのを見ました。そしてただ静かにしていました。

K：なるほど。

A：ただ静かにしていたのです。あなたが事実と言うときに意味しているのは何かそういったことだと思うのですが。それは事実だったのです。

K：ただ事実と共にとどまり、それを見つめるのです。

A：葉の上のあの見事な球体はまさに一個の事実だったのです。

K：そのとおり。そこから、無比較の人生――もっと大きな車、もっと小さな車といった比較にとらわれない人生――を生きることができるよう生徒を教育することができるだろうか、という問いが起こるのではないでしょうか？　君は利口で、私は利口ではない。もし少しでもそのように比べなかったら何が起こるでしょう？　私は鈍重になるでしょうか？

A：それどころか……

K：私は、比較によってはじめて自分が鈍重だと知るのです。もし比べなければ、自分が何なのか知ることはありません。まさにそこから始めるのです。

❖

K：観察者は無秩序の要因です。なぜなら、観察者は過去であり、区別の要因だからです。区別があるところには、葛藤だけではなく、無秩序が生じます。教授、あなたはそれが実際に世界中で起こっているのを見ることができるのです。エネルギー、戦争と平和、等々のあらゆる問題は、別々の政府、軍隊を廃して、私たちが「この問題をぜひ一緒に解決しよう、われわれはお互いに人間同士ではないか。この地球はわれわれ全員が暮らすための場所だ——アラブ人やイスラエル人、アメリカ人や、ロシア人としてではなく、同じ人間として。これはわれわれ皆の地球なのだ」と言えば、一挙に解決できるのです。が、私たちの精神は無秩序のなか、葛藤のなかで生きるよう条件づけられているので、けっしてそうしようとしないのです。

❖

K：……けっして傷つかないように。それは教育、教養の一部なのです。文明は傷つけるものです。……宗教は人々を傷つけてきたのです。

A：子供は傷ついた親のもとに生まれ、そして学校に送られて、傷ついた教師によって教育されるのです。さてそこで、その子が回復するように教育する仕方があるか、とあなたは尋ねているわけです。

K：ええ、私はできると思います。つまり教師、教育者が自分は傷ついている、子供も傷ついているということを悟れば、つまり両方共傷ついていることに気づけば、そのときに関係は変わります。彼は数学など何であれ、まさに教える行為において、自分自身を自分の傷から解放するだけでなく、生徒が傷から解放されることをも助けるのです。結局それが教育なのです。教師たる自分が傷ついていることを見るということ。私は傷の苦悶を味わってきた。そしていま生徒が傷つかないように助けてやりたい。彼は傷ついてから学校にやって来たのです。私は彼に「そうだ、私たちは二人とも傷ついている、友達同士なんだ。見てみよう、傷をぬぐおう、助けあってそれをぬぐい去ろうね」と言います。それが愛の行為なのです。

K：瞑想は存在の全領域に及ぶのです。瞑想は方法、方式からの自由を含んでいます。なぜなら私は瞑想とは何か知らないからです。私はそこから出発します。……

❖

私は瞑想とは何かを見ることに本当に関心があるのです。ですから私はこの自由から出発します。そして自由は重荷、他人から、他人の方法、方式、かれらの権威、信念、希望の受け入れから精神を空しくすることを意味しています。なぜならそのすべては私の一部だからです。それゆえ私はそのすべてを片づけて、「私は瞑想とは何かを知らない」と言うことによって出発します。それは精神が自由であること、この大いなる謙虚の念を持つことを意味しています。知らないからといって、他人に尋ねたりしません。尋ねれば、誰かが満たしてくれるでしょう。

A：まさに。

K：何かの本の著者、学者、教授、心理学者がやって来て、「あなたはご存知ないようだが、私は知っている。だから教えてあげよう」と言います。私は、「いや結構です。私は何も知りませんが、あなたも知らないのです。なぜならあなたは、他人が言ったことを繰り返しているだけだからです」。そこで私はそのすべてを片づけて、初めて探究しはじめる、探究の状態に入るのです。結果を達成するため、いわゆる悟りに至るためではありません。私は、悟りがあるかどうか知らないのです。私はこの大いなる謙虚の念から出発します。知らないので、私の精神は真の探究ができるのです。そのようにしてまず自分の人生を見ることから探究をはじめます。……

《参考》6『トータル・フリーダム（Total Freedom: The Essential Krishnamurti）』

（本書〔邦訳なし〕では、全体を通して、編年体形式で、クリシュナムルティ〔以下左記文中K〕の稀有な対話人生に光をあて、その思想と行動の全体像を浮き彫りにしている。なお、本書の「導入」の中で、『生の全変容』のクリシュナムルティの対話者であるアンダーソン教授はKの言葉を、次のように紹介している。また、それに続く①から⑦の抽出文は、本書・「導入」中の同教授によるKにかかわる回想録である。）

（本書・「導入」の中でアンダーソン教授が紹介しているKの言葉）

瞑想状態における知覚においては、対象は何もなく、それゆえ何の経験もない。では、そのような瞑想はどんな意味をもっているのだろう？　何の意味もなく、何の有用性も持っていない。しかしその瞑想のなかには大いなる恍惚ecstasyの運動がある。無垢性innocenceという性質を、眼に、脳に、心に与えるという意味での「恍惚」である。人生を何か全く新しいものとして見ることができなければ、それは単なる慣行あるいは日課であり、退屈であって、何の意味もない。だから瞑想は最も大きな重要性をもつ。瞑想は計算できない、測り知れないものへの扉を開くのである。

①Kは「無選択の気づきchoiceless awareness」という彼の教えを厳密に体現していた。選択のないということは、心が沈黙と同等であるということ、その沈黙から理解することのできる発話が生じてゆくというものだった。「『空白の状態（emptiness）』にある心は中心をもたず、ゆえに無限の運動が可能となる。創造はこの空白の状態から生まれ、それは愛と死である」。この文の意味するところは、自己覚醒と自己誤解の両方の瞬時性の特徴を直接的に示している。我々の、記憶との自己同一化に対しての心理上の死および瞬時に欲求needの全的理解が存在しなければ、我々は思考の運動へと陥落してしまう。つまり、瞬時における適切な反応がどのようなものであるか、理解できないことになるのである。

❖

②Kは我々に警鐘を鳴らす。「瞑想は日常生活と異なった何かではない……それは今在るものを在るがままに見ること、そしてそれを超えることである」。もし今在るものを在るがままに見ていなければ、それをどうやって超えることができるというのだろう？

❖

③Kの「恍惚ecstasy」についての指摘は、極めて英知に満ちている。なぜか？　それは意識consciousnessと気づきawarenessとの根本的な区分を含意しているからである。我々の時代では、哲学と深層心理学は意識をほとんど絶対視しているが、意識は自己修正的なものではない、ということを認識できていない。意識が常に変化へと縛り付けられている以上、どうしたらそれが可能だろうか？　意識が働き始め

るのは、気づきが対象をもつ場合に限る。が、気づきそれ自体は対象から独立していて、変化しない。それゆえ、気づきは計算できず測定できないものへの扉なのである。

❖

④Kは、我々を徹底的な自己探究を始めるよう誘う。なぜなら、それは気づきの無限の空間を開くからである。自己探究は、「私とは何か」ではなく、「私とは何でないか」を問うことにより始まるのではなかろうか。このような問いは、決して無意味なものではなく、何の理論的な構築物も必要とはしない。つまり、深層心理学・哲学・神学・信念体系といった概念的装置を必要とはしない。

❖

⑤Kの最後の講話（一九八六年一月）のなかで、彼の教えへのアプローチの根幹が見事に示されている。「あなたや話し手が多くの言葉に耳を傾けることは役には立たないであろう。が、我々が一緒にとても長い旅をすることができれば、時間という観点からではなく、また信念や結論や理論という観点からではなく、我々の生き方、恐怖、不確かさ、不安感や人間の作ったあらゆる発明品（コンピュータを含む）を非常に注意深く吟味するならば、二百万年先には我々はどこにいるのだろう？　我々はどこに向かっているのだろう？　そして我々はどこで始まったのだろう？　始まりは終わりかもしれない。安易に同意せず、自ら見つけよ」。

❖

⑥直ちに、叫びが聞こえてくる。「どのようにして？　どうやって見つけたらいいのか？」と。まさに

howという言葉は、効果を生み出すプロセスと手順のもつ力への信仰を示している。確かに、それらは物質のレベルではそうなのである。しかしここは、「見つけよ」という命令は、異なった領域、他者と自分との誤った関係に焦点をあてている。あるパターンに従い、この無秩序に何らかの規律をもたらそうとする試みは、誤った関係を硬化させるだけである。それ（誤った関係）をさらに時間・信仰・結論・理論と結びつけることによって。「今ここ」に在るものへの注意を払うという純粋な行為を行うための方法howは存在しない。このことについて、疑問の余地は少しもない。

⑦注意という純粋な行為は、自発的で自由なものである。聞く者 the hearer と聞かれるもの the heard 、知覚する者 the perceiver と知覚されるもの the perceived は少しずつ減っていき、聴くこと listening と見ること seeing だけが残るのである。「心がこのうえなく幸福で、静寂であり、それ自体何の動きもなく、思考によるいかなる憶測もない時、その時にだけ、永遠なるものが生まれ出るのである」。

7『学びと英知の始まり（Beginnings of Learning）』

（本書には、英国ハンプシャーのブロックウッド・パークにある教育センターでの、クリシュナムルティと生徒及び職員との間の談話や討論、インドのクリシュナムルティ学校〔ラジガート、リシバレー校〕などにおける彼と両親及び教師たちとの会話などが収録されている。以下は、その中から抽出したものである。）

やってみなさい。静かに坐り、一秒、二秒、十秒と経つうちに、突然ポンと思考が浮かんでくる。……その思考の果てまでたどって、それを終わらせるようにし、持ち越さないようにするのだ。他の思考が浮かんだら、君は「待てよ、それは後回しだ」と言えばいい。

もしこのゲームをよく気をつけてしたければ、浮かんでくるあらゆる思考を紙に書き留めてみなさい。そうすればすぐに、あらゆる思考を次々に終わらせていくので、思考が秩序正しくなっていくのを見出すだろう。翌日静かに坐ると、君たちは本当に静まるだろう。いかなる思考も浮かんでこない。なぜなら、それを終わらせたから。それはつまり、君たちが自分の靴を磨き、浴槽をきれいにし、タオルを適宜そのふさわしい場所に掛けたことを意味している。坐るときに、「そうだ、タオルを戻さなかった」と言わない。そのように、自分の仕事をその都度すませてしまうので、坐るときはみごとなほど静かに坐り、そして自分の人生に秩序正しさを持ち込むのだ。もしその秩序正しさを持たなければ、沈黙できない。もしそれを持てば、精神は本当に静まり、そこに本当の美が現われ、物事の神秘が開示されはじめる。それが真の宗教だ。

❖

いかにして自分を教育し、これまでごくわずかの人しかあえて調べ、探究したことがない分野で成熟したらいいのだろう?……フロイト、ユング、アドラー、その他の精神分析家たちは、ある種の事実を述べ、すべての行動を子供時代の条件づけ等々まで遡ってみた。かれらは一定の型を定めたので、後の人はその方向で調べて、知識を増やすことができるのだ。けれども、それは自分自身について学ぶことではない。他の誰かに従って学んでいるにすぎないのだ。では、どのようにとりかかったらいいのか？……慰めになる型に適合し、望み通りのことをし、それによって自己達成をはかればいいいのか？　なぜなら、十五、十六、二十、あるいは二十五歳のいま、火花、炎を内に秘めていなければ、五十になってからでは非常に困難になるからだ。その歳では、変わることはずっと困難になる。では、どうしたらいいだろう？

このすべてにどう直面し、それをどのように見つめ、世界のこの大騒ぎにどう耳を傾けたらいいだろう？　宗教家、技術者、策士、労働者、ストライキ。自分に訴える特定の騒音を選び、これから一生それに従っていくのだろうか？　どうしたらいいのだろう？　これは大問題だ。単純ではない。

❖

恐怖は世界の最大の問題の一つ、おそらく最大の問題であろう。だから、君たちはそれに直面し、完全にそれを理解し、そして抜け出さなければならない。君たちは「未知のもの、明日、未来が怖い」と言った。が、……なぜ明日を気にするのだろう？……自分が二十年後に何をしているか、どうなっているか、なぜいまからわかるのだろう？　自分が何をしているかわかるのだろうか？　若いうちは、存分に生き、楽しみなさい、そして未来のことは考えないこと。もし君たちがいま恐れずに生きるなら、大人になっても同じように生きるだろう。何をするかは問題ではない――庭師だろうとコック等々だろうと、君たちにとって楽しい仕事になるだろう。……

私たちがここでしようとしていることは、新しい世代を創出することだ。四十人でも、もし恐れることなく、従うことなく、大人になったら何をすべきかを見出す英知を持った人々が出現すれば、それで十分だ。この英知が君たちに何をすべきかを告げるだろう。が、もし恐れていれば、これから罠に陥っていくだろう。

8 『英知の教育（Krishnamurti on Education）』

（本書は、インドのアンドラプラデシュにあるリシ・バレー・スクールおよびベナレスのラジガート・スクールの生徒・教師と、クリシュナムルティとの間で行われた話し合いと討論をまとめたものである。以下は、その中から抽出したものである。なお、本文中、生徒〔Student〕、教師〔Teacher〕からのクリシュナムルティへの質問は、それぞれ、S、Tで表記して続いて記している。）

（S：世界は冷淡な人、無関心な人、残忍な人でいっぱいです。では、あなたはどうやってこれらの人々を変えることができるのですか？）

どうして他人を変えることを気にかけるのだろう？　君自身を変えなさい。でないと、成長するにつれて君もまた冷淡な人間になってしまう。君も同じように無関心で、残忍になってしまう。……肝要なことは、君が変わること、君が冷淡ではなく、君が無関心ではないことなのだ。君が、こういうことはみんな古い世代の責任だと言うとき、君は彼らを見、彼らを見守り、彼らを思いやっただろうか？　もしそうしたのなら、君は何かをすることになるはずだ。君自身を変え、そしてそれを行為によって試しなさい。そのような行為は、もっとも並はずれたことの一つなのだ。が、私たちは自分自身を別にして、あらゆる人を変えたがる。ということは、実のところ、自分は変わりたくない、他人は変えたいということ、つまり自分は冷淡で、無関心で、残忍なまま、環境が変わってくれ、一方、自分はこれまで通り生きていけるように願っているという意味なのである。私が話していることがおわかりだろうか？

❖

（S：どうしたら平凡さを取り除けるでしょうか？）

どうしたら平凡さを取り除けるだろう？　平凡でなくありなさい。取り除くことはできない。ただそうでなくありなさい。

❖

（S：でも、どうしたらいいんですか？）

「どうしたらいい」ということはないのだ——それは、もっとも破壊的な質問の一つである。「どうしたらいいか教えてほしい」、人間はつねに、世界中でこの質問をし続けてきた。もし蛇、毒蛇を見たら、「どうぞ私に、それからの逃げ方を教えて下さい」と言ったりしない。ただそれから逃げ去るだけである。だから同じように、もし自分が平凡だとわかったら、明日にではなく、即刻、それから離れ去りなさい。

科学的精神は非常に実際的なものだ。その使命は発見、知覚にある。それは事物を顕微鏡や望遠鏡によって見る。あらゆるものをあるがままに見、その知覚を基に科学者は結論を引き出し、理論を立てる。科学的精神は、事実から事実へと動く。それは個人的状態、ナショナリズム、人種、偏見とは無関係である。

科学者は物質を探究し、地球や星や惑星の構造を調べ、病気の治し方、寿命の延ばし方を見つけ、過去から未来への時間を説明する。しかし科学的精神とそれが行なう発見は、国家主義的な精神、インドの、ロシアの、アメリカのそれによって使われ、搾取される。主権国家の国益などに利用されてしまうのだ。

❖

ほんとうの宗教的精神はどんな宗派、どんな集団、どんな組織宗教、どんな教会にも属さない。宗教的精神とは、ヒンドゥー教徒の精神でも、キリスト教徒の精神でも、仏教徒の精神でも、あるいはイスラム教徒の精神でもない。それは宗教的と名乗るいかなる集団にも属さない。それは、教会や、寺院、モスクに行くような精神ではない。一定の信念や教義にこだわる精神でもない。宗教的精神は完全に独り立ちしている。それは、教会や教義、信念、伝統のうそを見抜いた精神である。……それは爆発的で、新しく、若々しく、新鮮で、純真である。……いわゆる神、つまり測り知れないものを体験しうるのは、そのような精神だけなのである。

❖

科学的精神と宗教的精神の調和のとれた人間、それこそがほんとうの人間だ。そうなったとき人間は、共産主義者の世界でも、資本主義者の世界でも、バラモンのあるいはローマ・カトリック教徒の世界でもない、よい世界を創造することだろう。事実、真のバラモンはどんな宗教的信条にも、どんな階級にも属さず、またどんな権威も、どんな社会的地位も持たない。科学的精神と宗教的精神を兼ね備え、だから自分の中に何の矛盾もない、調和のとれた人間——彼こそがほんとうのバラモン、新しい人間だ。……宗教的な精神は創造的な精神である。それは過去と手を切るだけでなく、現在において爆発しなければならない。そして、探究を行なうことができる。……宗教的であり、かつ明晰で厳密で科学的な精神を持つこと、恐れない精神、自分の安全や心配事に無頓着な精神を持つことは、きわめてむずかしい。自分自身を知ることなしには、自分の身体のこと、精神、感情のことを知り、精神がどう働き、思考がどう働くかを知らないかぎり、宗教的精神をもつことはできない。

❖

（S：なぜ僕たちはみんな生きたがるんでしょう？）

笑ってはいけない。なぜなら小さな坊やが、人生はとてもはかないのになぜ私たちは生きることを切望するのかと尋ねているのだから。こんな少年がそんな質問をするというのはとても悲しいことではないだろうか？　これは、何もかもが過ぎ去っていくことを彼が自分で見てきたことを意味している。鳥は死に、葉は落ち、人々は年を取り、病気や苦痛を味わう。つかのまの喜び、快楽と果てしない仕事。……少年は「僕は空腹だ、言葉ではなく食物をください」と言っている。彼は君たちを信じておらず、そこで「なぜこのすべてにすがりつくのですか？」と尋ねる。なぜすがりつくかおわかりだろうか？　なぜなら他に何も知らないからだ。君たちが自分の家、本、偶像、神々、結論、愛着している物、悲しみにすがりつくのは、他に何も持っていないからであり、することなすことがことごとく不幸を招くからだ。他に何かあるかどうかを見出すには、いますがりついているものを手放さねばならない。もし川を渡りたければ、こちら岸から離れ去らねばならない。一方の岸に坐ったままではいけない。不幸を免れたいが、しかし川を渡ろうとはしないのが世の常である。君たちは自分が知っているものにすがりつく——それがいかにみじめであろうと。そして川の向こう岸に何があるか知らないので、それを手放すことを恐れるのだ。

❖

（S：どうしたら自分を変えられるのですか？）

君は、どうしたらいいと思う？　まず第一に、君たちがこの世界の中心だという事実を見るようにしなさい。君たちと家族とが世界の中心なのだ。それが世界であり、だから君たちが変わらねばならない。……が、変わることはもっとも困難なことのひとつである。なぜなら私たちのほとんどは変わることを望んでいないからである。……変化をひきおこすには大いなる理解が必要である。人はこれからそれへと変わることはできる。が、それは少しも変化ではない。「私はこれからそれへと変わりつつある」と人々が言うとき、彼らは自分が移動しつつある、変わりつつあると考えている。が、実際は少しも移動しなかったのである。彼らがしたことは、自分はこうあるべきだという観念の投影である。「かくあるべき」自分という観念は、「あるがまま」の自分とは違う。ところが、「あるべき」自分をめざす変化を、彼らは運動だと考える。が、それは運動でも変化でもない。変化とは、まず実際に「あるがまま」のものに気づき、それと共に生きることである。すると人は、〈見る〉ことそれ自体が変化をひき起こすことがわかるだろう。

❖

（T：どうも本質的なものに関心が持てないのです。）

事実が大事なのです。だから事実を理解し、調べてごらんなさい。もしあなたが野心的なら、完全に野心的でありなさい。二重信念を持たないこと。野心的であるか、あるいは野心という事実を見るか、どちらかにすること。共に事実なのです。そして一つの事実を吟味するときは、徹底的に突きつめること。もしその事実を完全に調べれば、その事実が、何が野心に含蓄されているかを明らかにし始めるでしょう。そうすれば、野心という事実が解消し始め、やがて野心がなくなることでしょう。……

事実を見ることが、唯一重要なことなのです。事実に優劣はなく、あるのはただの事実だけです。それは容赦がありません。仮に私が弁護士なら、私は、事実、弁護士です。言い訳の余地はありません。その事実を見、それを調べ、動機を確かめると、事実とその複雑さがあばかれる。するとそのとき、皆さんはそこから抜け出しているのです。しかしもし皆さんが「私はつねに真実を語らなければならない」と言えば、それは理想です。それはまちがった仮定です。……ただの事実があるだけで、より以下でもより以上でもないのです。……皆さんは、たったの一打でたちまちすべての幻想、精神と頭脳のすべてのエネルギーの浪費をなくしてしまうのです。そのとき、精神はいかなる欺《あざむ》き、憎しみ、偽善もなく、厳密に働きます。そのとき、精神は非常に鋭くなります。それが生き方です。

❖

破壊的な混乱、不幸、苦しみを見て、私は、答えはただひとつしかなく、それは新しい精神を創造することだと思う。絶対に必要なのは、すべての問題を見つめて答えを見出し、新たな問題を生み出さない、別種の精神である。正しい教育は良い精神、人間の総合的発達をもたらすものであり、思うにそれがこの学校だけでなく他のすべての学校の一大問題なのだ。

（T：嫉妬は複雑なことがらです。）

それを開花させるのです。開花するうちに、嫉妬はその複雑な顔を見せはじめます。そしてその複雑さが理解され、見守られるうちに、それは何か他の要因を明らかにするので、今度はそれを開花させるのです。こうして、何ひとつ拒まれ、抑圧され、制御されることなく、あらゆるものが皆さんの中で開花していくのです。これは、とてつもない教育ではないでしょうか？

❖

（T：聞くという行為は資質でしょうか？）

皆さんは聞いていらっしゃる。なぜそれを資質と呼ぶのですか？　皆さんは今朝、私が言わんとすること――「あらゆるものを開花させなさい」――をお聞きになった。

もしほんとうに聞けば、開花は起こるでしょう。それは資質ではありません。資質とはすでに確立しているものです。開花は生きているもの、燃えさかっているもの、たけり狂っているものです。資質にしたり、練習したりはできないのです。色を見る練習ができるでしょうか？　できません。開花があるときにのみ、花の美しさと光輝を見ることができるのです。

❖

9『アートとしての教育――クリシュナムルティ書簡集』

（以下は、一九七三年三月から七月にかけてと、一九七八年九月から一九七九年十二月にかけて、クリシュナムルティ学校の教師に向けて発信された手紙の中から抽出したものである。）

あらゆる職業の中で、教育はもっとも偉大な仕事である。教師の目的は、世の中に新たな世代を送りだすことなのだ。このことは事実を指すのであって、概念を指すのではないことに注意してほしい。……教師が果たすことのできる最高の役割とは、あるがままの今・ここに向き合い、恐れに直面することだ。優秀な成績を上げられるようにしてやることも役割の一つだが、それよりもはるかに重要なことは、生徒および教師自身が心理的な自由を獲得することなのである。……

わたしたちの関心は善性を開花させることにあり、競争がわずかでも存在すれば開花はまず不可能だということを覚えておいてください。……比較をすることによって素晴らしいものが生まれることはない。わたしたちの学校は本来、生徒と教師の双方が善性という花を咲かせる手助けをするために存在している。……わたしたちの学校は、単なる経歴主義者を送りだすためではなく、スピリットがもつ並外れた力を呼び起こすために設立されたのだ。

❖

教育者には、学校に通う期間のみならず人生の全体にわたって、生徒が決して心理的な傷を負うことのないようにしてあげることができるだろうか？　また、このような傷が甚大なダメージを生じさせていることがわかった場合、生徒に対してどのような教育を施したらよいのだろうか？　人生全般にわたって生徒が決して傷つくことのないようにはからってあげるには、実のところ何をすべきなのだろうか？　生徒は既に傷をかかえた状態で学校にやってくる。ひょっとしたら、生徒はその傷に気がついていないかもしれない。……教師は二つの課題に直面している――つまり、過去の傷から生徒を解放してあげること、そして、将来の傷を予防してあげることの二つだ。……

この問題に向きあうとき、あなたの精神状態はどうあるべきなのだろうか？　これは生徒のみならず、あなた自身の問題でもある。あなたが傷をかかえているのと同じように生徒も傷を負っているのだから。……あなたが向きあって観察しなければならない重大な要素とは、このように双方が関与しているという点なのである。しかし、単に過去の傷から解放されることを望み、二度と傷つきたくないと願うだけではエネルギーの無駄に終わる。一方、完璧な注意を払いつつそうした事実を観察するならば、その傷がいかにしてもたらされることになったかが自ずと明らかになるだけでなく、注意を払うという行為自体が傷を拭い去ってくれる。このように、注意とは傷ついたり腐敗したりすることのない、広大なエネルギーなのだ。

どうか、この手紙の内容を鵜呑みにするようなことはしないでほしい。鵜呑みにするということは、真実を破壊することを意味する。まずは試していただきたい。それも将来のいつの日にかではなく、この手紙を読んでいる間に試すこと。もし、気軽な気持ちからではなく、自らの心《ハート》と存在のすべてをかけて試してみるならば、あなたは自分自身でことの真相を見出しだすことになるだろう。そのときにだけ、生徒が過去を拭い去り、傷つけられることのない精神をもてるようになる手助けが可能になるのだ。

❖

洞察は包括的《ホリスティック》なものである。包括的という言葉は、全体、つまり精神の全体性を指す。精神とは、人類が経てきたあらゆる経験のことであり、この中にはこれまでに蓄積されてきた膨大な知識に加え、その知識が可能にした数々の技巧や、知識によってもたらされた悲しみや不安、苦しみや嘆き、孤独といったものが含まれている。しかし、洞察はこうしたものすべてを超越している。洞察を行なうには悲しみや嘆き、孤独からの自由が不可欠なのだ。洞察はまた、継続的な過程ではなく、思考によってとらえることはできない。洞察は至高の英知であり、思考はその英知によって道具として用いられるのである。洞察とは、美と愛とを備えた英知のことである。実際には、これらを分かつことは不可能であり、これらは一体なのだ。それが全体性であり、この世でもっとも神聖なものなのである。

❖

欲望を抑圧することは不可能である。それはあまりにも強力であり、またあまりにも精妙なものだからだ。欲望というものは、手でつかみとって望み通りに形を変えられるようなものではない。……欲望に対しては、抑圧や変形や買収を図っても絶対に通用しない。……では、欲望をもたずに生きることは可能なのだろうか？　言葉を換えれば、欲望の影響を受けずに感覚が最高の機能を発揮することは可能なのだろうか？　感覚の働きには、心理的な側面と身体的な側面がある。たとえば、身体が暖かさや食べ物やセックスといったものを求めると、他にも身体が感じる痛みなどを挙げることができる。こうした感覚は自然なものだが、それらが心理的な領域に入りこむとやっかいなことになる。……

とすれば、問題となるのは、身体が本能的に起こす反応が心理的な領域に入りこむのを防ぐにはどうすればよいのかという点である。……欲望をもたずに生きることはできない。お腹が空けば、食べ物が必要だ。しかしながら、理解をすることによって、すなわち欲望の働き全体を調べることによって、欲望に本来の役割を果たさせることができる。そのとき、もはや欲望は、わたしたちの日常生活における無秩序の原因ではなくなる。

❖

理解とは、知性や言語のレベルでなされるものではなく、行動そのものを意味する。理解をした後で行動が起こされるのではない。この二つは、同時に並行して起きるものなのだ。また、ここで述べている関係性には、単に親友や隣人との関係性だけでなく、一度も会ったことのない人々、はるか遠い場所に住む人々の関係性も含まれている。関係性が課してくる責任は莫大なものである。あなたは関係性がなくては生きていかれない。……

関係性はもっとも重要なものなのだ。もし、ふだんの活動の軸足が自己中心的な活動に置かれているのなら、関係性はどこにも存在しなくなる。……関係性とは単に人々の間だけで成立するものではなく、自然や樹木や動物との間にも成立するものである。わたしたちが自然との触れあいを断ってしまえば、人間同士の触れあいも失われる。……生という広大な過程との触れあいを失ってしまえば、あなたはあらゆる関係性を喪失することになる。……関係性と自由は両立するものであると言える。そして、関係性ではないものを否定し、自由でないものを拒否することにより、完全な責任を伴う行為がもたらされるのだ。

（Q：あなたが言ったことをすべて理解できるほどの賢さが自分に備わっているかどうか、確信がもてません。……すべてを理解できるような賢い精神を備えるには、一体どうすればよいのでしょうか？）

賢いかどうかはまったく関係ない。……あえて指摘すれば、あなたが本当に必要としているものは、観察し耳を澄ませる能力なのだ。……あなたはごく単純に、そよ風に揺れる一枚の葉を観察することができるし、部屋の中を飛び回るハエを観察することもできる。さらにまた、あなたは自分自身の振る舞いを観察することもできる。あなたがああしたりこうしたりするのはなぜか、あなたはなぜ傷つき、どうして傷を溜め込んでいるのか、あなたが意固地になったりするのはどうしてなのか、こうしたことがらを観察することができる。文句を言いながら選り好みをしたりせず、ただ観察し、耳を澄ませるのだ。こうしたことを行うためには、深い注意を払わねばならない。こうしたことがらを学ぶことそのものが、すなわち注意を払うということなのだ。この中には、自らの理解をはるかに超えたとてつもない楽しみが存在する。それは、ひとりでにやってくる真の楽しみであり、そこではもはや他の楽しみを必要としなくなる。

❖

10『真の瞑想――自らの内なる光 クリシュナムルティ・トーク・セレクション②』

（サンフランシスコにおける講話から）

何かに全面的に注意（attention）を向けたことがおありですか？　この話し手が話していることに、みなさんは注意を向けていますか？　あるいは、比較する精神とともに聞いているのだろうか？　……完全な注意を向けるなら、身体と神経と目と耳と精神とともに、全存在をあげて注意を向けるなら、注意の起点となる中心はない。注意があるだけだ。その注意とは、完全な沈黙である。どうか、お聞きください。残念ながら、こういうことのすべてをお話しする人は誰もいないだろう。だから、どうか、語られていることに、みなさんの注意を向けてください。聞くという行為自体が注意の奇跡となるように。……善性は、何の権威もない、全的な注意の土壌にのみ、花開くことができる。善性の核心は、葛藤のない精神である。そして、善性は、大いなる責任を意味している。みなさんは戦争が起こるのを、善でありつつ許容することはできない。だから、ほんとうに善である人は、彼の人生全体に責任があるのだ。……

外側にあるものは、あらゆる神々を含め、何も助けにならないのであれば、自分独りで自分自身を理解しなければならないのは明らかである。自分とは何であるかを見て、自分自身を根源的に変えるしかない、ということである。そうすれば、そこから善性が現われる。そして、人は善い社会を創り出せるのだ。

(1975.3.25)

11『瞑想と自然（On Nature and the Environment）』

（本書は、イギリスおよびアメリカのクリシュナムルティ財団によって編集されたものである。「テーマ別シリーズ」の第一冊目をなしており、本書刊行後「自由について」、「生と死について」、「関係について」などが次々に出版されている。）

（ブロックウッド・パークでの講話から）

私は、過去によってけっして触れられたことのない目でもって見ることができるだろうか？　それが正気なのだ。皆さんは雲、木、自分の妻あるいは夫、友人を、イメージなしに見つめることができるだろうか？　自分がイメージを持っていることに気づくことが最も重要なのではないだろうか？　自分が、公式、イメージ、概念といった、いずれも歪曲させる要因であるものを通じて人生を見つめていることに気づくこと、そしてそれに無選択に気づくことが必要である。が、これらに気づこうとしているのが観察者であるかぎり、歪曲が起こる。それゆえ、あなた、精神は、検閲者なしに観察することができるだろうか？　いかなる解釈、いかなる比較、判断、評価もなしに聞くこと、あのそよ風、あの風の音を、過去のいかなる干渉もなしに聞くことができるだろうか？　（1970.9.10）

12『真理の種子——クリシュナムルティ対話集（Truth And Actuality）』

（本書は、物理学者デヴィッド・ボーム博士との対話、一九七五年の秋にイギリスのブロックウッド・パークで行われた講話および対話、一九七〇年代半ばにスイスのザーネンで行われた講話及び問答から成っている。以下は、その中から抽出したものである。）

（以下の①から⑦までは一連の講話から抽出したものである。）

①思考が「私 me」を、独立したものとなった「私」を、知識を獲得した「私」を、観察者である「私」を、過去であり、そして現在を通り抜けて、未来としてそれ自身を修正するところの「私」を構築してきたことを、人は見ることができる。それは依然として、思考によって作り上げられた「私」であり、そしてその「私」は、思考から独立してしまったのである。その「私」は、名前と形を持っている。それは、X、Yあるいはジョンと呼ばれるレッテルを持っている。それは肉体と、顔と同一化している。名前および形、すなわち構造と「私」との同一化、「私」が追求することを欲している理想との同一化がある。さらに、「私」を別種の「私」に変えようとする願望との、別の名前との同一化がある。この「私」は、時間の、思考の産物である。「私」というのは言葉だ。その言葉を取り除いてごらん。すると「私」とは何だろうか？

❖

②その「私」は苦しむ。「私」は、あなたのように、苦しむ。苦しんでいる「私」は、あなたなのだ。大きな不安の中にある「私」は、あなたが抱えている大きな不安でもある。それゆえ、あなたと私は共通である。それが、根本にある要素である。……奥深いところでは、根本的には、我々は同じなのだ。それゆえ、その「私」は、貪欲の流れ、「利己性《セルフィッシュネス》」の流れ、恐怖、不安、等々の流れの中を動いている。そして「私」は、その流れの中にいる点で、あなたと同じなのだ。どうか私が言っていることを鵜呑みにせずに、その真理を見るようにしてください。すなわち、あなたは利己的であり、そして他人も利己的である。あなたはおびえており、他人もおびえている。あなたは胸を痛め、苦しんでおり、涙を流し、貪欲や羨望に囚わ

れている――それは、あらゆる人間の共通の運命なのだ。……生きている間、我々はその流れの中に囚われている。どうか見るようにしてください。我々は、生の行為としてのこの流れの中にいるのだ、ということを。

❖

③この流れは、「利己性」だ――そのように表現しておこう――そしてこの流れの中に我々は生きている――「利己性」の流れ――この表現は、私がたった今行った「私」に関するあらゆる説明を含んでいる。そして我々が死ぬ時、有機体は死ぬが、しかしこの「利己性」の流れは続いてゆく。ただそれを見てください。それについて考究してごらんなさい。

仮に私が、非常に利己的な生を生きたとする。自己中心的な活動の中で、自分のさまざまな欲望に突き動かされ、自分の願望、野心、貪欲、羨望に縛られ、財産や知識を蓄え、その他あらゆる種類のもの事を蓄積していくこと――そのすべてを、私は「利己性」と呼んだのだ。……

❖

④アメリカに行こうと、インドに行こうと、あるいはヨーロッパ中どこに行こうと、さまざまな環境上の圧力等々によって修正されてはいるものの、基本的には、それが運動なのだ。そして肉体が死ぬ時、その運動は継続していく……その流れは時間である。それは思考の運動なのだ。それが苦しみを引き起こしたのだ。それが「私」を作り出し、そこから「私」は、今やそれ自身を独立したものであると主張し、それ自身をあなたから区別している。しかし、「私」は、苦しむ時にはあなたと同じである。「私」は、思考の

想像上の構造物なのだ。それ自体では、それは何の現実性も持っていないのである。それは、思考がそれを作り上げたところのものなのである。……そしてそれには、苦しみがある。その「利己性」の運動の中に我々が生きている時、我々はその流れの中で運ばれてゆき、そして我々が死ぬ時も、その流れは存在しているのである。

❖

⑤その流れが終わることは可能だろうか？　「利己性」が、そのすべての装飾、そのすべての狡猾さとともに、全的に終わり得るだろうか？　そしてその終わりは、時間の終わりだ。それゆえ、終わりの後には、全く異なった現われがあるのだ。すなわち、「利己性」の全面的消滅である。苦しみがある時、「あなた」や「私」はあるだろうか？　それとも苦しみだけがあるだろうか？　私は、その苦しみの中で、「私」として私自身を確認するが、それは思考の過程なのだ。しかし実際の事実は、あなたが苦しんでおり、そして私が苦しんでいるのであって、あなたとは無関係に「私」が苦しんでいるのではない。それゆえ、苦しみだけがある。……あなたがそれを悟る時、どうなるかお分かりだろうか？　その非個人化された苦しみから、あなたとは別個の「私」として確認されたものの苦しみではない、そのような苦しみがある時、そこから大いなる慈悲心が生まれる。「苦しみ suffering」という言葉自体が、「熱情 passion」から起こっている。

それゆえ私は、こういう問題を抱えている。つまり、「利己性」としての流れに生き、自分がその中に存在していることを知っている人間として、意識的、ならびに深いレベルでその流れ、その時間の運動を完全に終わらせ得るだろうか？　ということである。……あなたは、あらゆる醜悪さを伴うこの世界、人間が作った世界、思考が作った世界、独裁制、全体主義的権力、人間精神の荒廃、地球の破壊、動物の殺戮――人間は触れるものをことごとく破壊してしまう。……あなたは、この世界で、完全に時間なしに生きることができるだろうか？――それは、もはや「利己性」の流れに囚われないことを意味している。

◈

⑥これにはさらに多くのことが含まれている。偉大なる神秘と呼び得るようなものがあるからだ。それは、思考によって発明されたものではない。それは神秘的ではない。オカルト（隠されたもの）は神秘的ではないのである。今日では誰もがそれを追いかけており、流行になっているが。薬物が与える諸々の体験は、神秘的ではないのだ。死と呼ばれるものがあり、そしてそれから踏み出す可能性のあるところに、その神秘がある。

◈

⑦人が現実の世界に生きている限り――我々は事実そうしているのだが――その現実の世界で苦しみの終焉があり得るだろうか？　それについて考えてごらんなさい。それを見つめてごらんなさい。はい、またはいいえと言わないでください。もしも現実の世界に苦しみの終焉がなければ――終焉は秩序をもたらすのだが――もしも現実の世界に「利己性」の終焉がなければ――現実の世界に無秩序をもたらすのは、「利己性」なのだ――もしもそれに終わりがなければ、あなたは、時間の終焉の充分な意義を理解、または把握しなかったのだ。それゆえあなたは、現実の世界に、関係の、行為の世界に、合理的または不合理な思

考、快楽と恐怖の世界に、秩序をもたらさなければならない。それゆえ、人は、今の我々がそうであるように、現実の世界に生きていながら、「利己性」を終わらせ得るだろうか？　「利己性」を終わらせることは、非常に困難なことである。「自分自身のことを考えないようにする」だけではない。——現実の領域におけるこの「利己性」が、混沌をもたらしている。そしてあなたは世界であり、世界はあなたなのだ。もしもあなたが深く変われば、あなたは、人間の意識全体に影響を及ぼすのである。

❖

瞑想における統合の要素（unifying factor）とは何だろうか？　こう問うのは、それが最も必要かつ緊急な事柄だからだ。政治家たちは、彼らがこの統合《ユニティ》についていかに多言を弄しようと、それをもたらすことはない。その証拠に、彼らは、ただお互いに顔を会わせるようになるだけでも数千年かかったからである。……我々は、全く異なった種類のエネルギーについて、それ自身のエネルギーを持った思考の運動ではないもの、について話している。……どうかこれがあなたの問題であることを望む。……思考は統合の必要性を見、そしてそれゆえ中心を作り上げたのである。太陽がこの世界の中心として、あらゆるものをその光の中に包み込んでいるように、思考によって作り出されたこの中心は、人類を一つにまとめようと望む。偉大な征服者たち、偉大な軍人たちは、流血によってこれを行なおうと企ててきた。さまざまな宗教がそれを試みてきた、そして彼らの残虐性、戦争、拷問でもって、より一層の分裂を引き起こしてきたのだ。科学はこれに探りを入れてきた。そして科学は知識の蓄積であり、知識の運動は思考であり、断片的なので、統合することはできない。

人類の統合化をもたらすであろうエネルギーはあるのだろうか？　我々はこう言っている、瞑想においてこのエネルギーが生まれ出るのだと。なぜなら瞑想においては何の中心もないからだ。中心は思考によって作り出されるのだが、しかし瞑想においては、何か別のこと、全く異なったことが起こる。慈悲が生まれるのだ。それが、人類の統合の要素なのだ。慈悲深くあること——なることではなく、なぜならなることもまたもう一つの欺瞞だから——なのである。……唯一の要素がある、そしてそれは、この大いなる慈悲心である。そしてこの慈悲心は、我々が苦しみを、その幅と深さにわたって十全に理解するときにあるのだ。それだからこそ、我々は、苦しみについて、人間の苦しみだけでなく、人類全体の苦しみについて、多く話してきたのである。それを言葉の上で、または知的にではなく、どこか別のところで、あなたの心《ハート》の中で理解し、それを感じ取ってほしい。そしてあなたは世界であり、世界はあなたなのだから、もしもこの慈悲の誕生があれば、あなたは必然的に統合をもたらすことだろうし、またどうあってももたらすことになるのである。

13 『生の全体性（The Wholeness of Life)』

（本書には、クリシュナムルティ〔以下K〕、ボーム〔以下B〕、およびニューヨーク市の精神科医デビッド・シャインバーク〔以下S〕を加えた三人の間で行われた長い討論と、Kのいくつかの講話、質疑応答が収められている。なお、前三者の討論の模様は、テレビ放映され、好評を博したと言われている。以下は、その討論と講話から、一部抽出したものである。）

B：多くの人々は、自分は人間の本性がこんなふうだとは認めない、だからそれを何とか変えてみると主張してきましたが、それは無駄でした。……すべては結局、人間の性質は変わらないという考えに帰結するのです。

S：フロイトが現われたとき、彼はなるほど歴史的業績をあげはしましたが、けっして、精神分析は人間を変えるためのものであるとは言いませんでした。彼は、われわれにできるのはただ、人間を研究することだけだと言っただけです。

K：私はそのことには関心がありません。そのことは知っています。フロイトやユング、あるいはあなたのでも、ほかの誰の本でも、読む必要はないのです。それは、私のすぐ目の前を見ればわかるからです。

◈

瞑想の役目は、内面的に、したがって外面的にもあらゆる葛藤を完全に消し去ることである。葛藤を消し去るためには、この基本原理を理解しなければならない。「心理的に、観察者とはじつは観察されるものにほかならない」——。怒りがあるとき、そこに〈私〉はいない。だが、一瞬後に思考が〈私〉をつくり出し、「私は怒った」と言う。そして「私は怒るべきではない」という考えをもちこむ。だからまず怒りがあって、しかるのちに、怒るべきではない〈私〉が出てくる。その分裂が葛藤を生むのである。観察する者と観察されるものとのあいだに分裂がなく、したがって、あるのはただあるがままの実体、すなわち怒りだけだとしたら、そのときには何が起こるだろうか？　怒りは続くだろうか、それとも怒りは完全にやむだろうか？　怒りが湧き上がっても、それを目にとめる者がなく、分裂もないとき、その怒りは花開いてそしてしぼむ。さながら一輪の花のように、それは咲き、枯れ、そして消え去る……。しかし怒りと闘っているかぎり、怒りに抵抗し、怒りを正当化しているかぎり、人は怒りに活力を与えていることになる。観察する者が観察されるものであるとき、怒りは花開き、成長し、おのずと死ぬ――したがって、そのなかには心理的な葛藤はない。

❖

意識とその中身という問題を調べる際には、自分自身がそれを観察しているのか、それとも観察の際に意識が気づいているのは実は意識それ自体なのか――それを見出すことがきわめて重要である。そこには違いがある。あたかも外側から見るように、自分の意識の動き、つまり、自分の欲望、傷、野心、貪欲、そのほかあらゆる意識の中身を観察するのか、それとも、意識が意識自体に気づくのか……。後者は、思考が「自分が観察している対象はじつは自分がつくり出したものにすぎない、それは自分の意識の中身にすぎない」と悟ったとき、はじめて可能になる。そうなったら思考は、意識を観察している思考が組み立てた〈私〉をでなく、思考自身を観察しているだけだ、ということを悟る。そこにはただ観察だけがある。そうなったら、意識がその中身を開示しはじめる。たんに表面意識だけではなく、深層意識も含めた意識の中身のすべてを。もし純然たる不動の観察の重要性を知ったら、そのときには物事は花開きはじめ、意識はその扉を開きはじめるのだ。

◈

完全な留意《アテンション》があるときには止滅し、留意がないときには沸き上がる、この思考の本性は何か？　人は、何に気づくべきかを理解しなければならない。さもなければ、留意の重要な意義を完全には理解できない。〈気づき《アウェアネス》〉という観念があるのか、それとも気づいているだけなのか？　そこには違いがある。気づいているという観念か、それとも気づいている状態そのものか——。〈気づく〉とは、自分に関する物事、自然、樹々、環境、社会的構造などあらゆるものに対して鋭敏であること、いきいきと敏感であることを意味する。そして、起こっていることすべてに対して外面的に気づくと同時に、内面的に起こっていることに気づくことである。

◈

眼を動かさずに観察することだ。というのも、眼を動かせば、思考する頭脳が完全にはたらき出すからである。頭脳がはたらき出す瞬間、そこには歪曲が生まれる。眼を動かさずに何かを見つめてごらん。そうすれば、頭脳はどれほど静かになることだろう。眼だけではなく、自分の注意、自分の愛情をもって観察してごらん。注意や愛情があれば、観念ではなく事実を観察するようになる。注意、愛情をもって〈あるがまま〉に近づくようになる。そのあかつきには、判断、非難はいっさいなくなり、人は対極をなすものから解放されるのである。

14『生と出会う――社会から退却せずに、あなたの道を見つけるための教え』

（Q：私は何度かあなたの話を聴きました。しかし、何の変化も起きないのです。）

「私は何年かあなたの講話を聞きましたが、私には何の変化も起きません」。それなら、もう聴くのはおやめなさい。

よろしいですか、もしもあなたが何年も誰かの話を聴き、自分でそこで語られていることの美しさを見るとします。するとあなたはもっと聴きたいと思うようになる。そのとき、今まであなたが見たこともなかったものへのドアが開く。しかし、そのドアが開かないなら、何がよくないのだろう？　こうしたことを話している語り手に何か間違ったところがあるのか、それとも聴き手に問題があるのだろうか？　長年話し手に耳を傾けてきた人が変わらないのはなぜなのだろうか？　そこには大きな悲しみがある、そうではないだろうか？……

話し手の言っていることが、それ自体、何の価値ももたないからだろうか？……それには何の価値もないのだろうか？　そうであるかどうかを判断するには、あなたは話し手が言っていることを調べなければならない。そして調べるためには、あなたは聴く能力をもたねばならないだけでなく、見る能力をもたねばならない。……話し手が指し示すとしても、あなたが見なければならないのだ。……

この生全体――それがあなたの人生なのだが――を見ること、それに心を配ることについて話している。そしてそれはあなたの人生を空費しないことを意味する。あなたは十年か五十年かそこらの、ごく短い時間しかもっていません。が、それを無駄にしてはならない。それを見て、それを理解することに人生を捧げなさい。（1974.3）

❖

私は自分の得になるから話しているのではない。私は五十二年間話し続けてきたが、話すことには興味はない。私が関心を寄せているのは、あなたも同じものを発見して、あなたの人生が全く異なる、変容を遂げたものになり、あなたが何の問題ももたず、何の複雑さ［心のもつれ］ももたず、苦闘や渇望がなくなることだ。だから話し手は語っているのであって、それは彼の自己満足のためでも、喜びのためでも、達成感を得るためでもないのだ。……

精神とは、これまで私たちが見てきたように、たんに明晰、客観的、かつ非個人的に考える能力だけでなく、それが思考からではなく、純粋な観察から行為する能力をもつということを見ることでもある。……そういう精神は静かである。だからあなたは絶対的に静かな——比較的ではなく絶対に、だ——精神を持つ必要があるのだ。……私たちは何にも依存しない静けさについて話している。永遠で、無時間的な、名前のないものを見ることができるのは、こういう静けさ、精神の絶対の静寂だけなのだ。それが瞑想なのである。（1979.7.22）

15『ブッダとクリシュナムルティ——人間は変われるか？』

（一九七八年六月二十二日、イギリス、ブロックウッド・パークにて、クリシュナムルティ〔以下K〕と仏教学者ワルポラ・ラーフラ〔以下WR〕、イルムガルト・シュレーゲル〔以下IS〕、及びデヴィッド・ボーム教授その他との間で行われた第一の対話から）

K：ひとが貪欲だと自覚するなら、なぜ、貪欲ならざること、非貪欲を発明するのでしょうね？

IS：わたしにはわかりません。だって、わたしが貪欲だったら、貪欲なんだというのは自明だと思いますよ。

K：それでは、どうして、反対・逆が出てくるのでしょう？　なぜ？　すべての宗教は、わたしたちは貪欲であってはならないと言い、哲学者の名に値するすべての哲学者は、貪欲になるなとか、その類のことを言います。あるいは、貪欲では天国に行けないとか。このように、伝統を通じて、聖人たちを通じて、あらゆる場面で、この反対・逆という考え方が培われてきたのです。だから、わたしはそれを受け入れません。「あれなるもの」は「これなるもの」からの逃走だと言っているのです。

IS：そうですね。せいぜいでも、中途半端な段階でしょう。

K：これなるものからの逃走、そうではありませんか？　それでは、この問題は解決しない。問題と取り組んで、問題を取り除くには、片足をあっちに、片足をこっちに置くというわけにはいかないのです。両足をここに据えなくてはならない。

IS：両足をここに据えると、どうなります？

K：待ってください。これは喩え、喩えですよ。つまり、時間、進歩、練習や修行、試み、何かになるなどのあらゆるすべてを意味する反対・逆が、わたしにはないのです。

IS：すると、わたしは貪欲だと、暴力的だと見るのですね。

K：そこで、まったく違った問題が出てきます。人間は「たったいま」貪欲から自由になれるでしょうか？　それが問題です。いつか、ではなく。おわかりですか。わたしは、次の人生で、あるいは明後日に貪欲でなくなる、ということには関心はありません。そんなことはどうでもいいでしょう。たったいま、悲しみから、苦痛から自由になりたい。だから、わたしには理想はまったくありません。当然でしょう？　わたしは貪欲である、わたしにはこの事実があるだけです。貪欲とは何か？　この言葉自体が断罪的です。「貪欲」という言葉は、何世紀もわたしの精神にあって、この言葉は即座にその事実を断罪します。「わたしは貪欲だ」と言うことで、わたしはすでに断罪している。では、その事実を、その言葉なしに、言葉が持つ暗示や内容や伝統なしに見ることができるでしょうか？　そこを見てください。言葉に囚われていたら、貪欲という感情の深さを理解することもできず、そこから自由になることもできません。そこで、わたしという全存在が貪欲と関わっているときに、「よろしい、わたしはそれに囚われないことにしよう、『貪欲』という言葉を使わないぞ」と言う。どうですか？　さて、その感情は、言葉なしにありますか、「貪欲」という言葉から切り離されていますか？

IS：いいえ、そうではありませんね。続けてください。

K：では、わたしの心がたくさんの言葉でいっぱいになり、言葉に囚われているなら、「貪欲」をその言葉なしに見ることができますか？

WR：それは事実を現実に見ることです。

K：そのときだけ、まさにわたしは事実を見ているのです。そのときにだけ、まさにわたしは事実を見ているのです。

WR：そう、言葉なしに。

K：だから、価値づけもない、それで終わりです。そこに、困難が存在するのですよ。わたしは貪欲から自由になりたい、なぜなら、わたしの血、伝統、育ち、教育のすべてが、その醜いことから自由になれ、と言うから。そこで、わたしはいつも、そこから自由になろうと努力し続ける。そうではありませんか？　ありがたいことに、わたしはそのような教育を受けませんでした。そこで、わたしは言います。よろしい、事実だけがある、わたしは貪欲だという事実だけが、と。その言葉の本質や構造を、その感情の本質や構造を、わたしは理解したい。それは何なのか？　その感情の本質は何なのか？

それは記憶なのか？　記憶だとすれば、わたしはいまの貪欲を過去の記憶とともに見ている。過去の記憶が、それを断罪しろと言う。わたしは過去の記憶なしに、それを見ることができるのか？

これについては、もうちょっとお話ししましょう。なぜなら、過去の記憶は貪欲を断罪し、それゆえに貪欲を強化するからです。それが真新しい何かなら、わたしは断罪しないでしょう。だが、そうではないから、新しいのだけれど、記憶によって、思い出や経験によって古いものになっているから、断罪するのです。それでは、言葉なしに、言葉の連想なしに見ることができるでしょうか？　それには規律や練習・

修行などは必要ないし、導きも必要ありません。ただ、これだけのことです——言葉なしに見ることができるでしょうか？……

（一九七八年六月二十三日、イギリス、ブロックウッド・パークにて、クリシュナムルティ〔以下K〕と仏教学者ワルポラ・ラーフラ〔以下WR〕、イルムガルト・シュレーゲル、及びデヴィッド・ボーム教授その他との間で行われた第二の対話から）

❖

K：おわかりかもしれませんが、わたしは自分にとっての事実とは何か、そこからのみはじめます。事実とは何か、どこかの哲学者や宗教的教師、聖職者に従えばどうこうではなく——事実として——わたしは苦しんでいる、不安を抱いている、性的欲求を持っています。わたしの人生をあまりに惨めで不幸なものに作り上げている、これらのとてつもない複合体に、わたしはどう対処するのか、わたしはそこから始めます。誰かが言ったことから、ではなく。そんなものは何の意味もない。おわかりですか？　お許しいただきたいのですが、わたしはブッダを貶めるつもりはないのですよ。そんなつもりは、まったくありません。

WR：わかっています。あなたがブッダに最高の敬意を抱いていることは知っています。わたしたちは同じ姿勢でいます。わたしはあなたとともに探究したいのです。だから、質問をしています。

K：いや、こう言ってはなんですが、必ずしもそうではありませんね。わたしは、わたしたち全員に共通することから始めます。……わたしは見ます。この混乱、不確かさ、不安定さ、辛苦、努力などのすべての根は、自我なのだ、と。「わたし」なのだ、と。……わたしは尋ねているのです。思考は終わり得るか、と。

つまりは、思考が未来を持たないために。思考が終わり、そのとき、まったく違ったことが始まるために。「わたし」の終わりが始まるのではありません。それだったら、いずれまた同じことが繰り返されるでしょう。そうではありませんか？

この思考は、どうすれば終わり得るのか？　それが問題です。ブッダはきっと、それについて語っているはずです。わたしの知る限り、キリスト教ではそれには触れていないと思います。……

❖

（一九七八年六月二十三日、イギリス、ブロックウッド・パークにて、クリシュナムルティ〔以下K〕と仏教学者ワルポラ・ラーフラ〔以下WR〕、イルムガルト・シュレーゲル、及びデヴィッド・ボーム教授その他との間で行われた第三の対話から）

WR：わたしたちはどこへ行こうとしているのでしょうね。

K：わたしたちはどこへ行こうとしているのでしょうか？　まだ、わたしの話は終わっていません。生の中心的な問題について、まだ話し合っていませんね。動機、反応、後悔、苦しみ、悲しみといったものの巨大な複合体を免れている行動とはどういうものなのか？　人間は、このような恐ろしい混乱のない行動とともに生きることができるのか？　それが問題なのです。……わたしが発見したのは、努力と後悔が影のように付きまとっていない行動はあるのか、ということです。……わたしは何をすべきか？　いかなる状況の下でも正しい行動とは、状況に左右されない行動とは何か？……全的な行動、完全であり、全体であって、部分ではない行動があるのかどうか理解しなくてはなりません。……

WR：あなたのおっしゃる「全体的に」とは、どういう意味ですか。
K：一つの全体として把握するということです。……わたしはあなたを一つの全体的存在として見ることができるだろうか？　おわかりですか？　わたしは人類を自分自身として、一つの全体として見ることができるだろうか？　それが肝要なのです。……なぜなら、人類はわたしと同じように苦しみ、惨めで、混乱し、苦悶していて、怯え、安全ではなく、悲しみに打ちひしがれている、等々だからです。そうではありませんか？　だから一人ひとりの人間、ひいては人類を見るとき、わたしはまさに自分自身を見るのです。

◈

（一九七九年六月二十八日、イギリス、ブロックウッド・パークにて、クリシュナムルティ〔以下K〕と仏教学者ワルポラ・ラーフラ〔以下WR〕、フィロズ・メータその他との間で行われた第四の対話から）

K：さて、真理の問題に戻りましょうか？　それとも午後、それについて改めて話し合いましょうか？　そのとき、真理とは何かを追求できるでしょう。
WR：いや、真理の探究を午後まで待ってはいられません！（笑）
K：あなたは、五分で片づけたいと思っておられるのですか？
WR：五分も待てません。
K：それでは一分で？
WR：一分。一分で片づけられないなら、五時間かけてもできないでしょう。
K：まったく、そのとおりです。わかりました。では一秒で！　真理とは時間を通じて知覚されるものではない。真理は、自我があるときには存在しない。どんな方向へであれ、思考が働いているときには、真理は現れない。真理とは測り知ることのできない何かである。そして愛がなければ、慈しみの心がなければ、英知がなければ、真理はあり得ない。

WR：ああ、あなたも否定的な表現で説明されました。ブッダの真正の伝統においてなされてきたように。

K：あなたは、わたしが言い表したことを伝統に照らして受け止められた。だから、あなたは実際に聞くことから遠ざかったのではないかと思うのです。こう指摘させていただいて、申し訳ありませんが。

WR：いや、わたしは聞きました。虚心坦懐に聞きました。

K：では、その香りをつかんだはずです。

WR：ええ、わたしはあなたがおっしゃったことの香りをつかみました。だから、一分で、とお願いしたのです。

❖

（一九七九年六月二十八日、イギリス、ブロックウッド・パークにて、クリシュナムルティ〔以下K〕と仏教学者ワルポラ・ラーフラ、フィロズ・メータ〔以下PM〕、メアリー・ジンバリスト〔以下MZ〕、スコット・フォーブス〔以下SF〕その他との間で行われた第四の対話から）

PM：真に見るのです。そして、真に見ることが真の行為、創造的な行為なのですね。

K：そのとおりです。そしてそのように見る、その瞬間に、わたしは不安から自由になります。あるいは、自分がちっぽけな精神の持ち主であることを見る、その瞬間に、それは終わります。

PM：それは通常の心理的プロセスの完全な変容です。

K：そのとおり。

MZ：それがいままで話し合ってきたことのうちの最重要点であると同時に、実際には最大の難問なのではないでしょうか？　そして、人々が間違いを犯してしまうところです。つまり、彼らはあなたがお話しになっている意味では見ていない。言葉のうえで、知的、あるいはその他さまざまなレベルで見てはいるが、しかし、現実は見ていないのです。

K：そうです。ほとんどの場合、彼らは悲しんでいることを意に介していないと思います。彼らは「だって、どうしようもないだろう？」と言います。彼らは、自分自身のちっぽけな反応を見ていません。それで言うのです。「そうさ、しかたがないだろう？」と。

そうなのです。メアリー。ひと――あなた個人のことではありませんよ――は、自分の意見を捨てたことがあるでしょうか？　自分の偏見を完全に捨てたことが？　あるいは自分の経験を？　決してありません。彼らは「冗談を言わないでくれ」と言います――あなたの言葉に耳を傾けることすら、しないのです。

……

SF：流れの外に踏み出し、もはや流れの現れではないひとに対しては、何かべつのものが働いているのでしょうか？　その性質とは何なのか、話していただけますか？

K：それは英知です。英知は愛であり、英知は慈しみです。

❖

（一九七九年七月十七日、ザーネンでの講話から）

（Q：わたしの思考は止まりません。）

いや、それは思考が止まるかどうかの問題ではない。……わたしが言っているのは、思考自らが自身のしていることを自覚しているのか、ということである。思考が欲望を作り出し、その欲望の成就は心理的時間をかけて遂げられる、ということに、だ。そして、そこには恐怖が含まれている。……

よろしいですか。わたしが瞬時に死ぬなら、恐怖はない。突然、心臓発作を起こしたら、それで一巻の終わりだから、恐怖が起こる時間的余地はない。だが、わたしの心臓は弱く、そのうち死ぬかもしれない。いつか未来に。未来は恐怖の運動である。おわかりですか？　あなたの結論ではなく、その真理を見てください。「ええ、わかりました」と言わないで、その真理を見ることなのだ。

すると、まさにその真理そのものが働き出す。あなたは何もする必要がない。あなたが真理を見れば、そしてその真理が事実であれば、そのとき、思考は言う。「わかった。わたしは引っ込む」と。思考は事実ではない何かに働きかけることはできるが、事実に働きかけることはできないのだ。では、この長々しい話を聞いたあとで、みなさんは恐怖の性質を自覚しただろうか？　その真理を見てほしい。その真理をほんとうに見れば、恐怖は消える。……

今朝、非常に明快な、分析ではない説明をお聞きになった。では、みなさんは恐怖から解放されただろうか？　それが試験である。みなさんが、依然として、いままでどおりに「わたしは……を恐れている」と言うなら、残念ながら、みなさんはほんとうには聞いていなかった、ということだ。

（一九七九年七月二十六日、ザーネンでの講話から）

今朝、わたしたちは、この会場に参集した千もしくは二千人の聴衆なのではなく、互いに話し合うふたりの人間なのだ、というふうにみなすことができるだろうか？　皆さん一人ひとりと話し手はふたりで語り合っている。ただし、ふたりが語り合っているとき、そこには必然的にそれ以外のすべてのひとが含まれている。次に言っておきたいのは、「これはできない、不可能だ。あなたは生まれつきの生物学的変種の類なので、そのようなひとが話すことはふつうのひとにはあてはまらない。このすべてを理解するには特別の遺伝子を持っていなくてはならないと思う」と言って自分自身をブロックし、それによって自己探索を妨げないでほしい、ということである。ひとは、自己探索を回避するための無数の手段を見つける。自分自身を綿密に観察し、理解し、そして自己探索を妨げているものを見つけ出して、それらの障害物を脇にどけることを回避するのだ。だから、もしもそれらの障害物を片づけることができれば、そのときはたぶん、わたしたちは互いにもっと円滑に意思疎通することができるようになるだろう。

16 〔新装・新訳版〕『キッチン日記：J・クリシュナムルティとの1001回のランチ（The Kitchen Chronicles: 1001 Lunches with J. Krishnamurti by Michael Krohnen）』

（本書は、クリシュナムルティと彼の客たちにシェフとして菜食料理を提供した、氏の最も深い理解者の一人である著者による一九七五年から一九八六年までの出来事の精緻にして長大なクリシュナムルティ随聞記である。以下は、ユーモア・ジョークを愛したクリシュナムルティの趣のあるジョークから）

（ほんの数カ月前にアメリカ大統領に就任した【＝就任年月日：一九七七年一月二十日】ジミー・カーターがソビエトの頭首であるレオニード・ブレジネフとどのようにうまくやってゆくか、ある日の会食中話題となったとき、「もしよろしければこんなジョークはいかがですか？」とクリシュナムルティはテーブルの周りにいる人たちを見渡した。全員が話を止め、彼の話を熱心に聞こうと、彼の方を向いていた。そして、クリシュナムルティはこう語った。）

「これはニクソンがまだ大統領だったころの出来事です」と彼は笑みを浮かべながら説明した。「ブレジネフはニクソンを直通電話で呼び出してこう言います。『ハロー、大統領殿、ご機嫌はいかがですか？私は貴下がとても信じられないような世界一のスーパーコンピュータを持っていると聞きました』。ニクソンは答えます。『ええ、書記長殿。ですが、どうしてこの情報を入手されたのですか？　これはトップシークレットなのですよ。じつは、それは世界最速のコンピュータで、事件を最長で三十年も前に予測できるのです』。ブレジネフは感嘆してしまいます。『三十年ですって？　実に驚嘆すべきことです。このソビエト連邦においてさえ、まだそんなものはありません。実は、もし差し支えなければ、聞き入れていただきたいお願いがあるのですが』。ニクソンは答える。『緊張緩和の名において、何なりとおっしゃってください。合衆国の国家機密や利益に反することでないかぎり』。ブレジネフは答えます。『そういうことは夢想だにしていません。ただ、そのコンピュータに聞いてもらいたいのです。西暦二〇〇〇年に共産党政治局の中枢にいるのは誰なのかを』。大統領は答えます。『雑作ないことです、レオニード。一分間くださ
い』。彼がコンピュータに伺いをたてている間、直通電話線は無音のままです。ブレジネフは耳を受話器に押しつけますが、しかし数分が過ぎてもモスクワの雑音しか聞こえてきません。とうとう彼は訊ねます。『あなたはまだそこにおられるのですか、リチャード、しかし私には判別できないのです』とニクソンは応えます。ブレジネフは性急に訊ねます。『何と言っているのですか?』そこでニクソンは言います。『実は、言っていることが判別できないのです――なにしろ、全部中国語で話しているので』。」

（全員が腹の底から笑いころげた。私はクリシュナムルティの向かい側に坐り、彼がジョークを話すことをいかに楽しんでいるのかを見ていた。……著者記す。）

17『クリシュナムルティの生と死』

（一九七九年にイギリス・ブロックウッドにて、メアリー・ルティエンス〔＝本書の著者、以下ML〕は、クリシュナムルティ〔以下K〕との間で、長い会話を持った。彼が誰でどういう人物だったのかについての謎〔神秘〕を解くべく企画されてのものだった。この席には、メアリー・ジンバリストが居合わせ、メモをとった。以下は、そのメモから引用された会話の再現の中から抽出したものである。なお、抽出

したものは、一連のものであるため、①から⑫を付した。）

①ML：教えは単純ではありません。どのようにしてそれらがあのぼんやりした少年から出てきたのでしょう？

K：あなたはそれを謎〔神秘〕と見なしておられるようですね。少年は愛情深く、ぼんやりしていて、知的ではなく、運動競技が好きでした。この中で重要なのは、空白の精神 vacant mind です。その空白の精神がどのようにしてこれ〔教え〕に至ることができたのでしょう？　これが顕現するためには空白が必要だったのでしょうか？　この顕現しているものは普遍的な貯水池からやって来るのでしょうか？　他の分野で天才がそこからやって来るように？　宗教的精神は天才とは無関係です。空白の精神が神智学等々〔の教えや知識〕によっていっぱいにされなかったのはどういうわけなのでしょう？　……何が彼をそんなふうにしたのでしょう？　肉体は数多くの生を経て準備されたのでしょうか、それともこの力 force が空白の肉体を見つけて選んだのでしょうか？　なぜ彼は、ああいったすべての阿諛追従にもかかわらず忌むべきものにならなかったのでしょう？　なぜ彼は冷笑的で、恨みがましくならなかったのでしょう？　何が彼をそれから遠ざけたのでしょう？　この空白は保護されていました。何によって？

❖

②ML：まさにそれを私たちは見出そうとしているのです。

K：今までずっとそれは護衛され、保護されてきました。私が飛行機に乗り込む時、何も起こらないと私は知っています。が、私は危険を招くようなことは何もしません。私はグライダーで上空に行ってみたいと思ったことがある［グスタードで彼にその機会があった］のですが、しかし「いや、そうしてはいけない」と感じたのです。常に私は保護されていると感じてきました。……空白はけっしてなくなりませんでした。

歯科医のところで四時間にわたって、ただの一つの思考も私の頭に入り込みませんでした。話したり書いたりしている時にだけ「これ」が活動し始めるのです。私は驚いています。空白が依然としてあるのです。あの歳から今――八十余歳――に至るまで、精神が空っぽのまま保たれているのです。何がそうさせているのでしょう？　たった今、あなたはそれを部屋の中で感じることができます。この部屋で今それが起こっているのは、私たちが何かとてつもなく重要なものに触れていて、ゆえにそれが押し寄せているからです。この人物の精神は、幼少の頃から今まで、絶えず空っぽのままなのです。私は神秘化したいわけではありません。なぜそれが他の誰にも起こりえないのでしょう？

❖

③ML：あなたが講話を行なう時、あなたの精神は空っぽなのですか？
K：ええ、そうです。完全に。が、私が関心があるのはそのことではなく、なぜ空っぽのままでいられるかです。なぜなら、空白であるがゆえにそれは何の問題も抱え込まないからです。
ML：それは独特なのですか？
K：いいえ。もしそれが独特のものなら、他の人々はそれを得ることができません。私はどのような神秘も避けたいのです。私には、少年の精神が今も同じであることがわかります。他在 the other thing は今ここにあります。それを感じませんか？　それは振動に似ています。

ＭＬ：あなたの教えの本質は、誰もがそれをわがものにすることができるということです。〔私は確かに振動を感じたが、それが想像ではなかったという確信はなかった。〕

Ｋ：そうです。もしもそれが独特のものだったら、それには何の価値もありません。が、これはそのようなものではありません。それがこのもの〔他在〕のために空っぽのままにされているのは、「私は空白だが、あなた――Ｘ――もまたそれを得ることができる」と言うためでしょうか？

❖

④ＭＬ：……それが空白なのは、それが誰にでも起こりうることだと教えるためだという意味ですか？

Ｋ：そうです。そのとおりです。が、精神を空白にしたのはあのもの〔他在〕なのでしょうか？　どういうわけでそれはこれまでの年月ずっと空白のままだったのでしょう？　それは途方もないことです。

……なぜ彼は執着していなかったのでしょう？　あのもの〔他在〕がこう言ったにちがいありません。「空白がなければならない。さもなければ私――それ――が働くことができないから」と。これはあらゆる種類の神秘的なものを認めることです。では、こういったすべてのことを言うためにそれ〔精神〕を空っぽのままにさせているそれとは何なのでしょう？　それは、最も空っぽのままでいられそうだった少年を見つけたのでしょうか？　この少年は明らかに、リードビーターに逆らい、神智学に逆らい、権威に逆らうことに何の恐れも抱いていませんでした。アンマ（＝ベサント夫人）とリードビーター――彼らは大きな権威を持っていたのです。そのもの〔他在〕が働いていたにちがいありません。このことは全人類にとって可能でなければなりません。さもなければ、それに何の意味があるのでしょう？

❖

⑤Ｋ：なぜこの少年〔の精神〕が当時から今まで空っぽのままにされてきたのか、その理由を私たちはまだ発見していません。この空白というのは、利己性――自己《セルフ》――私の家、執着心がない状態のことでしょうか？……ロード・マイトレーヤはこの肉体にエゴのかけらもないのを見て、それを通じて顕現することを欲し、従ってそれは汚れのないままに保たれたというのです。アンマは、Ｋの顔は非常に重要だと言いました。なぜならそれはそれを代表〔象徴〕するものだからだ、と。それはそれのために準備されたというのです。これは、誰もがそれを持つことはできないことを意味しています。Ｋは生物学的変種だということです。いかにも安易な打開策です。では何が本当なのでしょう？　それは自己欺瞞でも、錯覚でも、誘導された状態でも、願望の所産でもありません――何を願ったらいいか私にはわかりません。こういったすべてにおいて奇妙なことの一つは、Ｋが常に仏陀に惹きつけられてきたということです。……あの貯蔵庫というのは仏陀のことなのでしょうか、マイトレーヤのことなのでしょうか？　何が本当なのでしょう？　それは私たちがけっして見出すことができない何かなのでしょうか？

❖

⑥メアリー・ジンバリスト：あなたは常に使われている、何かがあなたの中に入って来ると感じているのですか？

Ｋ：常にそうだというわけではありません。それは、私たちが真剣に話し合っている時に部屋に入って来るのです。

ML：それは苦痛とどう関わっているのですか？

K：苦痛は、私が静かにしている時、話していない時にやって来ます。それはゆっくりとやって来て、肉体が「もう十分です」と言うまで続きます。〔苦痛が〕危期〔峠〕に達した後、肉体は気を失います。苦痛は次第に消え失せるか、または何らかの中断の後それは去って行きます。

ML：その何か〔が入らないように〕外側からはばむことはできるのでしょうか？

K：わかりません。が、何が本当なのでしょう？　このすべての中には、人間によるこしらえものでも、思考によるこしらえものでも、自己によって誘導されたものでもない要素があります。私はそのような作為とは無縁です。この何かは私たちには発見できないもの、私たちが触れてはならないもの、貫入できないものなのでしょうか？　私は思案しているのです。私はしばしば、それは私のすることではない、私にはけっして見出せないだろうと感じてきました。……私はあなたにも、メアリー〔ジンバリスト〕にも、スッバ・ラオ〔早い時期からKを知っていた〕にも話してきました。彼は言いました。「あなたは初めからずっと今のままでした」。私は自問しました。「これは本当だろうか？」もしそうなら、他の人々には何の希望もありません。それはすべて、私たちには触れることのできない何かなのでしょうか？　私たちは自分の精神でもってそれに触れようと試みています。あなた方の精神がすっかり静まっている時にそれが何かを見出すようにしてごらんなさい。ことの真相を見極めるためには、あなた方は自分の精神を空しくさせなければならないのです。すでに空《くう》の中にある私の精神をではなく。が、そこには私たちが見逃している要素があります。私たちは、私たちの脳、私たちの探究の道具が意味を持たない、そういう地点に達したのです。

❖

⑦ML：他の誰かには見出すことができるのでしょうか？　また、そもそも探究することは適切なのでしょうか？

K：あなたはそれについて書いているのですから、あなたにはできるかもしれないのです。私にはできませんが。……私は何かを見ますし、私が言ったことは本当です――が、私にはけっして見出せないのです。水にはけっして水とは何かを見出すことはできないのです。それはあたりまえのことです。もしもあなたが何かを見つけたら、私はそれを確証してみせます。……もしあなたが質問して、「私にはわかりません」と言えば、あなたはそれを見出すかもしれません。もしも私がそれを書いていたら、私はこういったすべてを述べ、まったくぼんやりした空《うつ》ろな少年から始めるでしょう。

ML：あなたがそれを説明してもらいたがっていると言ってかまわないのですか？

K：かまいません。どうぞ言いたいことを言ってください。もし他の人々がこのことに注意を向ければ、間違いなくできると思います。これは絶対に確かです。絶対に。同時に、私にはそれができないことも確かなのです。

ML：もしも人がそれを理解することができたとしても、それを言葉で言い表わせなかったら？

K：いや、できると思います。〔表現の〕仕方を見つけるでしょう。あなたが何かを発見するやいなや、あなたはそれを言い表わす言葉を見つけるのです。詩のように。……あなたがそれを見つけるやいなや、それは正しいのであって、そこには何の神秘〔謎〕もないのです。
ＭＬ：神秘が突き止められてもかまわないのでしょうか？
Ｋ：いや、神秘は消え失せるでしょう。
ＭＬ：しかし神秘は神聖なものではないでしょうか？
Ｋ：神聖さは残るでしょう。

◈

⑧ＭＬ：あなたの教えは非常に複雑です。
Ｋ：とても複雑です。
ＭＬ：それを読んであなたには理解できるのですか？
Ｋ：ええ、わかります。
ＭＬ：誰が教えを作り出したのですか？　あなたですか？　神秘〔的な誰か〕ですか？
Ｋ：良い質問です。誰が教えを作り出したのでしょう？
ＭＬ：Ｋ、人間としてのあなたを知っている私には、あなたが教えを作り出したと考えることは困難です。
Ｋ：ろくに学びもしなかったのに、とおっしゃりたいのですか？　あなたまたは他の誰かがそれらを作り出したのではないかと？
ＭＬ：あなたの脳の一部ではないと思われる何かがあなたの中に現れるのではないでしょうか。

K：教えは尋常ではありませんか？
ML：ええ、違っています。独特です。
K：はっきりさせましょう。……何が起こるのかあなたにお伝えしましょう。……真空の感覚があり、それから何かがやって来るのです。そのためにもし私が〔意図的に〕坐れば、私にはそうできないかもしれないのです。ショーペンハウエル、レーニン、バートランド・ラッセル等々は皆大変な読書家でした。そしてここには、〔学問的〕訓練も鍛錬も受けずにきたこの人物の現象がある。どうやって彼はこのすべてを手に入れたのでしょう？　それは何なのでしょう？　もしもK――無学で、温和な人間――しかいなかったら、一体それはどこから来るのでしょう？　この人物が教えを考え出したのではありません。

❖

⑨ML：彼（＝K）は思考によってそれに至ったのではないのですか？
K：それは――あの――聖書から出た言葉――啓示 revelation のようなものです。それは、私が話している間中起こるのです。
ML：聴衆が啓示に資するような何かを創り出すのですか？
K：いいえ。また初めからやり直しましょう。より深い質問はこうです。少年は発見された。が、なぜか条件づけが働かなかった――神智学、阿諛追従、世界教師〔の地位〕、財産、莫大な金銭――といったもののどれも彼に影響を及ぼさなかった。なぜか？　誰が彼を保護したのか？
ML：何らかの力《パワー》を擬人化しないでいることは、私には困難です――誰かによる保護。保護する力《パワー》というのは私たちの制限された脳にとってはあまりにも大きな概念ですが、しかし多分、それは避雷導線〔針〕のようなものなのでしょう。稲妻、電気は導線――地面への最直進路――を見つけます。この力《パワー》は――思うに、それは実は愛なのですが――空っぽの精神に導線を見出したのです。

K：それは特別な肉体に違いありません。なぜその肉体が出現し、ずっと腐敗せずにいたのでしょう？　それを腐敗させることはとても容易だったでしょうから。それは、力《パワー》がそれを護衛していたということを含意しています。

ML：そしてそれを訓練し――〈プロセス〉によってそれを利用できるようにしたのですか？

K：それが起こったのは後のことです。

ML：それは、肉体が十分に強くなるやいなや始まったのですね。

K：ええ。ですが、もしもあなたがそういったすべてを認めれば、それは善かれ悪しかれ変種だと言っているようなものです。その変種は教えのために護られたのであって、変種自体はまったく重要ではないのです。誰であろうと教えを受け入れ、その真理を見出すことができるのです。もしもあなたが変種を重要視すれば、他のあらゆるものを除外してしまうのです。

❖

⑩メアリー・ジンバリスト：変種は教えを公表するために必要ですが、変種ではない人々がそれを受け入れることができるのですか？

K：ええ、ええ。そこで尋ねているのです。どういうわけでそれは変種として維持されてきたのだろう？

なんともおぼつかない言葉ですが。

ML：何らかの力が待ち受けていたからでは……

K：……仏陀は苦悩も何もかも味わい、それからそういったものを振り払って悟りを得たのです。彼が教えたことは独創的でしたが、彼はそういったすべてを味わったのです。が、ここにも、そういったものを味わわなかった変種がいます。イエスもまた変種だったのかもしれません。この肉体の場合は、それが生まれた瞬間から何らかの力《パワー》がそれを見守ってきたのに違いありません。なぜでしょう？　なぜそんなことが起こったのでしょう？　なんら特別でもない家族から出た少年に？　そもそも、どうしてその少年がそこに居合わせたのでしょう？　その少年を創り出したのは、顕現することを欲していたあの力《パワー》なのでしょうか、それともその力《パワー》がバラモンの家族の八番目の子を見つけて、「まさにこの子だ」と言ったのでしょうか？　かのものが部屋の中にあります。それは何なのですかとあなたが尋ねても、それは答えないでしょう。それは言うでしょう、「あなたは小さすぎる」と。確か先日、顕現しなければならない善の貯蔵庫のようなものがあると私たちは言いましたね。が、そうすると私たちは振り出しに戻ってしまいます。生物学的な変種を持ち出すことなしに、どうやってあなたはこれを説明しますか？　が、このすべては神聖なのですが、その神聖さだけではなく、私たちが話してきた他のあらゆることをどうやって伝えますか？　なぜこの少年は腐敗させられなかったのか？　それは実はとてつもないことなのです。彼らは私を支配するためにあらゆることをしたのです。なぜ彼はオーハイでの体験（＝一九二二年の神秘体験）をさせられたのでしょう？　肉体が十分に調律させられていなかったからでしょうか？

⑪メアリー・ジンバリスト：あなたはけっして苦痛を避けようとはしませんでしたね。

K：もちろんです、ええ。ところで、一時間半ほど前にそれ──苦痛──が始まっているのです。かりにあなたがこういったすべてを書き留めるとします。ジョー〔私＝ルティエンスの夫〕のような正気な人、思慮深い人は、それについて何と言うでしょう？　それは別段変わったことではないと言うでしょうか？　それはあらゆる天才に起こることだと？　もしあなたが「これについて論評してほしい」と言ったら、彼らはどう応えるでしょう？　それはすべて作り話〔でっちあげ〕だと言うでしょうか？　あるいは、それは神秘〔謎〕だと言うでしょうか？　私たちは神秘に触れようとしているでしょうか？　あなたがそれを理解するやいなや、それはもはや神秘ではなくなるのです。が、神聖さは神秘ではありません。ですから私たちは神秘を取り除いて、根源に至ろうとしているのです。……神聖さはそこにあり、それは神聖であるがゆえに広大なのです。私が死んだら何が起こるでしょう？　ここ〔ブロックウッド〕に何が起こるでしょう？　それはすべて一人の人間にかかっているのでしょうか？　それとも、受け継いでいく人々がいるのでしょうか？

ML：あなたは十年ほど前にエッピングフォレストで、あなたの死後にはそういったものは何もかも消えてなくなるだろうと言いました。それから変化していますね。

K：変わったかどうか私には定かではありません。本は残るでしょうが、それだけでは十分ではないということです。もし彼ら〔彼のまわりの人々〕が本当にそれ〔教え〕を把握したら、彼らもKのような変種になるでしょう。変種はこう言っているのです。「〔源泉＝真理の〕水を飲み、それによって受け継いでいく人々がいるでしょうか？」私だったら、彼のことを知っていた誰かの許を尋ね、その人を通じて、彼がどのような人だったのか、その感触をつかみたいと思うでしょう。彼と一緒にいた誰かに会って話を聞くために、何マイルだろうと歩いて行くでしょう。「あなたは水をお飲みになった。それはどんな味がするのですか？」

❖

⑫ML：いつそれ（＝精神）は空っぽではなくなるのですか？
K：思考を用い、意思疎通することが必要になる時です。さもなければ空っぽです。セミナーの間――私が話している間中、それ〔啓示〕は現われるのです。
ML：あなたは何かを見るのですか？
K：いいえ、それは現われるのです。私が何かを見て、翻訳するわけではありません。それは、私がそれについて考えることなしに現われるのです。それが現われる時は、それは論理的、合理的になっているのです。もし私が意図的にそれについて思いめぐらし、それを書き留め、反復したりすれば、何も起こりません。
ML：それは、あなた自身の外側のどこからやって来るのですか？
K：芸術家や詩人の場合は、努力してそれに至るという点で異なっています。彼〔K〕の革命的な教えについての知覚は、徐々に、ゆっくりとやって来たに違いありません。〔ここで彼は、グスタードでグライダー飛行に招かれた時のことを繰り返した。」私は弾丸のように飛び出したかったのです——さぞ痛快だったことでしょう。が、そうすべきではないと私は気づいたのです。肉体にとって不適切などんなことも私はしてはならないのです。そう感ずるのは、Kがこの世界でしなければならないことのせいです。私は病気になってはならないのです。話すことができなくなりますから。ですから私はできるだけ気をつけるようにしているのです。この肉体がここにあるのは講話のためです。……まるで未来が多かれ少なかれ定められているかのような、特殊な保護があるのです。肉体に対してだけではない、特殊な保護。少年はその特殊性と共に生まれたのです——彼がしたあらゆる行いにもかかわらず生き長らえるように保護されてきたに違いありません。……

❖

（一九七九年の終わり頃から一九八〇年の始めにかけて、クリシュナムルティがインド滞在中に、体験したもう一つの霊的体験〔一つ目は一九二二年のカリフォルニア・オーハイでの神秘体験〕。この模様は、一九八〇年二月二十一日に、オーハイで、彼はその報告を、彼自身に三人称で言及しつつ、その冬の彼のインド行きに同伴しなかったメアリーに次のように口述した。）

一九七九年十一月中旬にリシ・ヴァレーに到着すると共に、その勢い（＝何か新しくて新鮮なものの特質を備え、衝動 drive が蓄積されていくのを感じ、時々それが非常に激しくなり頭の中に痛みを生じ、底知れないエネルギーを伴う広大な空白感をもった独特の瞑想の進行）はさらに増し、そしてある晩、世界のその部分の不思議な静けさの中で、フクロウのホーホーという鳴き声によっても妨げられない沈黙と共に彼は目覚め、何かまったく異なった新しいものを見出した。その運動はエネルギーの根源に達していた。

これはけっして神、あるいは最高原理、ブラフマンといった、人間精神の恐怖や切望、飽くことなき安泰願望から投影したものと混同されたり、思い込まれたりさえされるべきではない。それはこれらのもののどれでもない。願望はおそらくそれに至ることはできず、言葉はそれを推測することはできず、思考の糸はそのまわりに巻き付くことはできない。それがすべてのエネルギーの根源だといかなる確信をもってあなたは言うのかと、尋ねる人がいるかもしれない。これに対しては事実そうなのだと、まったくの謙虚さで答えることができるだけである。

一九八〇年一月末までKがインドにいる間中ずっと、毎晩彼はこの絶対的なものの感覚と共に目覚めた。それは静的な、固定した、不動の状態、あるいは物ではない。人間には測り知れない全宇宙がその中にある。彼が一九八〇年二月にオーハイに戻った時、肉体が休息した後に、これを超えるものはないという知覚があった。これが究極のもの、始まりにして終りであり、そして絶対的なものである。あるのはただ、信じがたい広大さと限りない美だけである。

第七章　クリシュナムルティ・一九八〇年代の言葉

クリシュナムルティについて【7】

▼瞑想の重要性への言及は、さらに頻度を増していった。切迫感をもったトーン、緊急性が彼の語りの中で、しだいに表面化し始めるとともに、時代の危機と行動への切実なる要求を感じてゆく。彼の話は、より焦点を絞って、より曖昧でないものとなっていった。それでも重要なメッセージは、変わることはない。「人は人生をあるがままに見るとき、自らをあるがままに見るとき、そこからのみ前に進むことができる」。

▼現代のあらゆる賢者のなかで、Kは最も長く卓越した存在としてあり続けた。だが、彼の歴史的な偉大さを評価することは困難である。彼の教えの透徹した影響を知るには、あまりにも時期尚早である。イエス・キリストが歴史上に大きな功績をあげるという兆候も、彼の死後何十年もの間、ほとんどなかった。ブッダ、孔子、マルクスの長期にわたる影響も誰が予言できただろうか？　将来、彼の考えがより広く受け入れられるようになるとしたら、それは、彼の考えが人々の切望と共鳴するからである。万一この結果、成果が生まれるならば、それは彼の教えが時間空間の境界を超えて鳴り響くからであろう。彼の声は静かであるが、そのメッセージは語ることを決してやめることはない。

（『前掲書』）

1 『時間の終焉――J・クリシュナムルティ&デヴィッド・ボーム対話集（The Ending of Time: J. Krishnamurti & Dr. David Bohm）』

（本書は、一九八〇年四月から九月にかけて、米国と英国で行われた、J・クリシュナムルティ〔以下K〕とデヴィッド・ボーム〔以下B〕との一連の対話を収録したものである。人類の存亡に関わる、洞察に満ちた探究の試み。〔本書・帯から〕以下は、その中から抽出したものである。なお、対話に幾度か他の人が加わっており、特に個人名が記されている場合以外は、「質問者」〔以下Q〕としてある。）

K：どのようにはじめましょうか？　まず、人間は進路を間違えたのだろうか、と尋ねることから始めたらどうでしょう？

B：進路を間違えたのだろうかと？　そうですね、大昔に。人間は間違えたに違いないと思います。

K：そう私は感じているのです。大昔に。……そう思われるのです――なぜ間違えたのでしょう？　それについて調べてみると、その原因は人類が常に何かになろうとしてきたことにあると思われるのですが。

B：そうなのでしょう。おそらく。以前ある本を読んでいた時に、はっとしたのですが、それによると、人間は五、六千年ほど前、他人から略奪したり、彼らを奴隷にしたりできるようになり始め、その後はもっぱら搾取と略奪に明け暮れてきたというのです。……

K：葛藤がこういったことすべての根底にあったのです。（Bの言葉略）外面的なそれだけではなく、人間がかかえているこのとてつもない内面的葛藤の根っこには？　何がその根底にあるのでしょう？
B：そうですね、それは互いに矛盾しあっている諸々の欲望であるように思えます。
K：いえ。あらゆる宗教が、あなたは何かにならなければならない、何かに到達しなければならないとそそのかしてきたからではありませんか？
B：……なぜ彼らは自分のありのままの状態に満足しなかったのでしょう？……
K：人々は事実に直面できず、それから目を背け、それゆえ、何か他のもの――より以上のもの、もっとより以上のもの、さらにそれ以上のもの――へと向かっていったということではないでしょうか？

(1980.4.1)

❖

K：私は通常の意味での瞑想はしてません。私の場合は、目覚めると共に瞑想状態にあるということが起こるのです。
B：その状態で目覚めるのですか？
K：インドにいた時のことですが、ある夜、目が覚めて腕時計を見ると、十二時十五分でした。その時――いかにも突飛な話なので、打ち明けるのにためらいを感じるのですが――あらゆるエネルギーの根源に至らされたのです。そして、それは脳に対してとてつもなく大きな影響を与えました。また、肉体に対しても。……世界と「私」といった区別感がありませんでした。お分かりですか？　あったのはただ、途方もないエネルギーの根源の感覚だけだったのです。(1980.4.1)

B：では、脳はこのエネルギーの根源に触れたのですね？

K：そうです。そして六十年間話し続けてきた私としては、他の人々もこれに到達して欲しいのです――いや、厳密に言えば、われわれが到達するのではありませんが。言わんとしていることがお分かりですか？その時には私たちのすべての問題は解決されます。なぜなら、それはまさに時の始まりからあり続けている純粋なエネルギーだからです。さて、私――「私」ではありません、お分かりですね――は、あるいは人は、強いて教えたり、助けたり、押しつけたりすることなしに、どのようにして「この道は全き平和や愛の感覚に通じている」ということを人々に分からせたらいいのでしょう？　いろいろな言葉を使って恐縮ですが、仮にあなたがこの地点に至り、あなたの脳自体がそれと共に脈打っているなら、あなたはどのようにして他の人々を助けたらいいのでしょう？……どのようにして他の人々がそれに至るのを実際に助けたらいいのでしょう？……

B：ええ。

K：私の脳は――実は私のものではないのですが――進化してきました。進化は時間を伴っているので、脳は時間の中でのみ考え、生きることができます。さて、脳が時間を否定することはとてつもなく偉大な活動です。なぜなら、その時には、いかなる問題や疑問が生じても、即座に解決されるからです。

（1980.4.1）

K：私たちは、無があり、その無は万物であり、さらにそのすべてはエネルギーだと言いました。それは薄められたり、汚されたりしていない、純粋なエネルギーです。では、さらにそれを超えた何かがあるのでしょうか？　なぜそう尋ねているのでしょう？

B：分かりません。

K：なぜなら、それを超えた何か、私たちがまだ触れたことがない何かがあるように感じるからです。

B：エネルギーを超えたその何かとは、あらゆるものの「基底（ground）」であると言えないでしょうか？すべては内面の基底から出現するとあなたは言っておられるのではありませんか？

K：そうです。何か他のものがあるのです――が、ここでは、きわめて慎重にしなければなりません。空想的になったり、錯覚を抱いたり、欲望や探究心に駆られたりせず、ごく慎重にしなければなりません。それはおのずから起こらなければならないのです。（1980.4.2）

❖

K：……空《くう》はエネルギーであり、そしてその空《くう》は沈黙の内に存在する、あるいはその逆です。どちらでもかまわないのです。要点は、そういったすべてを超えた何かがあるということです。おそらく、それはけっして言葉で言い表すことはできないでしょう。しかし、なんとしても言葉で言い表さなければなりません。

……

B：絶対的なものについては、その危険性についての長い歴史があると思います。人々がそれを言葉で言い表すやいなや、それは非常に抑圧的になったからです。

K：そういったすべてから立ち去ることです。アリストテレスや仏陀を含む他の人々が言ったことを知らないこと――それには利点があるのです。どういう意味かお分かりですか？　精神が他人の観念によって影響されていない、他人の言説に囚われていないという意味での利点です。そういったものはすべて条件づけの一部なのです。ですから、そういったすべてを超えていきましょう！（1980.4.2）

❖

K：人は平和を口にしますが、実際は出かけていって、取っ組合いの喧嘩をします。人は非理性的で、道理にもとる行動をします。ボーム博士が指摘していることは、科学者たちは人間は理性的だと言っているが、事実は、日常生活では非理性的だということです。さて、私たちは、なぜ人間は日常生活では非理性的で、道理にもとる行動をするのかを科学的に示すよう求めているのです。つまり、どのような仕方で人間がこの非理性的状態へといつしか陥ったのか、また、なぜ人間がそれを受け入れるようになったのかを示すよう求めているのです。……

Q：そしてあなたは、思考を王に祭り上げてしまったことが、非理性的行動の主要な部分だと示唆されたのですね？

K：そのとおりです。その点まで辿り着いたのです。

B：しかし、どういうわけで私たちは思考をこれほど重要視するようになったのでしょう？

K：なぜ人間は思考を最重要視するようになったのか？　その理由はいたって単純だと思います。なぜなら、思考は人間が知っている唯一のものだからです。（1980.4.8）

Ｂ：思考とは何かと問わなければなりません。
Ｋ：それはかなり簡単です。思考とは非理性的なものを持ち込むものです。
Ｂ：が、思考とはそもそも何なのでしょう？　自分が考えているということがどうして分かるのでしょう？
「考える」とは何を意味しているのでしょう？
Ｋ：考えることは記憶の運動であり、そして記憶の中身は脳に貯えられた経験や知識です。
Ｂ：仮に理性的な思考を含む理性を持ちたいと思う場合、理性的な思考は単なる記憶でしょうか？
Ｋ：ちょっとお待ちください。ここは慎重にする必要があります。もし私たちが完全に理性的であれば、全的な洞察が起こります。そしてその洞察が思考を使うので、思考は理性的になるのです。……さて、どうすればその洞察を持てるでしょう？　これが次の問題ではないでしょうか？　……もし精神が時間から自由であれば、その洞察を持てるようになるのです。（1980.4.8）

❖

Ｋ：自分のことを例に挙げて恐縮ですが、また、謙虚の念を込めて言及させていただきたいのですが、その少年、いやその青年が一九二九年に〈星の教団〉を解散した時、彼には何の思考もありませんでした。人々は、「これをしなさい」、「それをしてはいけない」、「それを守りなさい」、「それを守ってはいけない」等々と彼に言いましたが、彼は洞察を持っていたので、それに従って教団を解散してしまったのです。それでおしまいです！　なぜ思考が必要なのでしょう？……

B：……行為の主たる源は、思考を伴わなかったということですね。
K：それが、私が言いたかったことのすべてです。
B：しかし、それは徐々に思考の中にしみこんでいく。……
K：……波のように。
Q：あらゆる思考がこの過程で変容を遂げるのではないでしょうか？
K：もちろん、ええ。なぜなら、洞察は時間を伴わず、それゆえ脳自体が変化を遂げるからです。(1980.4.8)

❖

(前の対話を受けて)
B：では、あなたがそれによって何を意味しているかを話し合えるでしょうか？
K：それは、人間のあらゆる反応は、洞察によっておおわれねばならない、あるいは、洞察をしみ込ませられねばならない、ということを意味しているのでしょうか？ これがどういう意味かお話ししましょう。私は嫉妬しているとします。その時、嫉妬のあらゆる側面を包含する洞察が生じて、それをすっかり終わらせることができるでしょうか？ 羨望や貪欲といった、嫉妬に含まれているあらゆるものを終わらせることができるでしょうか？ お分かりですか？ 非理性的な人々は一歩一歩進みます——嫉妬を取り除き、執着を取り除き、怒りを取り除き、あれやこれやを取り除くというふうに。
そして、これは絶えずなりゆく過程ではないでしょうか？ しかし、まったく理性的な洞察はそれらのすべてをまとめてぬぐい去るのです。

Ｂ：なるほど。（1980.4.8）

❖

Ｋ：（パターンから）「抜け出しなさい」と促すのは洞察です。

Ｑ：パターンの外に出なさい、と。……

Ｋ：……百年ほど生きてきた今、私は、誰もが「私」をどうやって終わらせたらいいかを指摘しているのを見てきた結果、そのやり方がどれも思考や時間や知識に基づいていることに気づきました。そこで、私は言います。すみませんが、私はそういったすべてを試してきたので、それらについてよく知っています、と。私はそれらに対する洞察を働かせ、ゆえにそれらは脱落します。それゆえ、精神はパターンを完全に打破したのです。北に向かうのをやめて東へ向かうことによって、パターンを打破するのです。

さて、仮にボーム博士がこの洞察を持ち、パターンを打破したとします。すると私たちは博士に、他の人もそうするよう、どうか助けてほしいと頼みます。……他の人にそれ（パターンを打破すること）が急務であることを伝えるには、どうしたらいいのでしょう？　どうすればあなたの言うことをその人が完全に吸収し、彼の血の中、脳の中、そして全身の中に受け入れるようにさせられるのでしょうか？……あなたは椅子にどっかりと腰かけて、安楽にしてはいられなくなるのです。その熱情は、あなたを静かに坐らせていてはくれません。それはあなたを動かし、何かを与えたりさせるようにするのです。あなたはとてつもなく大きな洞察ゆえの熱情に駆り立てられるのです。そしてその熱情は、堤を越えて溢れ出ていく川の水と同じように、同じ方向に動いていくにちがいありません。（1980.4.10）

Ｋ：私が「望んでいる」ことはただ、この（「私」という）中心が粉砕されることだけです。お分かりでしょうか？　中心が存在しなくなること。なぜならその中心が、すべての災い、神経症的な結論、錯覚、幻想、思い違い、奮闘、努力、不幸の原因だと分かっているからです――そういったあらゆるものはその核心から出てくるのです。百万年〔議論中に再三出てくるが、実際の年数をさしているわけではなく、「きわめて長い期間にわたって」という意味で使われている――訳者〕経った今も、私はそれを取り除くことができずにいるのです。それは消え去りませんでした。では、その中心と基底との間には関係はあるのでしょうか？

Ｂ：ええ、もし中心（「私」）はある意味では錯覚であると言うなら、何の関係もありえないでしょう。錯覚善と悪の間には関係があるのでしょうか？　考えてみてください。何の関係もないのです。……

Ｋ：そのとおりです。それは偉大な発見なのではないでしょうか。（1980.4.12）

❖

Ｋ：基底は私に向かって、私が行ってきたすべての活動だけでなく、その他あらゆることには何の価値もないと言います。だから、もし私がそれらすべてを脇にどけることができれば、精神はそのまま基底になるのだと。そこで、そこから私は動き、そこから社会を作り上げていけばいいのです。……

Ｂ：あなたはしきりに自分が千年あるいは百万年生きてきたとおっしゃいますが、それは、ある意味で、人類のあらゆる経験は「私（のもの）」だ（私の中にある）ということですか？

K：そうです。……

B：では、どのようにしてそう実感されるのですか？

K：……それは同情でも感情移入でもありません。それは私が望んだものではなく、一個の事実です。絶対的な、取り消しえない事実なのです。

B：その実感を共にすることはできるのでしょうか？　それは見逃されているステップの一つであるように思われます。なぜなら、あなたはその実感をものごと全体の重要な一部として非常にしばしば繰り返して吐露してこられたからです。

K：それは、あなたが誰かを愛している時には「あなた」がいないということを意味しています――ただ愛だけがあるのです。同様にして、私が自分は人類だと申し上げている時には、文字どおりそうなのです。それは観念でも結論でもなく、私の一部なのです。

B：それは、あなたが述べているあらゆることを私も経験してきたという実感だと言ったらどうでしょう。

K：人類はこれらすべてを経験してきたのです。（1980.4.12）

❖

K：……インドのとてもひなびた村に行ってごらんなさい。そこでは農夫が、妻や子供や貧困にまつわるいろいろな問題を、あなたに打ち明けるでしょう。それは他のどこでも似たり寄ったりです。着ている衣服の色などが違うだけなのです！　覚者にとって、これは取り消しえない事実です。彼は言います、さて、今までの人生の果て、今までの年月の果てに、突然、あなた方は何もかもが空しいことを発見するはずだと。が、私たちはそれを認めません。あまりにも利口で、あまりにも論争や議論や知識に浸っているので、単純な事実が見えない、あるいはそれを見ようとしないのです。そこで覚者は「それを見てみなさい。それはそこにあるのです」と告げます。すると思考のメカニズムが直ちに働き始め、静かにするように私に促します。こうして私は沈黙を実践するのです！　私はこれを千年にわたって行ってきたのですが、それはどこにも行き着かなかったのです。

ですから残されているのはただ一つだけであり、それは自分がしてきたことのすべてが何の役にも立たない灰であることを発見することなのです！　が、これは人を落胆させません。それがその美しさなのです。それは不死鳥のようなものです。……もし私があらゆる経験の果てに、それら（何の役にもたたない）すべてを脇にどけた時、それは新しい精神になるのです。

B：それならよくわかります。精神はその中身です。そして中身は知識です。ですから、その知識がなくなれば（空っぽになれば）、精神は刷新されるのですね。（1980.4.12）

❖

K：……あなた（＝B）は先ほどの脳細胞の変容について質問されました。一連の議論の後にその質問を出されました。私たちは少し以前の段階で、閃光あるいは光は原因を持っていない、そしてその光が、暗黒という、原因を持ったものを追い散らしてくれると言いました。その暗黒は、自己があるかぎりあり続ける。それはその暗黒の作り手である。しかし、光はまさにその暗黒の中心を追い散らしてくれる。それゆえ変容が起こる――そう認識する地点まで至ったわけです。そこで、次に洞察の閃光はいかにして生じるかに目を転じたわけです。ただし、同時に、「どうすれば」それを手に入れられるのかとか、「どうすれば」それを起こさせられるのかを問うことは間違っていると指摘しました。「どうすればいいか」と言ってはだめだと。……まず、「どうすればいいか」と問うことが問題だということをただ見てください。なぜなら、もしあなたが私に「どうすればいいか」（方法）を示そうとすれば、あなたは暗黒の中に後戻りしてしまうからです。お分かりでしょうか？

B：ええ。

K：それを理解することはとてつもなく重要なのです。（1980.4.15）

❖

K：……人類の精神は、憎しみには憎しみで、暴力には暴力で、知識には知識で応えてきました。しかし覚者は、人類の一部でありながら、非覚者たちのように憎しみに対して憎しみで応えないのです！……ここで私が確かめたいのは、私たちが正しい方向に進んでこなかったのではないかということです。つまり、覚者からその贈り物（愛）をもらったにもかかわらず、私はその贈り物を携えてこなかったのではないでしょうか？　一方の反応（憎しみ）は培ってきたのですが、この贈り物は携えてきませんでした。なぜでしょう？　息子の方が憎しみに対して憎しみで応えないにもかかわらず、なぜ父親は、相変わらず、憎しみに対して憎しみで応え続けるのでしょう？……今まで見逃されてきた何らかの要素があり、それを私は捉えようとしているのです。そして、もしそれが例外的なものであるなら、それは無意味なのです。……

B：あなたは、なぜ誰にとっても初めから洞察が存在しないのだろうと尋ねておられるのですね。

K：ええ、まさにそれを尋ねているのです。
B：虐待によってさえも影響を与えられないほど強烈な洞察が。
K：何ものによっても影響されないということ、それが要点です。虐待を受けたり、殴打されたりするといった様々な恐ろしい状況に置かれても、そのことによって影響されないのです。なぜでしょう？　私たちは何かに近づきつつあるようです。（1980.4.15）

❖

K：絶えず進路を間違えているのです。しかし、なぜでしょう？　なぜ、ある人は洞察と共に生き、他の人は洞察と共に生きていないのでしょう？　この状態は変わらないのでしょうか？　私たちは、暗黒の中で生き続けるかわりに、いつでも暗黒から抜け出すことができるのです。これが要点です。いつでも抜け出せるのです。……どうすれば、絶えず続いていくこの暗黒を一掃できるでしょう？　これが唯一の問いです。……洞察によってのみ私は暗黒を一掃することができるのですが、それは私がいかに意志的に努力を払っても手に入れることはできません。……

暗黒の中に留まったまま、彼（＝覚者）の話を聞くことができるでしょうか？　もちろんできます。……まさに彼の言明を聞くこと自体が、絶え間ない暗黒と区別の運動を終わらせるのです。さもなければ――もしこれが起こらなければ――、私はどうしようもなくなります。私は永久に暗黒の中で生きていくしかなくなります。しかし、なぜか荒野から声が聞こえ、そしてその声に耳を傾けることが、私にとてつもなく大きな影響を与えるのです。

B：耳を傾けることが、私を運動の源へと至らせるのですね。これは、観察だけでは不可能です。

K：ええ、私は今までずっと観察し、耳を傾け、ありとあらゆるゲームをしてきました。そして今、ようやく、たった一つのものしかなかったことが分かります。つまり、この絶え間ない暗黒があり、自分はその暗黒の中で、自我を中心にした、闇に包まれた荒野の中で行為してきたということに気づくのです。私はそのことを徹底的かつ完全に見抜きます。……そして荒野から聞こえるその声（＝覚者の声）はまた、（幸いにも救いの）水があると言うのです。お分かりですか？　それは希望ではありません。それは、即座の行為をする余地が私の中にあるというのです。

人は、暗黒の中のこの絶え間のない運動が自分の人生だと気づかねばなりません。つまり、（人類が）百万年にわたって集めてきたあらゆる経験や知識を背景に持っている私が、突然、自分はまったく暗黒の中に生きているということに気づくことができるでしょうか？　そしてこれは、すべての希望の終わりに達したということを意味しています。そして、希望もまた暗黒です。未来をあてにすることもまったくできません。ですから私はこのとてつもなく大きな暗黒と共に取り残され、そこに立ちすくんでいます。が、そのことに気づくことは、成り行く過程を終わらせることです。（1980.4.17）

❖

K：……私が確かめたいことは、私は、人間として精神の終わりと始まりを廃止するのです。

B：ええ、それは根本的なものではないからですね。

K：それは根本的なものではないのです。それを悟ることによって、人生における最大の恐怖の一つである、死が取り除かれるのです。

B：ええ。

K：死がないということは、人間にとって何を意味するのでしょう？　それは、精神が老化しないということを意味します。ここで私が言っているのは通常の（個別的）精神のことです。……私たちは、洞察が脳細胞に変化をもたらすため、脳細胞はもはや時間の見地で考えなくなると言っているのです。

Q：心理的な時間の見地ですね？

K：もちろん、そうです。……

B：……脳が思考の座であるかぎり、おのずから静まることはないでしょう。……通常、脳はその奥の方に絶えず死の観念を抱いており、その観念は絶えず脳をかき乱しています。なぜなら、脳は死を見越して、それに歯止めをかけようとしているからです。……脳は、そのすべてを見越して、とめなければならないと考えるのですが、そうすることができないのです。

K：できないのです。……絶えず死の恐怖と闘い続けるのです。もしそのすべてが終わったら、何かとてつもないことが起こるのではないでしょうか？　それは私たちの日常生活にどのような影響を与えるのでしょう？　こう尋ねる理由は、私たちはこの地球上で生きていかなければならないからです。

私たちの日常生活は、敵意のぶつけあい、何かになるための果てしない努力、成功への切望、等々の連続です。

B：日常生活の問題に触れたのは、慈悲心の問題を持ち込もうと思われたからですか？

K：もちろんです。その（基底の）運動の中身は慈悲心でしょうか？
B：それは慈悲心を超えているのではないでしょうか？
K：そのとおりです。が、これについてはきわめて慎重にしなければなりません。
B：では、慈悲心を超えたその運動から、再び慈悲心が現れるかもしれないのですね。（1980.4.17）

❖

K：覚者は言うでしょう。……「自分は人間の始まりから終りまでずっと歩んできました。そして今、時間を超えた運動の中にあり、宇宙・森羅万象である基底に触れたのです」。基底は人間を必要としていませんが、彼はそれに出会ったのです。そして彼は今までどおりこの世界の中の人間として、書いたり、その他いろいろなことをしますが、それは基底の存在を証明するためではありません。彼はただ、慈悲心からそうするのです。しかし、必然的に世の中で役を果たすにちがいない、もっとはるかに大きな運動があるのです。……覚者は光をもたらします。それが彼にできるすべてです。それで十分なのではないでしょうか？……無限なるものの、私たちはそのごく小さな部分しか見ていないのですが、しかしその部分は実は宇宙に繋がっているのです。……破滅への道から人類を転じさせるためには、誰か聞く人が現れなければなりません。十人が耳を傾けねばならないのです！……じたばたするな、ということです。何もすることはないのです。
B：「何もすることはない」とはどういう意味ですか？
K：非覚者である私が犠牲を払ったり、修行したり、俗世を放棄したり、何をしようと、依然として暗黒の円内に生きていることに覚者は気づいています。そこで覚者は私に「じたばたしないようにしなさい。何もすることはないのです」と言い聞かせます。(1980.4.19)

❈

K：……もし脳が自らを再生させ、若返らせることができなかったら、ほとんど希望はないのではないでしょうか？

B：脳の性質の検証には難点があります。脳の構造を調べても、その性質を変えられるかどうかを確かめることはできないからです。

K：それはできないでしょう。……脳をどう扱ったらいいのでしょう？　脳の専門家は死人の脳を取り出して調べることができます。しかし、それでは問題の解決にはならないのではないでしょうか？

B：ええ。

K：脳を外部から変えることはできないとしたら、どうしたらいいのでしょう？　科学者、脳の専門家、神経学者は様々の説明をしていますが、それらの説明や調査はこの（脳の再生・若返りの可能性という）問題を解決するとは思えません。……

B：次の問いは、脳がそれ自体の構造に気づくことができるかということでしょう。

K：問題は、脳がそれ自体の運動に気づくことができるかどうかだけではなく、また、すべてのパターンを打破し、それらから抜け出していくのに十分なエネルギーを持ちうるかも問題です。(1980.6.1)

❈

K：老化は機械的な生き方の結果であり、また機械的な知識でいっぱいになってしまうがゆえに、脳には何の自由も、空間もなくなってしまうのでしょうか？……科学者や脳の専門家たちは、脳を外側から調べているだけで、自分自身のことを実験台として用いて調べているわけではないでしょう。……あるレベルでの知識は欠くことができませんが、自分自身、自分の経験等々についての心理的な知識は、型にはまってしまいます。自分自身についてのイメージもまた、明らかに型にはまってしまいます。これらすべては脳の萎縮を助長します。私はこれらすべてのことを非常にはっきりと理解しました。……では、どうすればこの過程が止まるのでしょうか？……私自身は脳細胞は再生可能だと思っており、ですからそれを確かめたいのです。……心理的な知識がどんな結果をもたらしつつあるか、それがいかに無駄なものになっているかを、見てみさえすればいいのです。……

心理的知識を分析したりする必要は少しもないのです。分析というのは、最近の心理学者や心理療法医からだけではなく、百万年にわたる伝統を通じて私たちが覚えてきたパターンなのです。……私たちに求められているのは分析ではなく、直接的な知覚と即座の行為なのではないでしょうか？

脳は時間を経て進化してきたわけですが、その脳が今までどおり時間のパターン内で生きていくかぎり、それは老化していくのです。もし私たちがその時間のパターンを打破することができれば、脳はそのパターンから抜け出し、それゆえ今まではなかったことが起こるのです。（1980.6.1）

❖

B：……洞察の閃光があり、それはこのすべてを見て、それ（＝心理的な中身）が不必要だと分かります。それゆえ、心理的な中身を構成している脳細胞の絡み合いが解消し始めます。そして、それらが解消してしまった時には、その心理的な中身はなくなります。……

K：さらに先へ進みましょう。その時にはただ空《くう》(emptiness)だけがあるのです。……その空《くう》はとてつもなく大きなエネルギーを持つのです。その中身はただエネルギーだけになるのです。……さて、私たちはより詳細なところにまで入って行くことはできますが、その前に、この本源、エネルギーの根源というものが単なる観念にすぎないのか、それとも事実なのかを問わなければなりません。私はこういったすべてを身体の一部である耳で聞きますが、しかし聞いたことを観念にしてしまうかもしれません。もしそれを、単に耳でだけではなく、自分自身の存在の奥で、自分自身の構造そのものの中で聞けば、その時には何が起こるでしょう？　もしもそのような種類の傾聴が起こらなければ、ここで話し合われていることはみな単なる観念になり、私は残りの人生を、次々に観念を紡ぎ出して、それらをもてあそびながら歩んでいくだけでしょう。(1980.6.1)

❖

K：私たちはどうしたらいいのでしょう？　人間の脳――「私の」それでも「あなたの」それでもない脳――は百万年にわたって進化してきました。そして一人の生物学的「変種」(はみ出し者)がその中身から抜け出すことができましたが、そのはみ出し者はどのようにして他の人々の精神に訴えて、こういったすべてのことを見るようにさせたらいいのでしょう？

B：あなたが言っておられることの必要性ないし必然性を、なんとかして伝えなければならないと思います。

もし誰かが自分の目の前で起きているものを見れば、「そのとおりだ」と認めるのではないでしょうか？

K：しかし、そのためには、耳を傾けてくれる人、「それを把握したい、理解したい、見出したい」という人が必要です。が、どういうわけか、そういう人を見つけることは人生においてもっとも難しいことの一つのようです。……耳を傾けることをかたくなに拒む人に対しては、対処のしようがないでしょう。思うに、ここで「瞑想」がきわめて重要になるのです。今まで私たちがしてきたこと（話し合い・討論）は、実は瞑想だったのです。普通の人々はそれを瞑想とは認めないでしょうが。……その本当の意味が見失われてしまったのです。しかし、真の瞑想とは、意識の中身を空っぽにすることです。（1980.6.1）

❖

K：……あらゆる種類の押しつけ、圧力、傷、そして生きることに伴う取るに足りないものごとなど、脳を間違った方向へ押しやっているすべてのものから、脳は果たして自由になれるでしょうか？　それを調べてみたいのです。なぜなら、もしそれが不可能なら、瞑想をしても意味がないからです。

B：さらに一歩進めて、脳をそういったすべてのものから自由にできなければ、多分、人生には意味がないと言えるでしょう。

K：いや、私としては、人生には意味がないとまでは言いたくありません。

B：押しつけられたパターンが限りなく続いていってもですか？

K：もしそれが、今まで何千年もの間そうであったように、これからも限りなく続いていくのならば、人生には意味がないでしょう。しかし、私は人生には意味があると思うのです。そして、それを見出すために

は、脳は完全に自由でなければなりません。（1980.6.7）

K：……私は、覚者の話に耳を傾け、彼の本を注意深く読み、そういったすべてのことについて熟考してきました。そして、怒りや暴力や憎悪などの急激な感情は、脳を傷つけるということが分かりました。そして、こういったすべてのことに対する洞察は、細胞の中に一気に変容をもたらします。間違いなく。また、神経も可能なかぎり速やかに再調整されるでしょう。
B：癌細胞に異変が起こることがあります。時々、原因のよく分からない理由で癌の成長が突然止まり、萎縮していくことがあるのです。が、癌細胞に何らかの変化が起こったことは間違いありません。
K：脳細胞が根本的に変化し、そのせいで癌の進行が止まることがありうるということでしょうか？
B：ええ、癌細胞が根本的に成長を止め、解体し始めるのです。
K：解体する。ええ、そのとおりです。
N（ナラヤン）：洞察が正しい種類の絡み合いを始動させ、それによって間違った絡み合いの進行を止めてしまうということでしょうか？
B：さらに、洞察は間違った絡み合いを解体しさえするのです。
N：洞察が始まるやいなや、それは今一瞬にして働くわけですね。
B：一瞬のうちに。
K：それが洞察の性質なのです。（1980.6.7）

B：問題は、いかにして条件づけを解消して、私たちの生き方をはめ込んでいる型を、打破したらいいかです。なぜなら、それは真に望ましい生き方とは、かけ離れた生き方を、それとは気づかぬまま、私たちにさせるからです。

K：それがまさに問題の核心なのです。それは人間の中心的な動きになっており、絶望的なほど広まっているように思われます。そして、その絶望的な状態に気づいて、人々はしゃがみこみ、そして言います。「もはやどうにもしようがない」。しかし、もしも私たちがそのことに精神を傾注すれば、こう自問するようになるのではないでしょうか？「この世の中で、心理的な知識なしで生きていくことは果たして可能だろうか？」私は、その可能性に深い関心を持つようになるのではないでしょうか？　それは世界中の人間が解決しなければならない根本的な問題だと思われるからです。……政治家や権力者たちはこの話に耳を傾けないでしょう。また、いわゆる宗教的な人々も傾けないでしょう。耳を傾ける気があるのは、不満の炎を燃やし、何もかも失ったと感じている人々だけなのです。しかし、その彼らも、常に熱心に耳を傾けるわけではありません。……それ（＝心理的知識の過程に囚われていること）は打ち壊されるべき壁なのです。そして、私たちは、この壁は愛と英知によってのみ、打ち壊すことができると言いました。私たちは何かとてつもなく困難なことを求めているのでしょうか？

B：それは確かに困難なことです。

K：……洞察が働けば壁が打ち壊される可能性が生じてきます。もし洞察が観念へと転換されなければ、ですが。

B：ええ。

K：洞察を話題にする時は、それを抽象化してしまう危険性が常にあります。つまり、私たちは、それを抽象化することによって事実から離れてしまい、抽象化された洞察がもっぱら重要になってしまうのです。すなわち、それはまたしても知識になってしまうわけです。（1980.9.18）

❖

B：知識は、あらゆるものを、実行しなければならない観念へと自動的に変えてしまいます。観念は、まさに知識から作り上げられるのです。……

K：その知識を、ほんの一瞬でもいいから静止させるにはどうしたらいいのでしょう？

B：それは、活動している最中の知識をあなたが見たり、観察したりすることによって、それに気づくことができるかどうか、というか、知識が、活動している最中のそれ自体に気づくことができるかどうかにかかっていると思います。厄介なことに、知識はじっと待機しているかと思っていると、不意に働き出し、あっという間に脳の秩序を乱してしまうのです。

K：私はそれに非常に関心があります。なぜなら、どこに行こうとも、それが起こっているからです。それは、なんとかして解決されなければなりません。そのためには、あなたの話に耳を傾ける力を持つことが、何よりも重要だということでしょうか？

B：それだけですむかどうか、よく分かりません。……

K：……私たちは、様々な知識や錯覚・幻想を抱えた「私」を取り除くために、断食やその他の種類の修行など、ありとあらゆることを試みてきました。また、人は何かとの同一化を試みますが、何も変わりません。そこで、人は根本的な問いに立ち戻ります。どうすれば空白の壁がすっかり消え去るのだろう？　これは、自由になることを妨げられている人が、自由な人の話に完全な注意を向けることができる時にのみ可能になると思います。それ以外には壁を打破する手段はありません。知性でも感情でもないのです。壁を打破し、乗り超えて行った人が言います。「耳を傾けてください。お願いだから耳を傾けてください」。そこで私は、空っぽになった精神で彼の話に耳を傾け、それでおしまいにします。（1980.9.18）

❖

B：人間性に真の変化が起こる可能性があると、あなたは知覚されているのですか？

K：もちろんです。さもなければ、何もかも無意味になってしまいます。……もし私たちが他の誰のこともあてにせず、依存からすっかり自由になれば、単独性が私たち全員に共通のものとなるでしょう。それは孤立ではありません。もしもあなたが、断片化や区別の中で生きることの愚かしさを見て、その中で生きるべきではないと悟る時には、あなたは自然に単独になるのです。この単独性の感覚は、個人的なものではなく、私たち全員に共通のものなのです。……問題は、精神をそれ自身のずっとずっと奥深くまで至らせることができるかどうかです。……

B：……絶対的なものへ、普遍的なものへというふうに進んでいけば……　しかし、多くの人は、それは非常に抽象的だと思い、彼らの日常生活とは無関係だと言うでしょう。

K：分かります。しかし、それは、実は最も実際的なものであり、抽象的なものではありません。……

B：……人々は、日常生活の中で彼らに実際に影響を与えるものこそが、本当に必要なものだと感じているのです。彼らは、話し合いや議論に没頭するだけではいやなのです。それゆえ、彼らは、「こういった退屈な一般論にはまったく関心がありません」と言うのです。

私たちが話し合っていることは日常生活で間違いなく役立つのに対して、日常生活の中にいるかぎり、その多くの問題を解決することはできないのです。

K：ええ、日常生活は、個別的な問題だけでなく、一般的な問題を抱えているからです。

B：日常生活で起こる人間の問題の多くは、その中にいるかぎり解決できないのです。

K：問題を解決するためには、個別的なものから一般的なものへと移行する必要があるのです。一般的なものから、ますます奥深くまで入っていけば、そこには、多分、慈悲心、愛そして英知と呼ばれている純粋なものがあるのです。しかし、奥深くまで入るためには、あなたの精神、心、そして全存在を、この探究に捧げなければならないのです。

私たちはこれまでの長い話し合いを経て、今、どこかに到達したのではないかと思います。(1980.9.27)

2『英知へのターニングポイント——思考のネットワークを超えて（The Network of Thought）』

（本書は、一九八一年にスイス・ザーネンで行われた七回の講話と、オランダ・アムステルダムで行われた二回の講話が収録されている。以下は、その中から抽出したものである。）

人間とは何なのだろう？　私の質問がおわかりですか？　もし機械——ロボットやコンピューター——が人間にできるほとんどすべてのことをできるようになったら、人間とその未来社会はどういうことになるのだろう？　自動車がロボットとコンピュータによって、それも人間の手によるよりずっとうまく作れるようになったら、社会的存在としての人間は、一体どういうことになるのだろう？

これら、およびその他多数の問題に、私たちは直面しており、もはやクリスチャン、仏教徒、ヒンドゥー教徒、イスラム教徒等々として考えているひまはない。

私たちはとてつもない危機に直面している——それは、特定の仕方で考えるようプログラムされている政治家によっては解決されえない危機、科学者によっても、あるいは実業家や財界人によっても解決されえない危機なのだ。危機、ターニング・ポイントは、私たちの意識にある。……

ターニング・ポイント、ものの見方の根本的シフト、チャレンジなどいろいろ言い方はあるだろうが、それは政治にも宗教にも科学の世界にもない。私たちをこの地点まで引きずってきた、人類の意識を理解してみなければならないのだ。

この問題については非常に真剣でなければならない。なぜなら私たちは実に危険この上ない事態、狂人が原子爆弾のボタンを押しかねないというのに、さらにその数を増やしつつある世界に住んでいるのだから。私たちは皆、こういったすべてに気づかなければならない。（1981.7.12）

❖

……この辺でやめましょうか？　今十一時半です。もう少しがまんなさいますか？（聴衆＝ええ）というのは、多分皆さんが、ただ話し手の言うことを聞いておられるだけのように思われるから。皆さんは、本当に自分のこととして聞き、自分自身を見守り、吟味し、自分自身の内部を探ってはおられない。それというのも、またもや皆さんは他人の言うことを聞くようにプログラムされているからだ。ここには教師も、生徒もいない。預言者も使徒もいない。グルもその信奉者も、知る者と知らない者もなく、あるのはただ苦しみ悩む人間という存在だけである。こういったすべてから踏み出した者だけが、真理の何たるかを悟るのだ。（1981.7.12）

❖

皆さんはなぜ話し手の言うことをお聞きになるのですか？　それとも話し手に傾聴することを通じて、皆さん自身に傾聴しているのだろうか？　それが今起こっていることですか？　話し手はただ指摘しているだけだ。彼は鏡の役、その中に皆さんが自分自身の意識についての記述ではなく、その意識の現実、話し手が指摘しているその実際の姿を見る鏡の役を果たしている。

もし皆さんが記述、説明に従っているだけでは、それは単なる観念になってしまう。しかし話し手の説明を通じて、もし皆さん自身が実際に自分自身の精神状態、自分自身の脳、意識の状態を知覚すれば、そのときには話し手の言うことを聞くことは、一定の重要性をもつのだ。

しかし、もし皆さんが電話でのように話し手の言うことをただ受け身で聞いているだけでは、ほとんど無意味に等しい。だから、今回の一連の講話と質疑応答が終わってから、自分自身にこう言わないでいただきたい。「私は変わらなかった。なぜ変わらなかったのだろう？　それは先生が悪いのだ。先生は長年、多分六十年話し続けてきた。それなのに私は変わらなかった」。それは話し手の責任だろうか？……どうか銘記願いたい。重要なことは、彼の説明や言葉を通じて、皆さん自身の意識、すなわち人類の意識を見つめることなのだ。（1981.7.21）

3『アートとしての教育——クリシュナムルティ書簡集』

（以下は、一九八〇年代前半に、いわゆるクリシュナムルティ学校の教師及び生徒に向けて発信された手紙の中から抽出したものである。）

あなたがいだく関心も教育者がいだく関心も、人間存在の全体、部分ではなく全体を理解することに対して向けられるべきだ。……わたしたちは善き社会を生みださねばならず、すべての人間が平和の中で幸福に暮らせるような、暴力のない安全な社会をもたらす必要がある。生徒としてのあなたもまた、そうする義務を負っている。善き社会というものは、なんらかの理想や英雄や指導者、あるいは入念に計画された体系といったものによって実現されるのではない。あなたが善を体現しなければならないのは、あなたが未来だからなのだ。現状と変わらない社会を作るのも、もっとましな社会を作るのも、あるいはまた、戦争も残虐さも存在しない、寛容と愛情に満ちた雰囲気の中で暮らせるような社会を作るのも、どれもあなた自身なのだ。（1980.1）

❖

愛情とは気遣うことであり、あらゆる行為における心の込もった気遣いのことを意味する。つまり、どのように話し、どんな服を着てどんな食べ方をするかに始まり、どんなふうに身体の面倒を見るか、他人に対していかに優劣の区別をつけずに振る舞うか、そして他人に対してどんな配慮をするかといったことに至るまで、あらゆる側面を気遣うことなのである。礼儀正しさとは他人を考慮することであり、こうした考慮を払うことが気遣いなのだ。それは自分の弟に対する場合でも年長の姉に対する場合でも同じだ。あなたが他人を気遣うときには、いかなる暴力性も消え去る——怒りも敵意もプライドも消失する。気遣いはまた、注意を払うことでもある。注意を払うということは、見守り、観察し、耳を傾け、学ぶこと。あなたは書物から沢山のことを学べるが、その一方で、一切の無知を伴わない、この上なく明晰で迅速な学びの方法というものも存在する。さらに、注意を払うことは感受性をも指し、これが知覚に深みをもたらしてくれるのだ。（1980.1）

本当の問題は、わたしたちの精神の質なのだ――つまり、精神がどんな知識をもっているかではなく、知識に向きあう精神の深みが問題なのである。本来、精神は限界をもたず、世界の本質そのものであり、そこには独自の秩序と莫大なエネルギーが含まれている。精神は永遠に自由なのだ。それに引き換え、目下のところわたしたちの頭脳は知識の奴隷と化しており、それゆえ限定的で測定可能な、断片的な機能しか果たせない。もし、頭脳をその条件づけから解放することができれば、頭脳は無限の能力を備えることになる。そして、そうすることができたときにだけ、精神と頭脳の分裂が解消される。したがって、教育とは条件づけからの解放を指し、膨大な知識の蓄積からなる伝統からの解放を意味することになるのだ。これは、学問的な訓練の価値を否定するものではない。人生においては、学問自体が果たすべき適切な役割もまた存在するからである。（1982.10）

❖

教育者の役割とは、過去というものが膨大なエネルギーの蓄積であることを理解し、なおかつ人生の一定の領域においてはそれが必要でもあることを認めることではないだろうか？　そして、教育者としてのわたしたちの関心は、人間に対して善性の開花をもたらすことにあるのではないだろうか？……わたしたちは、生の広大さとその複雑さを理解したときにだけ、わたしたちの条件づけの原因となっているものが何であるかを問うことができるのだ。……

わたしたちは、自らの内面的な性質の探究という、非常に複雑な問題に関心を寄せているのではないだろうか？　実のところ、こうした探究は自己に対する教育を意味しており、あるがままを変えることではなく、あるがままを理解することを意味するのだ。大切なのは、この点をしっかりと理解し、それに沿って生きることだ。あるがままの姿は、あるべき姿よりもはるかに重要である。わたしたちの現実の姿を理解することは、あるがままの姿を超越することよりもはるかに本質的なことがらなのである。（1982.10）

❖

傾注には見ることと聴くことが含まれている。わたしたちは耳で聴くだけでなく、抑揚や声音、言葉の含みといったものに対しても敏感になるべきであり、遮らずに聴き入り、音に含まれる深みを直に感知すべきなのだ。……雷鳴の響き、遠くで奏でられるフルート、耳では聴きとれない宇宙の振動、沈黙が奏でる音、心臓の鼓動音、鳥の鳴き声や滝の水音、歩道を行く人物の叫び声など、宇宙は音で満ち溢れている。この音は固有の沈黙を伴い、あらゆる生命はこうした沈黙の声と結びついている。傾注とは、この沈黙に耳を傾け、ともに踊ることなのだ。

一方、見るということは非常に込み入った問題だ。わたしたちは、一枚の葉を何気なく目にしてもすぐに素通りし、葉の細部、つまりその形や構造、色あいや種類といった点には目を向けない。……いかなる抵抗ももたない感受性を通じて友人を見つめ、あるがままの自分自身を、否定によって曇らせることも安易に肯定することもなく見つめること、そして、自分自身を全体の一部として見ると同時に宇宙の無限の広さを見据えること——これが観察である。それはあなた自身という影をもち込まずに見ることなのだ。

（1982.10）

4『人類の未来——クリシュナムルティVSデヴィッド・ボーム対話集』

（本書の中には、一九八三年六月十一日と同年六月二十日に行われたクリシュナムルティ〔以下K〕と理論物理学者のデヴィッド・ボーム〔以下B〕との対話が収録されている。以下は、その中から抽出したものである。なお、本書には『Future of Humanity』の全文訳と、『The Awakening of Intelligence』の一部〔一九七二年十月七日に行われた両者による対論〕の訳文が掲載されている。）

K：暴力が唯一の状態です。
B：暴力があるだけです。
K：そうです、非暴力はありません。
B：非暴力に対する運動は錯覚です。
K：ですから、あらゆる理想は心理的には錯覚です。もっとも、素晴らしい橋を造るという理想は錯覚ではありません。それを計画することができます。しかし、心理的な理想をもつことは……
B：ええ、もし暴力的であり、そこで、暴力的でなくなろうと努力し、その努力をしている間、暴力的であり続けるならば、非暴力には意味がありません。……自己改善という意味でのなりゆくということには意味がありえないとすると、それは……
K：おお、自己改善はまったく醜いものです。こういったことの原因は時間としての思考の運動だと言っているのです。ひとたび心理的な時間を作り上げると、非暴力とか、なにか超越した状態に至るとか等々の理想はまったくの錯覚となってしまうのです。（1983.6.11）

❖

K：……人間のもつあらゆる心理的な問題等々は思考の結果です。そして、私たちは同じ思考のパターンを追求しており、思考はこれらの問題をどれひとつとして決して解決しないことでしょう。そこで、別種の助けがあるのです。それは英知なのです。……愛と慈悲なしには英知はありません。そして、動物がくいに繋がれているように、なにかの宗教に執着していれば、慈悲深くはありえません。……

B：ええ、自我が脅かされるやいなや、慈悲深くはありえません。……

K：いいですか、自我は背後に隠れます。……

B：他のものに隠れます。つまり、高尚な理想という意味です。

K：ええ、自我にはとてつもなく大きな能力があり、自らを隠します。ですから、人類の未来はどうなるのでしょう？

観察したところから見ると、その未来は破壊に通じています。……非常に憂鬱でぞっとする、危険な未来です。もし人に子供がいるならば、彼らの未来はどうなるのでしょう？　これらの危険な未来に入っていくのでしょうか？　そして、その悲惨をすべて経ていくのでしょうか？　ですから、教育は途方もなく重要なものとなるのですが、いまの教育はたんなる知識の集積です。

B：人間が発明し、発見し、発展させてきた機器はどれも破壊のためのものとなってしまいました。

K：まったくです。それらは自然を破壊しています。いまでは虎はほとんどいません。

B：森や農地を破壊しつつあります。

K：だれも気にしてはいないようです。（1983.6.11）

5『真の瞑想──自らの内なる光 クリシュナムルティ・トーク・セレクション②』

（一九八〇年代に、ブロックウッド、ザーネン、で行われた講話から）

（ブロックウッドにて）

ご存知だろうか。わたしたちは一度も、生命を、自分自身の生命を、大いなる深さと広大さをもつ、とてつもない運動として見たことがない。わたしたちは自身の生命を、つまらないちっぽけなものに矮小化してきた。生命は、まさしく、存在における最も聖なるものだ。誰かを殺すことは、あるいは怒ること、誰かに暴力を振るうことは、最も宗教心に欠けた恐ろしいことだ。

わたしたちは世界を全体として見ることが、決してない。なぜなら、わたしたちはこれほどに断片化され、ひどく限られていて、ちっぽけだからである。わたしたちは全体性の感覚を持つことが、決してない。そのなかでは、海のものも、地上のものも、自然も、空も、宇宙も、わたしたちの一部である。これは想像ではない──ある種の空想に耽って、自分は宇宙なのだと想像できても、それはただの変人にすぎない。

そうではなく、このちっぽけな自己中心的な関心を叩き壊して無に帰するなら、みなさんはそこから無限に動くことができるのだ。

これが、瞑想である。……完全な全体性を、生命の一体性を感じることである。そして、それは、愛と慈悲があるときにだけ、やってくる。（1983.9.4）

❖

（ザーネンにて）

思考を超えた何かを観察するには、思考は終わっていなければならない。「思考を終わらせる方法は何ですか？　それは集中ですか、コントロールですか？」と問うのは、子どもっぽくて未熟だ。コントロールする者とは、いったい誰なのだろう？

探究するには、さらなる洞察をもつには、思考が作り上げたものではない、それを超えた何かがあるかどうかを観察するには、思考は完全に終わっていなければならない。見出さなければならない、という必要性そのものが、思考を終わらせるのだ。山に登りたいのであれば、訓練し、日々に鍛えるしかない。もっともっともっと登るのである。すべてのエネルギーを、そこに注がなければならない。すると、思考以上の何かがあるかどうかを見出さなければならない、という必要性そのものがエネルギーを生み出し、そして、思考を終わらせる。さらなる観察のために思考を終わらせることの重要性そのものが、思考の終焉をもたらす。これほど単純なことだ。複雑にしないでほしい。……

このことは重要である。……思考が自ら限界を発見するとき、そして、その限界が世界の大惨事を創り出していることを見るとき、その観察そのものが思考に終止符を打ち、何か新しいものの発見に至るのだ。そのとき、そこには空間が、沈黙がある。（1983.7.21）

6 『瞑想と自然』

（カリフォルニア・オハイにて、テープレコーダーへの独白から）

川沿いに一本の木があり、われわれは数週間にわたって毎日、太陽が昇りはじめる頃にそれを見つめてきた。……もしあなたがその木との関係を築けば、そのときあなたは人類と関係を持つ。あなたはそのときその木に、そして世界の木という木に責任を持つ。が、もしあなたがこの地上の生き物と関係を持たなければ、あなたは人類、人間存在との関係をことごとく失うかもしれない。われわれはけっして、一本の木の性質を深くまで調べてみない。われわれはけっして、それに実際に触れ、その固さ、その樹皮のざらつきを感じ取り、そして木の一部である音に聞き入ることがない。葉の間を通る風や、葉をはためかせる朝のそよ風の音ではなく、木自身の音、幹の音、そして根の沈黙の音を。その音を聞くには、とてつもなく鋭敏でなければならない。この音は世の中の喧騒でも、精神のおしゃべりの音でも、人間同士のいさかいや戦争の野卑な音でもなく、宇宙の一部としての音であるのだ。（1983.2.25）

（ブロックウッドでの質疑応答から）

（Q：自然のバランスのなかには常に死と苦しみがあります。なぜなのでしょう？）

人間が五千万頭のクジラを殺してきたのはなぜなのか？　五千万頭ですよ、おわかりですか？　そしてまだ私たちは次々に種を殺し続けているのだ――毛皮などのために、虎が絶滅しかかっており、そしてチータ、豹、象なども絶滅に向かっている。よく御存知のはずだ。人間は、他のいかなる動物よりもはるかに危険な動物なのではないだろうか？……

私たちのまわりの世界と私たちの内部の世界とを、どこから理解しはじめたらいいのだろう？　私たちの内部の世界は途方もなく複雑なので、私たちはまず自然界を理解しようとしたがる。……もし私たちが自分自身から始めて、傷つけたり、暴力的になったり、愛国的になったりせず、人類全体を思い遣るようにすれば、そのときにはたぶん、私たちは自分自身と自然との間の正しい関係を持つようになるだろう。いま私たちは地球を破壊し、大気、海を汚染し、海の生き物などを損ない続けている。原子爆弾等々を手中にした私たち人間こそが、世界にとって最大の危険な存在なのだ。あなたは、こうしたことをすべて御存知なのではないだろうか？（1980.9.4）

（ザーネンの質疑応答から）

（Q：「あなたは世界であり、そして全人類に責任がある」という考えは、いかにして合理的、客観的な、また正気のベースに立って正当化されるのでしょう？）

……私たちは皆、絶望的な孤独感をかかえている。あなたは子供、夫、家族を持っているかもしれないが、しかし一人きりになると、この、何物とも無関係だという気持ちに襲われる。あなたは、孤立無援だと感じる。私たちのほとんどはその感情を持ったことがあるはずだ。これは、全人類共通の基盤である。だから、この意識の領域で何が起ころうと、私たちはそのすべてに責任がある。すなわち、もし私が暴力的なら、私は、私たち全員に共通のその意識に暴力性を追加していく。もし私が暴力的でなければ、私は意識にそれを追加せず、全く新しい要素をそれにもたらしていく。だから私には、深甚なる責任があるのだ。つまり、私は更なる暴力性、混乱、ひどい区別・分裂に寄与するか、あるいは、自分が外の世界全体と同様であること、自分が人類であり、世界であること、世界は私と別個にあるのではないことを、自分の心のなか、血のなか、存在の奥底で深く認識し、全面的に責任を持つかのどちらかなのだ。明らかなことだ！　これは合理的で、客観的で、正気である。これに反して、他方——自分のことをヒンドゥー教徒、仏教徒、クリスチャン等々と呼ぶこと——は狂気の沙汰である。これらはたんなるレッテルにすぎないのだから。（1981.7.29）

（カリフォルニア・オーハイにて）

❖

自我、〈ミー〉を終わらせ、無（nothing）となるのだ。Nothingとは〝not a thng〟（無事物）を意味する。それはつまり、「思考によって作られたものではない」ものということである。そのように無であることは、自分自身についてのイメージを持たないことだ。が、現実には、私たちは実に多くの自己イメージを持っている。いかなる種類のイメージも、いかなる幻想も持たず、絶対的に無であること。木は、木自体にとって無である。それはただ存在するだけだ。そして、まさにその存在において、それは最も美しいものである。あの丘の並びのように。それらは何かになったりしない。そんなことはできないから。リンゴの木の種子があくまでリンゴであり、梨やその他の果物にはならず、それ自体としてあるように。おわかりだろうか？　そしてこれが瞑想である。これが探究の終りであり、するとそのとき真理が現在する。

（1983.5.22）

7『生と出会う——社会から退却せずに、あなたの道を見つけるための教え』

（一九八〇年代、世界各地で行われた質疑応答から）

（Q：観察者のいない観察において、注意力の増大につながるような、事実と共にとどまることから来る変容というものがあるのでしょうか？　［そのとき］つくり出されたエネルギーは方向性をもつのでしょうか？）

これらの質問は、残念ながら実際の生きた生活と関係するものではない。こうした質問はすべきでないと言っているわけではないが、それは実際に人の日常生活に触れるものだろうか？　このような質問は、理論的、抽象的な、人がどこかで耳にしたことのあるようなものだ。どうして生活を見て、なぜ人はこんなふうにして生きているのか、なぜ心配するのか、なぜ精神は果てしもなくおしゃべりし、なぜ人は他者との適切な関係がもてないのか、なぜ残酷なのかという理由を見つけ出さないのだろうか？　どうして人間精神はこうも狭苦しく、どうして人は神経症的なのだろうか？　明らかに、人は日常生活に影響を及ぼす諸問題を決して扱わない。それはなぜなのかと、私は思う。もしも人が深く生活に影響している問題を本当に心から問うなら、それはもっとずっと多くのヴァイタリティをもつ。……実際には、五十年間かもっとクリシュナムルティの講話に出席してきた、このすべてをハートで知る人は、私を引用する必要はないのだ。［私の言葉を］引き合いに出さないように。自分で発見しなさい。そのとき、より大きなエネルギーが生まれ、あなたはずっと生き生きしてくるのだ。（1980.5.15）

（Q：欲望と意志の働きなくして、どうやって人は自己理解の方向へ動くことができるのでしょうか？変化への切迫感そのものが、欲望の動きの一部ではありませんか？　最初のステップの性質とはどのようなものなのでしょうか？）

人は探究者である。人はたずねている。だから、他者によって提供される自分自身についてのすべての情報を完全に拒絶するのである。人はそうするだろうか？　そうはしない。なぜなら、権威を受け入れるほうがずっと安全だからだ。そのとき人は安全だと感じる。しかし、どんな人の権威も完全に拒絶するなら、どうやって人は自己の運動を観察するのだろう。というのも、自己は静的なものではないからである。それは動き、生きて活動している。どうやって人はものすごく活動的な、衝動と欲望、野心、ロマンティシズムに満ちた何かを観察するのだろう？　それは次のことを意味する。自己の運動を、その欲望や恐怖すべてと共に、他者から得た知識、または［過去の］自己吟味から獲得してきた知識抜きに、人は観察することができるだろうか、ということを。……

生きた真実actual truthは、一人の人が人類であり、人は残りの人類［と同じだ］ということである。その人間精神の途方もない複雑さを探究することが、自分自身のストーリーを読むということが。人は歴史であり、もしも人がその本を読むすべを知るなら、自分自身の性質を、全人類の意識であるこの意識の性質を発見し始めるのだ。（1980.7.23）

❖

（Q：どうやって人は、保持すべき知識と放棄されるべき知識とを分ける線引きをするのですか？　それを決めるものは何なのでしょう？）

どんな心理的要因もすべて、全く記録しないことは可能だろうか？　私の質問がおわかりだろうか？　私の妻は、もしいるとすればだが、私が会社から疲れて帰ってきたとき、私に何かひどいことを言う。彼女は騒がしい子供たちの相手で疲れる一日を送ったからであり、だから粗暴なことを言うのだ。即座に、私はそれを記録する。……記録のプロセスは〈私〉である中心を強化し、それに活力を与えてしまう。それは明らかなことだ。記録しないことはどれほど疲れていようとも、妻または私が粗暴になる瞬間、それに注意を払うことによってのみ可能である。なぜなら、先日瞑想に関連してご説明したように、注意があるところには記録はないからである。

だから、このことの真理を見るように。あるレベルでは、あなたは知識を必要とする。しかし別の、こうしたことではあなたは知識を全く必要としないのだ。その真理を見るように——それがあなたにもたらす自由を。それが真の自由なのだ。おわかりだろうか？　もしもそれに対する洞察をもつなら、あなたは線引きをしたり決定を下したりしなくなる。そこには記録はない。（1981.7.29）

❖

（Q：あなたはしばしば、誰も真理への道を示す〔＝教える〕ことはできないと言われます。けれども、あなたの学校は生徒たちが自分自身を理解する手助けをするのだと言われています。これは矛盾ではありませんか？　それはエリート的な雰囲気をつくり出すのではありませんか？）

話し手は真理へと至る道はない、誰も他の人をそこに導くことはできないと言ってきた。彼はこの六十年間、このことをたびたび繰り返してきた。そして話し手は、他の人たちの助けを得て、インドや当地（＝イギリス）、そしてアメリカに学校を設立してきた。……人〔＝K〕が見るかぎりでは、何ら矛盾はない。矛盾は、あなたがあるときはこうだと主張し、別のときはそれと反対のことを言うときにだけ存在する。しかし、ここで私たちは誰もあなたを真理へと、悟りillumination〔無知への照明〕、正しい瞑想、正しい行ないへと導くことはできない、誰一人としてできないのだと述べている。なぜなら、私たち一人一人が自分自身に対して責任を負うので、他の誰かに頼るのでは全くないからである。私たちはこれらの学校すべてで、ホリスティック〔全体的〕な精神、脳を育て、世の中で行為するための知識を獲得しようと努めている。しかしそれは、人間の心理的性質〔＝心理構造全体についての理解〕をなおざりにするものではないのだ。なぜなら、それは学問的な経歴よりはるかに重要なものだからである。今の世界、今の文明（それがどんな文明でも）の中で生計を立てる能力をもつこと、その種の教育は、明らかに必要だ。そして西洋でも東洋でも、大部分の学校は、［そのことにかまけて］別の側面を、はるかに深く大きな意味をもつ教育をなおざりにしている。しかしここでは、私たちは両方を、他の学校では行われていないそのことを、やろうとしている。成功することを私たちは希望しているが、成功しないかもしれない。［いずれにせよ］それが私たちがやろうとしていることだ。そこには何の矛盾もない。（1981.9.1）

❖

（Q：変容といったものはあるのでしょうか？　変わる be transformed というのはどういうことなのですか？）

あなたが観察していて、道路の土埃を見、政治家たちがどうふるまうかを見、あなた自身の妻や子供たちに対する態度を見る、等々をするとき、そこに変容があるのだ。おわかりだろうか？　日常生活に何らかの秩序をもたらすこと、それが変容なのだ。何か途方もない、浮世離れのしたものではない。人が明確に、客観的に、合理的に考えていないとき、そのことに気づいて、それを変え、打ち破りなさい。もしもあなたが嫉妬しているなら、それを見守り、それに開花するいとまも与えず、即座にそれを変えなさい。それが変容なのだ。あなたが貪欲で、暴力的、野心的なら、聖人の類になろうと骨折っているなら、それがどのようにして無意味この上ない世界をつくり出しているかを見てみなさい。……競争は世界を破壊している。世界は競争的に、攻撃的になる一方である。そしてもしもあなたがそれを変えるなら、それが変容なのだ。そしてあなたがその問題の中にもっとずっと深く入り込むなら、思考が愛を拒絶しているのが明らかになるだろう。だから、人は思考の、時間の終わりがあるかどうか、見出さなければならない。それに哲学的な装いをかぶせたり議論したりするのではなく、見出さなければならない。それが変容なのであって、もしもあなたがその中に非常に深く入り込むなら、変容は決して何かになるとか比較するといった思考［に基づくもの］ではないのがわかるだろう。それは絶対的に無 nothing としてあることなのだ。（1981）

8『ブッダとクリシュナムルティ——人間は変われるか？』

（一九八一年十月七日、インド・マドラスでの質疑応答から）

（Q：わたしは大学医学部の学生ですが、なぜ、なぜ、わたしたちはあなたがしているような仕方で気づくことができなかったのでしょう？　なぜ、自分自身を変えられるほど十分に真剣ではないのでしょう？）

こんなふうに言うひとたちがいる。人間という存在は、自分の内側から自力で変わろうとはしないだろうから、人間を外からコントロールする社会を創造しよう、と。すなわち、共産主義者の世界、全体主義者の世界、社会主義者の世界である。現代世界においていままさにそうであるように、わたしたちの前途が不確実になり、安全を欠けば欠くほど、わたしたちは伝統に、グルに頼り、あるいは、どこかの政党に参加したりする。みなさんが自覚されているかどうかわからないが、このすべてが進行しているのだ。そこで、結局のところ、なぜ、わたしたちは変わらないのだろうか？　おわかりだろうか？　それはわたしたちにまったくその気がないせいか、わたしたちがまったく愚かであるせいだろうか？

こういったすべてがまさに世界中で見受けられるというのは、とても悲しい事態である。すばらしい技術があり、しかも驚くべきスピードで進歩しているのに、ひとは心理的にそれに追いついていけないので、結局は、そのギャップが人類を破局へと追いやっている。みなさんが、このすべてに気づいておられるかどうかわからないが。では、みなさんはこれからどうなさるおつもりだろう？　これまでどおりに生き続けていかれるのか？　たぶん、そうなさるのであろう。

9『クリシュナムルティの教育原論——心の砂漠化を防ぐために』

高度技術文明を超えて——インド工科大学での講話

〔以下は、本書所収の、一九八四年二月七日、インド工科大学で行われた講演〔演題は、内容を組んで訳者が付したもの〕から抽出したものである。この講話の特徴を、訳者が次のように印象深く紹介されているので、ここに転載させていただく。「クリシュナムルティはかねてから科学技術の急速な発展と人間の攻撃性、残虐性、利己主義との間のギャップがますます大きくなっており、これが世界に大混乱・荒廃をもたらしていると指摘していた。彼は、急速な経済成長を遂げ始めたインドにおける科学技術研究開発のまさに牙城とも言うべきインド工科大学に招かれて、彼の尖鋭な現状認識を披露し、新しい文明、新しい文化、新しい人生観の樹立が急務であると訴えている。九十歳の時のものとはとても思えない、気迫にあふれた講話である。」）

（以下、①から⑧までを付したものは、クリシュナムルティの一連の講話を表す。）

①皆さんは、このような場所でなぜわれわれが教育されているのか、考えたことがおありだろうか？　この大学と世界との間にはどんな関係があるのかを？　生物学、物理学、等々の科学的知識は世界に対してどのような位置を占めているのかを？　膨大な知識を身につけるための刻苦勉励の年月の後、結局はどうなるのかを？……現実の世界とは、アメリカ、ロシア、ヨーロッパ、インドあるいは日本等々どこであれ、われわれが日常生活を営んでいる世界のことである。まさにその生活が、従来の戦争だけでなく、核戦争の脅威にさらされているのだ。

科学者たちの一部は、核戦争後どうなるかについての予想を発表している。それによると、地球全体が厚い塵と煙の層におおわれ、そのためにおそらく音はそれを通過できなくなり、温度は摂氏マイナス十二から十五度に低下し、かくして核戦争後には生物は完全に地上から姿を消すということだ。それが人間の努力の一方の結晶である高度技術文明の成り行きなのだ。

◈

②技術の世界の一方には、人間の世界がある。……皆さんは、世界全体、あらゆる物事、技術の世界における外面的事物――急速な通信、医術、医療の発達――とどんな関係におありだろう？　最も恐るべきこ

とが起こっている——人類全部をたちまちのうちに滅ぼすことができる、ありとあらゆる武器が発明されつつあるのだ。これはけっして話し手が誇張しているのではなく、一個の事実である。アメリカに住んでみれば、核戦争が起こったらどうなるかについて、人々が実に多くを語ってきたことがおわかりになるだろう。ニューヨークの一千万市民が蒸発し、完全に姿を消してしまい、さらに半径百マイル以内の一億人が犠牲になるという。……私たちは、過去五千ないし六千年間にわたって憎悪、不幸、まったくの混乱と悲嘆の中で、破壊と戦争を繰り返してきた挙句の果てに、最終的な結果を迎えようとしているのだ。

さらにこの国で、特にこのような都会で皆さんが目になさるように、人間として惨めな境遇、おぞましい生活——あばら家住まい、汚物や塵にまみれた子供たち——といった不幸な現実がもう一方にある。知識——科学的知識だけでなく、人間が幾万年にもわたる生活を通じて身につけてきたあらゆる種類の知識——は、このすべてに対してどんな関係を持っているのだろうか？

❖

③人間関係の世界で、知識はどんな位置を占めているのだろうか？……知識というものは、未来についてのものであれ、過去についてのものであれ、けっして完全ではありえない。なぜなら、知識の元になっている経験もまた制限されており、不完全だからだ。……その不完全な経験から知識——科学的、人間的、等々の——が起こり、記憶として脳に貯えられ、そしてその記憶から思考が起こるのだ。だから思考者の本質は知識であり、知識の活動であり、そして思考者の思考も思考の一部なのだ。科学の世界においても、私たちを取り巻いている残酷な現実——蛮行、拷問、非人間的行為、他者への思いやりのまったく欠如と

いった――の世界においても、思考と言葉から別個に思考者がいるわけではない。

さらに詩や絵画や音楽がある。こういった、自然を除いたすべてのものは思考の産物である。……そして技術の世界もまた思考の産物である。思考なしには、皆さんは潜水艦を作ることも、月に行くことも、原子爆弾を発明することもできない。このすべては思考の働きによるものであり、そしてまた――皆さんが関心をお持ちかどうかわからないが――宗教もまた思考の産物である。ただし、世界中至る所ではびこっている、およそ真の宗教とはまったく無関係の、単なる迷信や信仰や信念のことだが。そして、こうしたすべてに直面している私たちは、政治的、経済的、社会的な無数の問題を抱えているのだ。

❖

④知識は我々人間同士の関係とどんな関係にあるだろうか？　知識は愛を殺すのではないだろうか？　何を言わんとしているか、おわかりだろうか？　私たちは言葉を糧にして生きている。私たちの脳の全体が言葉のネットワークになっているが、言葉はそのもの自体ではない。ここにマイクロホンがあるが、「マイクロホン」という言葉は、皆さんが実際に見ているものそれ自体ではない。が、私たちは言葉によって、言語、伝統、知識によってひどく条件づけられているので、私たちの脳は自由に働かなくなっているのだ。私たちは「問題解答機械」なのである。……私たちは人生、生活全体をとてつもない問題のかたまりにしてしまった。……人類を条件づけ、キリスト教徒、仏教徒、ヒンドゥー教徒、イスラム教徒等々の世界に分断させてきたのである。さらに、ナショナリズムによる分断もまた戦争の一大原因だ。戦争の一因は世界の国々が経済的に分立し、どこの国も私利私欲に駆られていることにある。……

そこでお尋ねしたいのだが、もしも皆さんがいやしくも真剣なら――そして青年は一般に、ある一定の物事については真剣だが――現在進行形のこういったあらゆることに対して、どう対処されるのか？　そういったものから身を引き、どこかの偏狭な団体やアシュラム〔修道場〕に入ったり、巨額の金銭を巻き上げているグルに従ったり、あるいは世の中に入り、そこに埋没して、自分なりの人生を送るのだろうか？　では、皆さんの存在目的は何なのだろう？　皆さんの存在にはどんな意味があるのだろう？

❖

⑤人生の目的は、単に収入を得、結婚し、家を建て、地位、権勢を得ることだけなのだろうか？……皆さんは自分の生を無駄にしてはいないだろうか？　出来合いの答えを持たない、複雑きわまりない生、広大で、それゆえ何かとてつもなく神聖なものである生を？　そして皆さんはこれにどう応えるおつもりだろう？　老若を問わず、皆さんはこの問いに答えねばならない。……もし知識を持つことが人生の全部だとすると、知識は常に限られたものであり、それゆえ分裂の元になり、自分自身の中に、ひいては外部的、外面的に大きな葛藤をもたらすことに気づき、また恐れることなく、客観的に検証することによって、世界中の全宗教構造はまったく無意味なものであることに気づいた場合、皆さんはどう応えるだろう？　皆さんはどんな責任を感じるだろう？……

皆さんの知識の行き着く先はどこなのだろう？　適合・順応だろうか、模倣だろうか？　何一つ独自なもの、新鮮なものを持たない情報を吸収同化していくだけだろうか？　では、知識は愛の中に居場所はあるのだろうか？　知識は愛の敵、愛の破壊者なのではないだろうか？　どうかよく考え抜いてごらんなさい。皆さんは物理学、生物学、社会学、哲学、精神分析、精神医学、言語学的実験等々には二十年、三十年もかけるのに、自分とは何なのか、なぜ今のような生き方をしているのかを問い、その理由を自分自身で見出すことには、一日あるいは一時間もかけてみないのだ。

❖

⑥人間が豊かな社会に住んでいようと、城の中、あるいは小屋に住んでいようと、あるいは召使いとして暮らしていようと、人間の意識は全人類が共にしているのだということ――なぜなら全人類は苦しみ、大いなる苦悶、深い孤独、絶望、生きていることへの無意味感といったものを味わうから――に皆さんは気づいたことがないだろうか？　この途方もなく美しい地球を皆さんは破壊し続けているわけだが、その上に生きている人間はすべて、赤貧の人間であろうと、まったくの無学者、あるいは見識豊かな大教授であろうと、例外なく苦しみをなめ、死に直面し、一種の絶望的孤独を味わうのだ。……皆さんの意識は、皆さんの信念、迷信、恐怖、心配事、信仰、愛の欠如、利己心といった、現にあるがままのもので出来ている。それは全人類の意識なのだ。それは厳然たる事実であり、誰もそれを免れることはできない。……アメリカ人もロシア人も、その点でまさに同類なのである。だから実際に、皆さんは他のあらゆる人と一体なのだ。皆さんは自分自身のことをインド人と呼ぶ方を好むかもしれないが、しかしインド人ではないのだ。それは皆さんの地方的で偏狭な条件づけの結果であるにすぎない。……

こういったすべてとはまったく異なる何かを見出すためには、皆さんは大いなる英知《インテリジェンス》を持たなければならない。英知は知識ではない。知識は皆さんに地位、身分を与えてはくれるが、しかしそれは愛ではない。知識は慈悲心ではない。愛と慈悲心があるところ、そこに英知があり、そしてその英知は思考の抜け目ない理知とはまったく無関係だ。そこで、こう尋ねてみなければならない。皆さんの存在にはどんな意味があるのだろう?……

❖

⑦私たちは、死という終局のものに直面しなければならない。……皆さんは全員死ななければならない。では、皆さんは死と共に生きることができるだろうか? 自殺したり、死を避けたりせずに、死と共に生きる必要を悟り、死の偉大さと途方もない活力を知るためには、大いなる探究が必要だ。現にあるがままの自分を知ること、皆さんの心理的世界に探りを入れること——あるがままのあなたについて、書物や哲学者、教授からではなく、皆さん自身の力で学び取ること。それは生の全体に気づくことである。

もしも皆さんが自分自身のことを調べてみれば、皆さんの生き方の全部が何かに、ひとかどの者になること、出世すること……に基づいていることがわかるだろう。常に、内面的および外面的に何かになろうとしているのだ。そしてこれが、皆さんが人生と呼び慣わしているものだ。皆さんの人生には、一瞬間の静穏も、大いなる美を味わう瞬間もなく、あるのは絶え間のない脳のざわめきだけである。そして指摘させていただくなら、皆さんはこういったすべてに直面しているのだ。なぜなら、心理的世界、内面世界、内なるあるがままの自分が、社会構造あるいは政府——どんな形態のそれであれ——を圧倒してしまうからである。ロシアを見てごらんなさい。彼らは最初、政府も、軍隊も、階級差別も、国籍も持たないようになるだろうと断言した。いずれ政府は消滅するだろうとまで言った。しかし事実は、内心(プシケ)の方が表面的社会構造よりずっと強かったことを物語っているのだ。

❖

⑧今晩お話――レクチャーではなく、皆さんと話し手との間の会話ですが――をお聞きになったわけだが、これからどうしたらいいとお思いだろう？　どんな責任をお感じになるだろう？　皆さんの脳はこのすべてを聞き入れておられるだろうか？　これは地球的な事柄だろうか？　それとも皆さん自身の狭い、小さな構内の事柄、ごくごく浅薄で偏狭な自我の事柄に留まっているだろうか？　皆さんは全世界に関心を持ちつつあるだろうか？　それはすなわち、皆さんがもはやインド人でも、キリスト教徒でも、ヒンドゥー教徒でも、仏教徒でもありえないことを意味している。これらすべての区別は破壊的だからだ。私たちは、新しい文明、新しい文化、新しい人生観を樹立しなければならないのだ。

10『クリシュナムルティの会・会報16号』

（本冊子は、現コスモス・ライブラリー代表の大野純一氏を始め有志の方々数名で発足したクリシュナムルティの会の会報である。因みに、本会報は一九八五年七月に第一号が出され、一九九一年一月号〔第34、35、36号合併号〕まで出された。）

（クリシュナムルティは、一九八五年四月十一日に国際連合の四十周年に因み、国連に招かれ、世界平和について講話した。以下は、本会報第16号〔一九八八年一月七日発行〕に訳出掲載された、国連平和委員会での講話内容及び質疑応答から抽出したものである。）

この地上に生きて、かくも多くの世紀を経たにも拘わらず、なぜ人間は平和に生きられないのか——この素晴らしい地上で？　この問いは幾度も幾度も問われ、この国連のような組織がその問いをめぐって作られてきたわけである。この特別な組織の未来はどうなるのだろう？　四十年を過ぎた今、その先には何があるのだろう？

時間は人生に於ける奇妙な要素だ。時間は私たち全員にとって極めて重要なものになっている。そして未来は現在あるところのものである。未来はいまなのだ。なぜなら、現在——過去でもあるその現在——が、それ自身を刻々修正させつつ未来になるからだ。これが時間の循環であり、時間の役割だったのだ。

さて、いま、この組織の四十年先、四十年後ではなく、いま、この時に、根源的変革、根底からの変容がなかったならば、未来もいまのままである。これは歴史的にも証明されてきたし、私たちの日々の生活においても証明できることだ。

❖

私たちは深く尋ねている——いやしくも真剣ならば——私たち、組織に関わり合っている人間がお互いに平和に生きられるかどうか、と。平和には大いなる英知が求められる。特定の戦争や中性子爆弾や原子爆弾等々に反対する反戦運動だけでは足りないのだ。それらは、国家主義やある特定の信念や思想の中に立て籠ってきた精神や頭脳の所産であり、それゆえ彼らは、ソ連であれ、アメリカであれ、あるいはイギリス、フランスであれ、兵器を、実に強力な兵器を世界の他の地域へ供給しているのだ。それは実に冷笑に満ちた世界であり、冷笑には決して愛情、配慮、愛といったものを入れる余地はないのだ。

私たちはあの慈悲心（共に苦しむ）という資質を失ってしまった。慈悲心とは何かと分析してもだめである――それはた易いことだろう。愛は分析できない。愛は脳の限界内にはない。――脳は感覚の道具であり、あらゆる反応と行動の中心だからだ。しかるに私たちは、この限られた領域の中に平和や愛を見出そうとする。が、思考は愛ではない。なぜなら、思考は限られた経験、また今であれ未来であれ常に限られた知識に基づいているからだ。

◈

私たちは問わねばならない。「はたして自分自身の中で悲嘆、苦悩、不安といったすべてを終わらせることができるだろうか？」と。皆さんが髪を梳き、髭を剃っている時に慎重に注意深く見守るように、この高められた注意力をもって、非常な注意を注ぎ、見守り、観察したならば、皆さんご自身をそのあらゆる神経症や狡猾さと共に観察できるだろう。そしてあなたの人間関係が鏡だ。その鏡の中であなたはまさにあるがままのご自身を見ることができるのだ。しかし私たちの大部分はあるがままの自分を見るのを恐れている。それゆえ私たちは次第に抵抗や罪悪やその類のことを増大させていく。つまり私たちは決して完全なる自由を求めない――好きなことをする自由ではなく、選択からの自由だが。凡百の選択のあるところ、凡百の混乱があるのだ。

私たちはこの地上に、人間への偉大な理解と共に、「地上に平和」に生きられるだろうか？　それはあなた方ご自身を極めて深く理解することを意味する。——心理学者や精神分析医に従ってではなく。……私たちは、専門家に頼ることなく、一介の素人として、私たち自身の性癖や性向を観察することができる。

私たちの脳……話し手は脳の問題の専門家ではないが……私たちの脳は戦争、憎悪、葛藤へと条件づけられている。脳はこの長い進化を通して条件づけられてきたのだ。その脳細胞の中にありとあらゆる記憶を蓄え持っているその脳が、はたしてそれ自体をその条件づけから解放することが出来るだろうか？　人類が特定の方向へと生きてきたように——それは葛藤へと行き着くが——、皆さんも今までのような生活を続けてきたのなら、その問いに対する答えは極めて明瞭だろう。そして誰かがやって来て「それはどこへも導かない」と言う。しかし真剣ならば、そして多分皆さんは真剣でしょうが、その「南へ行け」「東へ行け」という声やその類のいかなる方向からも実際に離脱したならば、その時皆さんの脳細胞自体に変容が起こる。なぜならその時、その脳自体のパターンを破るからだ。そしてそのパターンは四十年後や百年後ではなく、いま、破らなければならないのだ。その時人間は自らを真に開化した人間へと変容させるための活力、エネルギーを持つことができ、互いに殺し合うことはなくなるのだ。

（国連平和委員会での質疑応答から）

❖

（Q：K。私たちは一体進化したのでしょうか？）〈K自身が質問者〉

今も進化し続けていると思います。〈ある参加者からの応答〉

K：進化、心理的進化というものを認めていらっしゃるのですね。いまは生物学的・技術的進化について話しているのではありません。内面的に進化したかと言っている。――何百万年の歳月を経て、私たちは根本的に変わっただろうか？　依然として極めて原始的で野蛮なままなのではないだろうか？

あなたのお考えのような心理的進化というものが一体あるのか、私には疑問だ。そんなものがあるのか問うている。個人的には、話し手にとって心理的進化などというものはない。悲しみ、痛み、不安、淋しさ、絶望といったあらゆるものの終焉があるだけだ。人間はそれらと共に何百万年も生きてきた。そして私たちが時間をあてにする限り――時間は思考であり、両者は同じ穴のむじなだが――、私たちが進化をあてにする限り、何千年経とうが、依然として野蛮なままだろう。

❖

（Q：質問は……ある人がその人自身の中で平和を達成した時、組織的活動なしに、それは残りの人類に対してどのような影響を与えるでしょうか？）

K：申し上げます。説明いたしましょう。すなわち私が変わったとして、それは人類、世界の他の人間にどのような影響を与えるか？　これがご質問ですね？　衷心より慎んで指摘させていただくなら、それは間違った質問である。（あなたが）お変わりなさい！　そして何が起こるのかをご自分の眼でご覧なさい。（拍手）

これは本当に重要なことだ。私たちはあらゆる枝葉の問題を脱し、片づけなければならない。どうか、これが何か途方もないことだということをご自覚ください。あなたが心理的にはあなた以外のすべての人類と同じだということを。あなたは人類なのだ。

❖

（Q：あなたが平和に生きているとして、もし専制者が襲ってきたら、我が身を守りませんか？）

K：その時あなたはどうするだろう？ そうですね？ あなたが平和に暮らしている時に専制者や強盗が襲ってきたならば、あなたはどうするか？ これが質問だ。

平和に生きているのは一日か二日だろうか、それとも全生涯に亘ってだろうか？ もしあなたが長い年月平和に生きてきたならば、襲われた時、それに相応しい行動をとれるだろう。（拍手）

皆さん、話し手は六十年以上も話し続けてきた——鉄のカーテンの向こう側を除いた世界中で。大戦前はヨーロッパ中至るところを回った。そしてこれらの質問は六十年間も話し手に向けられてきた。同じ質問のパターンが若い世代によって、アメリカのような現代文明の人々によって繰り返されてきた。同じ質問が、同じ意図をもって。あるいは話し手をわなに陥れようとして、あるいは話し手を真に理解しようとして。もし皆さんが幸か不幸か六十年間も話し続けねばならなかったとしたら、問いのすべてと答えのすべてを知るに至ることだろう。問いと答えには何の違いもない。問いを真に深く理解したならば、答えはその問いの中にあるのだ。（拍手）

（国連平和賞、クリシュナムルティに贈られる。）

〈参考〉後日談（メアリー・ジンバリストの言葉）

「クリシュナジは平和賞のメダルを贈呈されました。しかし彼はそれをテーブルの上に置き忘れてしまい、一人の男性が彼を追いかけてきてメダルを手渡してくれたのです」。（マイケル・クローネン『キッチン日記』大野純一訳から）

11 ［新装・新訳版］『キッチン日記：J・クリシュナムルティとの1001回のランチ』

（クリシュナムルティを囲んでのある日のランチの際に、前の言葉にある国連平和賞メダルにまつわる出来事の奇妙な経緯の話に、その場に居合わせた人々が笑った時、あるクリシュナムルテイ財団の理事の一人が、真剣にクリシュナムルティに訊ねた場面から）

（Q：もしもあなたがノーベル平和賞に指名されたら、お受けになりますか？）

クリシュナムルティは、彼の顔をびっくりしたような表情で見つめて、答えた。「どうして私がそのような賞を受け取ることができるというのでしょう？　何のための賞ですか？　政治家たちはこの賞を何年にもわたってお互いに与え合ってきたが、しかし、一向に世界平和は実現しそうにない。それはただの茶番劇、彼らが興じているある種のゲームのようなものです。いいですか、もしもあなたが正しいことをしているなら、どんなメダルも賞品も受け取らないでしょう。正しい行動はそれ自体が目的なのです」。

突然、われわれは、一斉に、ノーベル平和賞の賛否について、まるでその受賞が現実味を帯びているかのように、興奮気味に話し出した。しかしクリシュナムルティは超然とし、受賞の現実性にも可能性にもまったく無関心だった。（1985.4.）

12『境界を超える英知：人間であることの核心――クリシュナムルティ・トーク・セレクション①（To Be Human）』

（本書には、一九二〇年代から一九八六年の死の直前に至るまでに世界各地で行われた数多くのトークや対話から抜粋された、クリシュナムルティの教えの核心に迫る言葉が、周到に編集されて盛り込まれている。〔本書の帯の言葉〕

以下は、「教えの真髄」というタイトルで本書中に掲載されているものである。なお、この原文は、一九八三年にジョン・ミュレィ社が出版したメアリー・ルティエンス著『クリシュナムルティ・実践の時代』〔高橋重敏訳　めるくまーる社〕のために、一九八〇年十月二十一日に、クリシュナムルティ自身によって書かれた。のちにこれを読み直したクリシュナムルティは数行を付け加えており、それもここに含まれているとのこと。〔本書P８より転載〕）

（以下の①から③は、クリシュナムルティの「教えの真髄」を成している一連の言表である。）

①クリシュナムルティの教えの真髄は、一九二九年の彼の言葉のなかに含まれている。このとき、彼は「真理は道なき地である（Truth is a pathless land）」と言った。人はそこに、どんな組織を通じても、信条、教義、聖職者を通じても、あるいは儀式を通じても、また、いかなる哲学的知識や心理的技術を通じても到達できない。人は関係性という鏡を通じて、彼自身の精神の中身を通じて、それを見出さねばならず、知的分析や内省的な精査を通じてではなく、観察を通じて見出さねばならない。人は自分自身のなかに安全柵としての——宗教的、政治的、個人的な——イメージを作り上げている。これらはシンボル、理想、信条として現われる。これらのイメージの重みが人の思考を、関係性を、日常生活を支配している。これらのイメージはわたしたちの問題の原因である。人と人とを分断するからだ。人の人生観は、すでに精神のなかに確立された概念によって形作られる。意識の中身が彼の全存在なのだ。この中身はすべての人類に共通している。個（individuality）とは、名前であり、かたちであり、そして、伝統や環境から取り入れている表面的な文化である。人の独自性は、表面的なもののなかではなく、彼の意識の中身からの完全な自由のなかにある。これは、全人類に共通している。だから、彼は個人（individual）ではない。

❖

②自由とは反応ではない。自由は選択ではない。人は選択肢があるから自由だという振りをしている。自由とは、方向がなく、賞罰の恐怖もない、純粋な観察である。自由には動機はない。自由は人の進化の終点にあるのではなく、その存在の第一歩にある。観察するなかで、人は自由の欠落に気づき始める。自由は、わたしたちの日々の存在と活動に関する無選択の気づきのなかに見出される。思考は時間である。思

考は経験と知識から生まれ、時間と、そして過去と不可分である。時間は人間の心理学的な敵である。わたしたちの行動は知識に、したがって時間に基づいており、それゆえに、人は常に過去の奴隷である。思考は常に限られており、そして、それゆえに、わたしたちは絶え間ない葛藤と苦闘のなかで生きている。心理的な進化などというものはない。人が自らの思考の運動に気づき始めると、思考者と思考の、観察者と観察対象の、経験者と経験の分断が見えてくるだろう。そして、この分断が幻想であることを発見するだろう。そのときはじめて、純粋な観察が、過去や時間の影をともなわない洞察が存在する。この時間のない洞察は、精神に深い根源的な変容をもたらす。

③全的な否定は、肯定の核心である（Total negation is the essence of the positive）。思考が心理的にもたらすものごとのすべてが否定されるとき、そのときにだけ、愛が、慈悲と英知としての愛がある。

❖

13『クリシュナムルティの生と死』

（クリシュナムルティは、一九八六年一月四日、インドのヴァサンタ・ヴィハーラで行った三回目の講話――彼が行なった最後の講話――を次のような言葉で終わらせた。）

創造とは最も神聖な何かです。それは生の中で最も神聖なものであり、だからもしあなたが自分の人生を滅茶苦茶にしていたら、それを変えなさい。それを今日変えなさい。明日ではなく。もしあなたが不確かなら、それがなぜなのかを見出し、確かであるようにしなさい。もしあなたの思考が真直ぐでないなら、真直ぐに、論理的に考えるようにしなさい。そうしたすべてが整理され、片づけられないかぎり、あなたはこの創造の世界に入ることはできないのです。

これで終わりです。〔これら二つの言葉 It ends はほとんど聞き取れず、語られたというよりはむしろ吐き出されている。それらはカセット上ではかろうじて聞くことができるが、聴衆には聞こえなかったであろう。〕それから、長い間合いの後、彼は付け加えた。「これが最後の講話です。しばらくの間一緒に静かに坐りませんか？　よろしいですね、皆さん。では、しばらくの間静かに坐りましょう」。

❖

（クリシュナジが死ぬ二日前に、主治医のドイッチュ博士に語ったとされる言葉）

私は死ぬことを恐れてはいません。なぜなら、私はこれまでずっと死と共に生きてきたからです。私はけっして記憶を引きずってきませんでした。（1986.2.15）

《参考》後で医師はこう言った。「私はクリシュナジの最後の弟子のように感じます」と。クリシュナジが、それほどまで弱っており、死の真際にいたというのに、力を奮い起こしてそのような要約（世界の性質について、十分か十五分で要約した、とてつもないもの）をあえてなしえたというのは、あまりに感動的であり医師に感じていた愛情のしるしであった。〔クリシュナジの付き人のスコットの言葉〕

編者あとがき

本書を読み進める上での参考までに、クリシュナムルティについての記述、あるいは彼自身の発言をいくつか取り上げてみたい。
まず初期の頃からクリシュナムルティの言行を見守り続けたフランス人の思想家、ルネ・フェレは、その著書『クリシュナムルティ――人と教え』の中で、〈星の教団〉解散直前の心境について次のように言う。

歴史上、少なからぬ人間が、クリシュナムルティが現在直面している選択――彼のメッセージを純粋なままに保ち、信奉者の大部分を失うか、それとも彼の教えを引き下げて、凡俗のレベルに適合させ、それによって彼の信者の数を増やすか――に迫られた。躊躇なく、彼は困難な道を選び、そして素晴らしい宣言でもって星の教団を解散してしまうのである。

次に、一九七五年にインドで刊行された『J・クリシュナムルティの精神』(邦訳なし) に収録された次のような論考がある。彼の存在意義をよく示しているので、先に進む前に紹介しておく。

人間に関する真理は単純で普遍的であり、時間と空間に従って変化することはない。しかし変化するものは人間の状況であり、人類史のある重大な時期における人々の必要（ニーズ）である。ある一人の教師の偉大さと独自性は、彼が生まれあわせた時代に対して彼が最高に適切であることにある。彼は切迫した必要に応ずる。彼は治療を、まさにそれが必要とされる形で施すのである。

クリシュナムルティが生得の権利として教師の名に値するのは、現代社会の諸問題に対する彼の取り組み方の最高の適切さと、彼が示す療法の有効性とにある。人類の偉大な宗教的伝統は、その経典類や忠実な司祭とともになお存在している。けれどもそれらは結局、人類を現在の袋小路から解放させることはできない。なぜなら時代は変わったが、それらは変わらなかったからである。これがあらゆる偉大な運動の宿命である。いずれも公式化され、時代遅れで、不適切で、無用な厄介ものになり、結局は存続の妨げになる。それは最初の教えの責任ではないかもしれないが、しかしすべての形式は必然的に腐敗する。

現在人類が直面している最大の危機は、宗教でもイデオロギーでも、あるいは「究極兵器」でもない。それは精神・心の管理、人間の心を個人的、集団的に形作り、管理する強力な手段の発達である。演説から新聞へ、新聞からラジオへ、ラジオからテレビへと、プロパガンダの力とその影響範囲は日に日に強まり、広がっている。あらゆる種類の薬物、薬品により、五官と精神のすべての経路を通じて人間の思考と行動に感化を及ぼしてそれらを変える、陰険なやり方が由々しい脅威になったのである。人格の作り直しは、特殊な技《わざ》から技術へ、そして技術から科学へと発展している。

現時点での人間の最大の課題は、その圧倒的な圧力に抗して自分自身の無際限の地平線を切り開く力と技を開発することである。われわれは、内および外なる権威に対して免疫で、外面的および内面的な強制から自由な人間を必要としている。……恐怖や欲望や願望によって左右されないかれらは唯一の主人のみを知っている。すなわち、かれら自身の真心《まごころ》である。かれらの思考は明晰で、いっさいの結論から自由である。かれらの唯一の関心は慈悲深い行為を要求するところのものにある。粗雑または微妙な強制によって微塵たりとも動かされることのないかれらは、画一性や恐怖から自由な、人類のより明るい未来の種子である。理解において自立しており、おのおのの最も内奥の存在の創造的自己表現において独自な人間――かくのごとき人々のみが、機械でできた福祉国家の手によって作られ、導き出された産物ではない、真に幸福な世界を創出することができるのである。

クリシュナムルティは、その過去、その動物的、類人猿的運命の進路から解放された人類の種子である。ある意味で、真の教師はいずれもそのような種子だったのである。しかしクリシュナムルティは最高度に現実的であり、彼の真理は現在の瞬間のそれである。われわれは、まさに彼がもたらすとおりのものを必要としている――すなわち、指導者や書物、党派や国家の権威、あるいは自分自身の意見や観念、考えの権威への、内なる無意識の隷従からの自由である。

人間を束縛しているいっさいのものを剥ぎ取ることによって、彼は自己解放を遂げる。自由が与える偉大なる生の波動は、われわれの内なる故知《ゆえ》れない歓喜の源泉に達する。これこそは、われわれの魂が再びわれわれ自身のものになったことの最良のしるしである。

教団解散後、世界各地を旅し、その実情を〝俯瞰的〟に眺め続けていたクリシュナムルティは、一九三九年、次のような一文をしたためた。

「ナショナリズムの全面的打倒と世界国家の終局的創建こそは平和実現への唯一の道と思われる。関税の障壁、人種的プライド、権力や支配への飽くなき欲望に塗り固められたナショナリズムの壁の中では、平和はあり得ない。高僧の代わりに独裁者たちが君臨し、儀式に代わって軍事パレードが執り行われるナショナリズムが、今や新しい世界宗教になったのだ。」(オーストラリアの『アドバタイザー Advertizer』誌に載った「J・クリシュナムルティ氏の見解——平和の前に立ちはだかるナショナリズム」から)

彼はナショナリズムが、ちょうど今のコロナ禍のように、世界中に蔓延しつつあるのを目のあたりにし、それと密接に関わっているものとしての「教育」にかねてから強い関心を示していた。以下は、一九四八年、インドの教育者グループを前にして行われた講演の要旨である。(『クリシュナムルティの教育・人生論』所収)

世界中でいよいよますます明らかになりつつあることは、問題は子供というより教育者であり、彼のほうがはるかに教育を必要とするということである。なぜなら、もし助け手自身が無能で、偏狭で、がんこで、国家主義的等々なら、当然彼の産物は彼の人となりを映し出すことであろうから。だから、何よりも重要なのは教育者自身の英知である。周知のように、世界中の教育は失敗した。なぜならそれは、歴史上で最も大規模かつ破壊的な戦争を二度も起こしたからである。現代文明は完全な崩壊へと向かっている。次に来る戦争は、われわれが知っているものとしての西洋文明をおそらく清算することであろう。が、もし教師の思考、感情、態度が変われば、そのときには多分新しい文明がありうる。このいっさいの混沌、不幸、争いのただ中で、教育者の責任はとてつもなく大きい――彼が公務員だろうと、宗教的教師だろうと、あるいは単なる情報伝達者にすぎなかろうと。

もし新しい秩序が作り上げられるべきなら、生計の資を得る手段として教育の上で肥え太るだけの人々は、私に言わせれば現代の社会構造の中で何の居場所もない。だから、われわれの問題は児童、少年少女というよりはむしろ教師、教育者であり、彼の方が生徒よりはるかに教育を必要としている。ところが、大抵の教師はすでにできあがり、固定しているので、教育者を教育することのほうが、生徒を教育するよりもはるかに困難なのである。彼は単に日課通りに機能しているにすぎない。なぜなら彼は実際のところ思考過程の検証、英知の涵養に関心がないから。彼は単に情報を与えているのにすぎない。そして全世界が自分の耳のまわりで音をたててくずれている時に単に情報しか与えない人間は、確かに教育者とは言えない。

教育を生計の手段とみなし、自分自身の幸福のために児童を利用することは、教育の真の目的とまったく相反するように思われる。重要なことは教育者自身が、この生存全体が何を意味するのかを見出すことである。なぜわれわれは生きているのか、なぜわれわれは苦闘しているのか、なぜわれわれは教育を施しているのか、なぜ戦争があるのか、なぜ人と人の間の様々な紛争があるのか？　こういうすべての問題を研究し、英知を働かせるように児童を激励すること、それこそは真の教師の役割なのだ。自分自身には何ものも求めず、教育を地位、権勢、権威を得るための手段としていない教師、利益のためではなく、一定の硬直した方針に沿ってではなしに真に教えるところの教師、自分自身の内に英知を培っているがゆえに生徒の内部にも英知を育て、目覚ましている教師。確かにこのような教師こそは文明の中で主要な居場所を持っている。なぜなら結局のところ、すべての偉大な文明は、技師や技術者ではなく、教師の上に築かれてきたからだ。技師や技術者は絶対に必要であるが、しかし道徳的、倫理的英知を目覚めさせる者こそは、何にも増して重要なのだ。そして彼らは、自分自身には何ひとつ求めず、社会を超越し、政府の管理下に収まっておらず、常に何らかのパターンにのっとった行動である社会的行動の強制から自由な時にはじめて、道徳的高潔さ、地位、権勢、権威への願望からの自由を持ちうる。

だから、社会とその要求の限界を超越して、教師は新しい文化、新しい構造、新しい文明を創造しなければならない。しかし現在、われわれは教師の英知を養成することなしに、ただ単に児童をどう教育したらよいかにばかりこだわっている——これはまったくの徒労ではないだろうか。われわれはいま、ほとんどテクニックを習得してそれを児童に授けることにだけ関心を払っているだけで、生の諸問題に児童が対処できるように彼らの英知を養おうとしてはいない。

さて、現代世界の危機において教育がどんな役を果たしうるかを理解するためには、まず最初に、いかにして危機が生まれ出たかを調べてみなければならない。明らかに、現在の危機は間違った価値（観）の結果である。感覚中心的（唯物的）価値（観）の膨張と支配は、必然的にナショナリズム、経済的境界、主権政府および愛国心の害悪をもたらす。なぜならこれらすべては、人と人との間の協力を排除し、他者との関係、つまり社会を腐敗させてしまうからだ。そしてもし個々人と他者との関係が間違っていれば、社会の構造は腐敗せざるをえない。同様に、観念との関係において、人間は目的を遂げるためにイデオロギー――左や右のそれであれ、用いられる手段が正しかろうと間違っていようと――を正当化する。だから、相互不信、親善の欠如、正しい目的を間違った手段によって達成できるという信念、未来の理想のために現在を犠牲にすること――これらすべてが、明らかに現在の災禍の原因である。そのすべては間違った価値、そして権威あるいは指導者への依存――日常生活においてであれ、小さな学校あるいは大学においてであれ――に由来する。いずれの文化においても、指導者と権威は堕落の要因なのだ。他人に頼るやいなや、自己信頼はなくなり、そして自己信頼がない時、必然的に順応が生まれ、結局は全体主義国家の独裁制に行き着く。

このように、戦争の原因、現在の破局の原因、現在の道徳的・社会的危機の原因と結果の両者に気づき、それらを目のあたりにして、当然ながら人は教育の役割は新しい価値を創造することであって、ただ単に生徒の頭に既成の諸価値を植えつけて、彼の英知を目ざますことなしにただ条件づけるだけのことではないことに気づきはじめる。しかし教育者自身が現在の混沌の原因を見破れなかったら、いかにして生徒の英知を目覚まし、いかにして次の世代が同じ轍《てつ》を踏んで、そのあげくによりいっそうの災禍に行き着かないようにさせることができるだろう？　だから、単なる情報を伝えるだけでなく、教師が自らの思考、思いやり、愛情のすべてを注いで正しい環境、正しい雰囲気作りにいそしみ、生徒が成人した時に、ぶつかってくるどんな問題にも対処できるようにさせることが大切なのだ。
　こうして、教育は現代世界の危機に密接に結びついており、そしてあらゆる教育者——少なくともヨーロッパとアメリカの教育者たち——は、危機は間違った教育の結果であることに気づきつつある。教育は教育者を教育することによってのみ変容されうるのであって、ただ単に新しい行動様式、新しい行動体系を作りあげるだけでは意味がない。

こうして、世界各地での公開講話を続ける一方、英国と米国に各一校、母国インドに七校、クリシュナムルティ・スクールが開設されていった。そのうちの一つ、英国ブロックウッドパーク・スクールでの生徒たちへのトークの一つの中で、彼は次のように述べている。

　この狂った世界で正気に生きるには、君たちはそのような世界を拒否し、自分の内側で革命を遂げ、自分が正気になり、正気で生きられるようにならなければならない。そうなるように君たちが目覚めるのを助けることが教育の役割だ。
　君たちは、狂った世界によって汚染された後、ここに送られてきた。あるいは自らここにやって来た。誤魔化してはいけない。君たちはその狂った世界によって条件づけられ、君たちの両親を含む過去の世代によって形作られた後、ここにやって来た。だから、自分の条件づけから自由になり、とてつもない自己変革を遂げなければならない。

さもなければ、代々受け継がれて来た自己中心性から自由な新しい人間へと生まれ変わることは永久にできない。これは〝同一化〟の問題とも密接に関わっている。そこで、彼は次のように言う。

あなたの精神がすがりついているこの「私」、そしてあなたが存続させようと望んでいるものとは何なのだろう？「私」は名前との、財産との、家族との同一化によってのみ存在する。それなしには「あなた」はない。あなたが死後までも存続させたいと願っているのは、人々との、財産や観念とのこの同一化なのだ。

このようにして、ぶれることなく、彼は〝心の良医〟として、ただし〝口に苦い〟丸薬を施す医師として六十年あまり働き続けた。そして死の前年、一九八五年の四月十一日、九十歳の時、彼は国連の四十周年に因んで催された世界平和講演会に招かれた。講演の後、質疑応答の場が設けられ、その最後の方で、ミューラーなる人物がクリシュナムルティに謝意を表しつつ、次のように述べた。

これは質問ではありません。貴兄の言明に対して、ただお礼の言葉を述べたいのです。この国連で約四十年間そしてこの世に生を享けて六十有余年を経て、私も同じ結論に達しました。私たちは皆プログラム化されています。私たちは国家や思想や宗教の中に組み込まれています。そして、それらはすべて人と人とを分離させます。ここの委員となって四十年経ちましたが、その間、二、三の国家に深く組み込まれ、義務を課されました。銃をとることもありましたが、その度に違った方向に撃ったものです。そして世界と人類を総体として観察して来た結果、今では人間であることのほうが、ユダヤ人やカトリック、フランス人やロシア人、白人や黒人であることよりも重要であるとの結論に達したのです。これからは、私はいかなる理由であっても、国家や宗教や思想のために人を殺すことはないでしょう。これはまた貴兄の結論でもあると思います。

これに応えてクリシュナムルティは「それは結論ですか、それとも実際の現実ですか?」と尋ね、「それは私の現実です」とミューラー氏が答えると、「ああ、それなら結構です。結論でなければ」と応え、会場から拍手されている。

ここで、改めてミューラー氏はこう尋ねている。「そこで私はこの人間の間の対立のパターンをいかにして破ったらよいのかを知りたいのです。どうすればこのパターンを破れるのでしょう?」

これに対してクリシュナムルティはこう応えている。「私たちはプログラム化されています。まさにコンピュータなのです。カトリック、プロテスタント、仏教徒、等々なのです。ミューラー氏がご指摘のように、私たちはプログラム化されているのです。そのことを実際に——理論的に、あるいは観念的にではなく——実際に自覚し、認識しておられるでしょうか? それとも、それは単にかりそめの発言なのでしょうか? みなさんが実際にプログラム化されており、その事実の由々しさ、憎しみ、戦い合い、自分を他の人々と分離させていることの由々しさを自覚されているならば、ご自分がプログラム化され、強制され、改宗させられていることを自覚し、実際に悟られたなら、その時、皆さんはそれを放棄し、いかなる公式も求めなくなるでしょう。公式を持った瞬間に、その中に囚われてしまうのです。お分かりでしょうか？　その時にはプログラム化されてしまうのです。そこで重要なことは、プログラム化されているという現実を自覚する、あるいはそれに気づくことです——知的にではなく、あなたの全身全霊、全精力でもって（拍手）。

このように、彼は最後の最後まで人々に語りかけ、ついにこの国連講話の翌年、一九八六年の二月にこの世を去った。

❖

最後に、本書制作にあたり、お世話になった方々に心から謝意を表します。まず、表紙の原画を描いてくれた、私の若かった頃の教え子、山崎勝志・佳代夫妻。勝志君とは、縁あって、今同じ職場で働いている。表用の原画は勝志君、裏用のそれは佳代さんが担当してくれたが、二作合わさって、このボロボロになっている地球の破壊者でもあり、被害者でもある我々一人ひとりが、それをなんとか修復保全していく責任があるという思いが込められている。

次に、大学時代の旧友・酒井博さん。彼は長野、私は愛媛と働いた場所は違うが、同じ高校教師の道を歩んだ。今回、特技を活かして一九二〇年代から一九八〇年代に至るクリシュナムルティの言葉を十年刻みで載せてゆく上で、その区切りとなる挿絵を計七枚、丹念に描き上げてくれた。どれも、それぞれの時代に生きたクリシュナムルティの姿を彷彿とさせてくれる。因みに、万一の原画損壊を防ぐため、長野から東京までわざわざ出向き、出版社のコスモス・ライブラリーに直接手渡してくれた。その誠意に感謝すると共に、彼の挿絵がクリシュナムルティの一つひとつの言葉への導入役を果たしてくれることを願っています。

さらに、クリシュナムルティの膨大な言葉群が生み出す多種多様な世界についての記述を抽出してまとめた大著『トータル・フリーダム（全的自由）』〈邦訳なし〉の冒頭部分を簡潔な訳文に仕上げてくれた、私のかつての同僚で、友人の元英語教師・藻利毅さんに謝意を表します。お陰で、それを基に、各時期の冒頭に適宜分載することで、クリシュナムルティの言葉に接していく上の、一つの羅針盤を示すことができたのではないかと思います。

また、前作に引き続いてインパクトのある装幀を手掛けてくださった河村誠さん、最終編集作業にご協力をいただいた瀬川潔さん、本書出版にあたり、多方面でご尽力を賜った五郎誠司さんにお礼を申し上げます。

最後に、前作を世に出してから月日があまり経っていないにもかかわらず、今作の出版の労をお取りいただいたコスモス・ライブラリー代表の大野純一さんに心から感謝申し上げます。

二〇二一年十月十日

宇和島市吉田町にて

稲瀬吉雄

文献一覧

『クリシュナムルティの生と死（Krishnamurti: His Life and Death）』（メアリー・ルティエンス著、大野純一訳、二〇〇七年）
『クリシュナムルティの世界』（大野純一著編訳、一九九七年）
『白い炎――クリシュナムルティ初期トーク集』（大野純一著編訳、二〇〇三年）
『自由と反逆――クリシュナムルティ・トーク集』（大野龍一訳、二〇〇四年）
『私は何も信じない――クリシュナムルティ対談集』（大野純一訳、一九九六年）
『クリシュナムルティの教育原論――心の砂漠化を防ぐために（Education and the Significance of Life）』（大野純一訳、二〇〇七年）
『片隅からの自由――クリシュナムルティに学ぶ』（大野純一訳、二〇〇四年）
『クリシュナムルティの教育・人生論――心理的アウトサイダーとしての新しい人間の可能性』（大野純一著編訳、二〇〇〇年）
『自我の終焉――絶対自由への道（The First and Last Freedom）』（根本宏他訳、篠崎書林、一九八〇年）
『静かな精神の祝福――クリシュナムルティの連続講話（As One Is: To Free the Mind from All Conditioning）』（大野純一訳、二〇一二年）

『ブッダとクリシュナムルティ――人間は変われるか？（Can Humanity Change?: J. Krishnamurti in Dialogue with Buddhists)』（正田大観＋吉田利子共訳、大野純一監訳、二〇一六年）
『生と出会う――社会から退却せずに、あなたの道を見つけるための教え（Meeting Life: Writings and Talks on Finding Your Path Without Retreating from Society)』（大野龍一訳、二〇〇六年）
『生と覚醒《めざめ》のコメンタリー――クリシュナムルティの手帖より1～4』(Commentaries on Living)』（大野純一訳、春秋社、一九八四年）
『クリシュナムルティの神秘体験（Krishnamurti's Notebook)』（中田周作訳、おおえまさのり監訳、めるくまーる社、一九八四年）
『未来の生（Life Ahead)』（大野純一訳、春秋社、一九八九年）
『真の瞑想――自らの内なる光　クリシュナムルティ・トーク・セレクション②（This Light in Oneself: True Meditation)』（吉田利子＋正田大観共訳、二〇一七年）
『アートとしての教育――クリシュナムルティ書簡集（The Whole Movement of Life is Learning: J. Krishnamurti's Letters to His Schools)』（小林真行訳、二〇一〇年）
『既知からの自由（Freedom from the Known)』（大野龍一訳、二〇〇七年）
『クリシュナムルティの瞑想録――自由への飛翔（The Only Revolution)』（大野純一訳、平河出版社、一九八二年）
『伝統と革命――J・クリシュナムルティとの対話（Tradition and Revolution: Dialogues with J.

Krishnamurti)』(大野純一訳、二〇一三年)
『人類の未来――クリシュナムルティvsデヴィッド・ボーム対話集』(渡辺充訳、JCA出版、一九九三年)
『クリシュナムルティの日記(Krishnamurti's Journal)』(宮内勝典訳、めるくまーる社、一九八三年)
『生の全変容(A Wholly Different Way of Living)』(大野純一訳、春秋社、一九九二年)
『トータル・フリーダム(Total Freedom: The Essential Krishnamurti)』(J. Krishnamurti, HarperSan Francisco, 1996)
『学びと英知の始まり(Beginnings of Learning)』(大野純一訳、春秋社、一九九一年)
『英知の教育(Krishnamurti on Education)』(大野純一訳、春秋社、一九八八年)
『瞑想と自然(On Nature and the Environment)』(大野純一訳、一九九三年)
『真理の種子――クリシュナムルティ対話集(Truth And Actuality)』(大野純一他訳、めるくまーる社、一九八四年)
[新装・新訳版]『キッチン日記:J・クリシュナムルティとの1001回のランチ(The Kitchen Chronicles: 1001 Lunches with J. Krishnamurti)』(マイケル・クローネン著、大野純一訳、二〇一六年)
『時間の終焉――J・クリシュナムルティ&デヴィッド・ボーム対話集(The Ending of Time: J. Krishnamurti & Dr. David Bohm)』(渡辺充訳、二〇一一年)
『英知へのターニングポイント――思考のネットワークを超えて(The Network of Thought)』(渡辺充訳、大野純一監訳、彩雲出版、二〇一〇年)

『クリシュナムルティの会・会報16号』（クリシュナムルティの会編集、一九八八年）
『境界を超える英知：人間であることの核心――クリシュナムルティ・トーク・セレクション①（To Be Human）』（吉田利子＋正田大観共訳、二〇一七年）
『J・クリシュナムルティの精神』（邦訳なし、Edited by Luis S. R. Vas, The Mind of J. Krishnamurti, Jaico Books, 1975）

《注》右記文献中、出版社名を付記していない本は、すべて「コスモス・ライブラリー」から刊行されている。

※本書を編むことができたのは、長きにわたりクリシュナムルティを我が国に紹介すべく、日本語に訳出し続けていただいた、大野純一氏を始めとする翻訳の労を取られた皆様方のお陰であります。この場をお借りして、関係各位に深甚なる謝意を表します。

■編者：**稲瀬吉雄**（いなせ・よしお）

1956 年、愛媛県に生まれる。1981 年、愛媛大学法文学専攻科修了。36 年間愛媛県の県立学校等の教職員として勤務、2017 年 3 月、愛媛県立宇和島東高等学校長として定年退職。現在、愛媛県立宇和島南中等教育学校・再任用教育職員。個人誌『クリシュナムルティの世界』編集・発行〔創刊号(1996 年)—第 10 号(1998 年)〕。

著書:『新しい精神世界を求めて——ドペシュワルカールの「クリシュナムルティ論」を読む』(コスモス・ライブラリー、2008 年)、『クリシュナムルティ——その対話的精神のダイナミズム』(コスモス・ライブラリー、2013 年)、『池田晶子の言葉——小林秀雄からのバトン』(コスモス・ライブラリー、2015 年)、『クリシュナムルティとの木曜日——一生をつらぬく自己教育のヒント』(コスモス・ライブラリー、2019 年)

〈生のアーティスト〉クリシュナムルティの言葉

まったく新しい人間になるために

2021 年 11 月 20 日　第 1 刷発行

発行所　㈲コスモス・ライブラリー
発行者　大野純一
〒 113-0033　東京都文京区本郷 3-23-5　ハイシティ本郷 204
電話：03-3813-8726　Fax：03-5684-8705
郵便振替：00110-1-112214
装幀　河村　誠
カバー挿画　山崎勝志＋山崎佳代
本文中挿画　酒井　博
発売所　㈱星雲社（共同出版社・流通責任出版社）
〒 112-0005　東京都文京区水道 1-3-30
電話：03-3868-3275　Fax：03-3868-6588
印刷／製本　シナノ印刷㈱
ISBN978-4-434-29578-2 C0011
定価はカバー等に表示してあります。

「コスモス・ライブラリー」のめざすもの

古代ギリシャのピュタゴラス学派にとって〈コスモス Kosmos〉とは、現代人が思い浮かべるようなたんなる物理的宇宙（cosmos）ではなく、物質から心および神にまで至る存在の全領域が豊かに織り込まれた〈全体〉を意味していた。が、物質還元主義の科学とそれが生み出した技術と対応した産業主義の急速な発達とともに、もっぱら五官に隷属するものだけが重視され、人間のかけがえのない一半を形づくる精神界は悲惨なまでに忘却されようとしている。しかし、自然の無限の浄化力と無尽蔵の資源という、ありえない仮定の上に営まれてきた産業主義は、いま社会主義経済も自由主義経済もともに、当然ながら深刻な環境破壊と精神・心の荒廃というつけを負わされ、それを克服する本当の意味で「持続可能な」社会のビジョンを提示できぬまま、立ちすくんでいるかに見える。

環境問題だけをとっても、真の解決には、科学技術的な取組みだけではなく、それを内面から支える新たな環境倫理の確立が急務であり、それには、環境・自然と人間との深い一体感、環境を破壊することは自分自身を破壊することにほかならないことを、観念ではなく実感として把握しうる精神性、真の宗教性、さらに言えば〈霊性〉が不可欠である。が、そうした深い内面的変容は、これまでごく限られた宗教者、覚者、賢者たちにおいて実現されるにとどまり、また文化や宗教の枠に阻まれて、人類全体の進路を決める大きな潮流をなすには至っていない。

「コスモス・ライブラリー」の創設には、東西・新旧の知恵の書の紹介を通じて、失われた〈コスモス〉の自覚を回復したい、様々な英知の合流した大きな潮流の形成に寄与したいという切実な願いがこめられている。そのような思いの実現は、いうまでもなく心ある読者の幅広い支援なしにはありえない。来るべき世紀に向け、破壊と暗黒ではなく、英知と洞察と深い慈愛に満ちた世界が実現されることを願って、「コスモス・ライブラリー」は読者と共に歩み続けたい。